德国人的西藏幻象

赵光锐　著

中国藏学出版社

目　录

导论：西藏形象与德国涉藏史研究

一

在中西文化交流史上，作为一个多民族国家，中国在西方人[1]视野中既有一种宏观的整体形象，也有因内部地域和民族差异而产生的局部形象。对这些局部形象及其与中国整体形象的关系进行学术分析，可以更为全面深刻地揭示近代西方在对中国进行权力—文化表述和想象时的多样性和复杂性。由于在地理环境、民族文化、宗教信仰方面极为鲜明的特征，也由于在近代中西地缘政治关系中的独特经历，西藏构成了中国极为特殊的一个地域。可以说，西藏形象是对中国整体形象最具持久性、对比性、建构性和冲击力的一个局部形象。尤其是20世纪80年代以来，随着大众传媒的勃兴和涉及西方社会各阶层的国际“藏独”活动的开展，当代中国的国际形象日益受到“西藏问题”的冲击，西方在“西藏问题”上的话语权成为中国发展过程中面临的重要国际语境之一。“西方大国如何看待西藏这个中国的特殊地域和汉藏关系？‘西藏符号’对中国的世界形象有何影响？

① 本书中的“西方”“西方人”主要涉及欧洲、北美洲和大洋洲地区。

这些都是正在走向世界的中国面临的重要异质文化环境。”[①] 可以预见，随着“西藏问题”的国际化，中国的世界形象将会与西藏形象产生更为密切的联系与互动。

当代西方人对西藏的高度关注和热情，不仅是政治因素和媒体宣传的结果，还有深刻的历史、文化和心理根源，与他们了解和认识西藏的复杂历史过程密不可分。权力政治可以解释西方国家如美国政府和政客的涉藏活动，但无法解释普通西方人对西藏长期的、大众化、普遍化的热情和执着。因此研究西方的涉藏问题还要关注西方人的社会文化和心理认知，研究其观念中的西藏。借用黄兴涛和杨念群的话来说，早期西方世界关于西藏的形象构成今日西方人心目中西藏形象的历史底版，并反复不断地被现实冲洗出新的照片。[②] 要真正理解当代西方人对西藏的关注，就必须了解和认清西方接触、认识和了解西藏的复杂历史过程，将不同历史时期西方形成的西藏形象的“历史底版”加以呈现和分析，揭示它们如何被“保存”“复制”“流传”和“重新冲洗”。

欧洲在19世纪和20世纪前半期的帝国主义活动，在文化和心理上依然给当代留有巨大的阴影。萨义德认为，直接的殖民主义已经基本结束了，但帝国主义的各种影响却始终存在，这表现为一种总体的文化氛围以及在具体的政治、意识形态、经济和社会领域的实践。[③] 当代的“西藏问题”就是早期欧洲殖民主义的一个典型遗产，它不仅体现在政治上，也体现在文化和社会心理上。尤其是文化和社会心理上的遗产，并没有随着欧洲殖民势力的瓦解而消失。看待西藏的某些方式已经成为西方人的思维传统和心理惯性，在新的历史条件下产生出新的面孔和力量。英国学者罗文戴尔说：“历史的话剧记录了生

① 这是某位匿名评审专家提出的富有启发性的观点，在此表示感谢。

② 参见黄兴涛、杨念群：《“西方的中国形象”译丛总序》，载［英］约·罗伯茨编著：《十九世纪西方人眼中的中国》，蒋重跃、刘林海译，北京：中华书局，2006年，第4页。

③ Edward W. Said, *Culture and Imperialism*, New York: Alfred A. Knope, 1993, p. 9.

活和景观的重大变迁，但人性却似乎恒久不变，许多事件皆起因于相同的激情和偏见。”① 当代西方人对西藏异乎寻常的关注，相当程度上来自历史上形成的对西藏的诸多误解和偏见，它们的集中体现就是关于西藏的香格里拉神话。“帝国主义有强大的创造力，他不仅在本土和殖民地创造传统，他也创造出众多文化和美学形象。”② “香格里拉”就是早期欧洲殖民者在本土为自己的民众创造的西藏的文化和美学形象。西藏在西方人心目中的香格里拉形象确立于20世纪三四十年代，并随着时间的推移不断加强。

在当代，一些海外藏族觉察到了西方人支持“西藏事业”的真实动机。海外藏族学者次仁夏迦（Tsering Shakya）在20世纪90年代初就指出，“拯救西藏（Save Tibet）成了1990年代的西方的流行口号。西藏需要被拯救，只是由于那个精致的香格里拉神话处在了破碎的边缘。”③ 他还注意到，“西藏问题”在亚洲、南美洲和非洲根本不被关注，甚至近邻尼泊尔、印度和缅甸对发生在西藏的事件都漠不关心。这一现象反映了问题的实质。为何欧洲和美国的民众如此关注西藏，而第三世界对此却反应冷漠？从根本上讲，第三世界国家民众认识西藏的历史过程以及对西藏的认知与欧美民众有着根本性的差异。他们没有香格里拉神话的概念，他们同西藏一样也是曾经“被侵略”“被想象”和“被表述”的对象。实际上，西方人关注的是一个虚拟的西藏，一个不曾有过的精神乌托邦，很多西方人依然还是“香格里拉的囚徒”（Prisoners of Shangri-La）。④

西方人认识和了解西藏的历史过程，体现出强烈的东方主义的倾

---

① David Lowenthal, *The Past is a Foreign Country*, Cambridge: Cambridge University Press, 1985, p. xvi.

② Edward W. Said, *Culture and Imperialism*, p. 110.

③ Tsering Shakya, “Tibet and the Occident: The Myth of Shangri-la”, *Lungta*, Special Issue Tibetan Authors, 1991, pp. 20-25.

④ Donald S. Lopez, Jr., *Prisoners of Shangri-La: Tibetan Buddhism and the West*, Chicago: University of Chicago Press, 1998.

向。沈卫荣教授认为，西方人的东方主义直接影响了西方人对西藏的态度，体现为将西藏彻底地精神化，并且从自我心理需求出发，把它想象成非物质存在的香格里拉。“神话西藏”原本就是西方人自己的设计和幻想，和西藏毫无关系。西方人关注和寻求的是一个虚拟的、神话般的西藏，而不是真正的现实的西藏。这种对西藏的东方主义式的理解和非理性的热情，严重影响了西方人与现实西藏的交往，也影响了中西方在“西藏问题”上的对话和交流，成了理性解决“西藏问题”的巨大障碍。[①] 西方人在“西藏问题”上表现出的普遍的、大众化的热情和执着，就与他们看待和认知西藏时的东方主义方式密不可分。20 世纪 60 年代，德国喇嘛高文达（Anagarika Govinda）在其《白云之路》中，已经透彻地解释了西藏被西方人高度关注的本质原因：“为什么西藏的命运在世界上能引起如此深切的关注？只有一个原因：西藏已经成为当代人类一切渴望的代表符号，或者是由于这种渴望已经消失，或者正在消失，或者还未实现。”[②] 西藏已成为当代西方人的“精神超市”，[③] 西方人从中可以得到他们渴望的一切：人类起源的秘密、精神的力量、古老原始的智慧、和平与非暴力的理念、生态和谐、未受现代化影响的纯净、拯救步入歧途的西方文明的灵丹妙药、保持青春延长生命之术、死亡的艺术，甚至获得性高潮的技艺。对西藏的东方主义式的认知，长期左右了西方人看待西藏和“西藏问题”的态度和心理结构。在当代表现为，“在很多西方人看来，西藏呈现出这样一幅景象：西藏人是幸福和平的一群人，只关注于佛教；西藏是一块遥远而生态和谐的土地，却被邪恶的力量侵略了。西藏问题与巴勒斯坦、北爱尔兰、巴斯克和魁北克等问题完全不

---

① 沈卫荣：《也谈东方主义和“西藏问题”》，《天涯》2010 年第 4 期。

② Lama Anagarika Govinda, *The Way of the White Clouds: A Buddhist Pilglim in Tibet*, London: Hutchinson, 1966, p. xi.

③ Martin Brauen, *Traumwelt Tibet-Westliche Trugbilder*, Zurich: Haupt, 2000, S. 228.

同。”[①] 因此，当代一些西方人鼓吹香格里拉神话是不可避免的。

总体而言，西方的东方主义普遍表现出两种不同的形式，萨义德的“东方学”侧重于对否定的、负面的甚至意识形态化的东方主义的批判，而忽略了仰慕的、神话式的东方主义。[②] 西方对西藏的认知和想象也始终存在两种形式，一种是否定的、负面的甚至妖魔化的西藏形象，另一种是肯定的、正面的甚至神话式的形象。这两种形象一直并存，只是在不同的历史时期，人们对西藏的普遍性和主流性的理解形式有所侧重。总体而言，西藏在西方人心目中的“主流形象”经历了从妖魔化到神话化的变迁过程，这与其他东方地区，如伊斯兰世界、印度甚至中国的整体形象在西方人心目中的变化恰恰相反，他们一般都是经历了从被西方人赞美、崇尚和美化到被批评、贬低甚至鄙弃的过程。当然，“妖魔化”主要指早期西方人认识和描述西藏时的一种负面化的倾向，即对西藏的文化、藏传佛教、西藏人的生活方式和风俗习惯进行贬低、丑化甚至污蔑，是欧洲中心论和文化优越感的体现。需要指出的是，西方人对西藏的某些批评并不都是在妖魔化西藏，许多早期西方探险者、传教士和藏学家也真实地记录和描述了旧西藏封建农奴社会愚昧落后的许多方面，这些显然也不是对西藏的妖魔化。从20世纪30年代开始，在多重因素的作用下，西藏的香格里拉形象逐渐取代原来的妖魔化形象，成为西方人对西藏的主流认知模式。西方对西藏的认知总是从一种极端到另一种极端，妖魔化与神话化都不是西藏的真实形象。西方的西藏形象的独特变迁历程反映了近代西藏被纳入中西方地缘政治权力结构时极为特殊的地位身份和经历，也折射出西方在对广大的东方地区进行权力—文化表述时的复杂性。

20世纪六七十年代以来，一部分西方学者开始反思或批评自身

---

① Donald S. Lopez, Jr., *Prisoners of Shangri-La*, p. 11.

② 周宁编：《世界之中国：域外中国形象研究》“总序”，南京：南京大学出版社，2007年。

学科的研究发展史，探讨和反思欧洲人如何看待东方及东方人？为何会呈现这种形象？[①] 其中不少学者也研究和反思了西方人的中国形象和认知。[②] 从1980年代起，西方一部分西藏研究者开始反思西方自身对西藏的误读，并着手研究众多错误认知在西方产生、演变、延续的历史和原因。西方人对西藏、藏传佛教和达赖喇嘛表现出普遍的、巨大热情，这种现象背后的原因何在？西方人关于西藏的认知为何呈现强烈的虚幻色彩？这些逐渐成为国内外学者探讨和研究的重要问题。这些反思性的研究之所以出现，更大的背景是20世纪70年代末萨义德的"东方学"给西方学者尤其是东方学研究者带来的冲击。萨义德主要清理了长期以来西方的东方学研究和文学作品对伊斯兰的种种误读和偏见，揭示了西方关于东方的众多知识和观念背后深刻的霸权主义和殖民主义的因素。

利用萨义德的方法研究和反思西方人的西藏形象的开拓者是澳大利亚学者彼得·毕肖普（Peter Bishop）。他1989年出版的《香格里拉神话：西藏、旅行作品和西方对圣地的创造》，是反思西方的藏学研究和西藏认知的开拓之作，重点探讨了三百年来，西方的西藏游记和文学作品如何创造了西藏在西方人心目中的圣地形象。他认为，西藏和喜马拉雅成为西方人已知的土地（known territory），不是通过地理和文化的精确详细的术语，而是通过那些诗歌般的旅行和探险作

---

① Henri Baudet, *Paradise on Earth: Some Thoughts on European Images of Non-European Man*, New Haven: Yale University Press, 1965; Francis Barker, *Europe and Its Others*, Colchester: University of Essex, 1985; Michael B. Dick, ed., *Born in Heaven, Made on Earth: the Making of the Cult Image in the Ancient Near East*, Winona Lake: Eisenbrauns, 1999; Nicholas A. Germana, *The Orient of Europe: The Mythical Image of India and Competing Images of German National Identity*, Newcastle: Cambridge Scholars Publ., 2009.

② Hartmut Walravens, *Chinaillustrata: das europäische Chinaverständnis im Spiegel des 16. bis 18. Jahrhunderts*, Wolfenbüttel: Acta humaniora, 1987; Andreas Pigulla, *China in der deutschen Weltgeschichtsschreibung vom 18. bis zum 20. Jahrhundert*, Wiesbaden: Harrassowitz, 1996; Jonathan D. Spence, *The Chan's Great Continent: China in Western Minds*, New York and London: Norton, 1998; David Martin Jones, *The Image of China in Western Social and Political Thought*, Basingstoke: Palgrave, 2001; ［英］约·罗伯茨编著：《十九世纪西方人眼中的中国》。

品。他的研究还揭示，西藏在西方人心目中之所以呈现种种虚幻形象，与英国在喜马拉雅地区的殖民活动密不可分。英国作为一个帝国主义者出现在印度和喜马拉雅地区，因此所有研究都应为这一中心服务，通过选择和鼓励某一形式和风格的旅行作品，排斥其他类型，英国人把制造幻想的权力运用到了西藏。① 毕肖普的相关作品还包括《自处其地的西藏》《权力之梦：西藏佛教和西方人的想象》和《不只是香格里拉：西方文学作品中的西藏形象》。② 毕肖普的出色研究深刻影响了西方学者对自身社会的西藏认知的反思和批判。

继毕肖普之后对西方人的西藏认知和东方主义做出最深刻批评和研究的是美国学者小唐纳德·洛佩兹（Donald S. Lopez，Jr.）。他是美国密歇根大学的藏学和佛学教授，是一位佛教学者和文化批评家。他的代表作是1995年出版的《香格里拉的囚徒：藏传佛教与西方》。此书通过研究西藏最有代表性的七个文化符号在西方传播和演变的过程，揭示了西方人如何将现实的西藏虚拟化、神秘化和神话化。西藏从一片真实的土地变成西方人心目中的人间净土和天堂——香格里拉，是西方的殖民主义、东方主义、学术研究、西方人自身的精神和文化渴望、达赖喇嘛及其支持者们的配合等众多因素相互作用的结果。该书观点极为新颖鲜明，资料翔实丰富，涉及藏传佛教和西藏的艺术、历史、文化与西方人自身社会和精神发展的方方面面，是西方藏学者反思自身社会西藏形象的经典著作之一。③ 此外，小洛佩兹主编的《佛之主事们：殖民主义下的佛教研究》清算了西方佛教研究

---

① Peter Bishop, *The Myth of Shangri-La: Tibet, Travel Writing and the Western Creation of Sacred Landscape*, London: Athlone, 1989, p. viii, pp. 73-74.

② Peter Bishop, *Tibet in Its Place*, Bedford Park: South Australian College of Advanced Education, 1983; Peter Bishop, *Dreams of Power: Tibetan Buddhism and the Western Imagination*, London: Athlone, 1993; Peter Bishop, „Nicht nur Shangri-La: Tibetbilder in der westlichen Literatur“, Thierry Dodin und Heinz Räther, Hrsg., *Mythos Tibet: Wahrnehmungen, Projektionen, Phantasien*, Köln: DuMont, 1997.

③ Donald S. Lopez, Jr., *Prisoners of Shangri-La*.

中的殖民主义和东方主义。① 他的另外一篇重要文章是《新时代的东方主义：以西藏为例》。②

1996年德国艺术和展览馆组织了一次较大规模的研讨会，主题是“西藏神话：知觉、投影和幻想”。众多学者从各个方面考察反思了西方的西藏形象，如20世纪前西藏在西方的形象、传教士们眼中的西藏形象、西藏研究者们视野中的西藏形象、20世纪前西方电影中的西藏形象、纳粹分子眼中的西藏形象、英国制造的西藏形象等。可以说，每篇文章都有独特的视角和新颖的观点。这次研讨会及其论文集是西方学者集体反思西方的西藏研究和西藏认知的一个里程碑。但是由于该文集最初以德文出版，限制了该主题和相关探讨在学术领域的冲击性和影响力，英文版于2001年才在美国出版。③

2000年，瑞士苏黎世大学的马丁·布劳恩（Martin Brauen）教授出版了《西藏梦幻世界——西方人的幻象》。这是研究和反思西方人误读西藏的一部力作，内容丰富，材料翔实，直观生动。它重点研究了西方人在各个历史时期产生的有关西藏的各种神秘和虚幻形象，研究了近四百年来西方人认识和了解西藏的历史过程，涉及西方人的早期西藏研究、旅行游记、当代小说、漫画、电影、艺术和流行文化中的西藏形象。布劳恩指出，西藏已经变成了当代西方人的精神超市，很多西方人认为他们内心极度渴望而又无法实现的梦想都可以在西藏找到。④ 这部著作启发了后来的不少研究者。

2008年法国的莫妮卡（Monica Esposito）女士编辑出版了两卷本

---

① Donald S. Lopez, Jr., *Curators of the Buddha: The Study of Buddhism under Colonialism*, Chicago: The University of Chicago Press, 1995.

② Donald S. Lopez, Jr., “New Age Orientalism: The Case of Tibet”, *Tricycle: The Buddhist Review*, Spring Issue, 1994.

③ Thierry Dodin und Heinz Räther, Hrsg., *Mythos Tibet: Wahrnehmungen, Projektionen, Phantasien*. 英文版 Thierry Dodin ed., *Imagining Tibet: Perceptions, Projections, and Pantasies*, Boston: Wisdom Publ., 2001.

④ Martin Brauen, *Traumwelt Tibet-Westliche Trugbilder*, S. 228.

的《19—20世纪的西藏形象》，此书致力于从西方和东方的视角来认识各种不同的西藏形象，探讨这些不同的形象是如何产生的？这些形象与“真实的西藏”有何关系？此书的一大贡献是，不仅收录了研究西方人西藏形象的论文，而且收录了中国和日本学者写成的有关东方人的西藏形象的论文，主要涉及中国和日本人的西藏形象。此前学者们主要集中于西方人的西藏认知研究，而东方人的西藏形象则鲜有涉及。文集中比较重要的几篇论文包括法国学者乌尔斯·阿普（Urs App）的《哲学家们的西藏：康德、黑格尔和叔本华》，[①] 德国学者恩格尔哈特（Isrun Engelhardt）的《在西藏的纳粹：一个20世纪的神话》，[②] 中国学者沈卫荣、汪利平的《背景书和书之背景：西藏和藏传佛教在汉文文献中的形象》。[③]

英国是历史上侵略和染指西藏的主要西方国家，也是所谓“西藏问题”的始作俑者。从纯粹历史的和政治的角度对英国早期的涉藏问题进行研究，一直是国内外学者关注的重点，英国利用文化、观念和社会心理等手段进行的活动却没有引起重视。对这一问题做出开拓性研究的恰恰是一位英国学者阿莱克斯·麦基（Alex McKay）。麦基1997年的《中国西藏与英属印度：边境骨干官员（1904—1947）》是关于这一主题的最出色和最有影响的著作。通过研究早期负责西藏事务的英印边境官员的活动，麦基揭示，为了将西藏变成印度北部的可靠缓冲区的政治目标，英印殖民当局精心塑造了西藏作为“独立的民族国家”的历史形象。在塑造“西藏独立”形象的过程中，一

① Urs App, “The Tibet of the Philosophers: Kant, Hegel, and Schopenhauer”, Monica Esposito, ed., *Images of Tibet in the 19th and 20th Centuries*, Paris: École Française d'Extrême-Orient, 2008, Vol. 1, pp. 5-60.

② Isrun Engelhardt, “The Nazis of Tibet: A Twentieth Century Myth”, Monica Esposito, ed., *Images of Tibet in the 19th and 20th Centuries*, Vol. 1, pp. 63-96.

③ Shen Weirong and Wang Liping, “Background Books and a Book's Background: Images of Tibet and Tibetan Budddhism in Chinese Literature”, Monica Esposito, ed., *Images of Tibet in the 19th and 20th Centuries*, Vol. 1, pp. 267-300.

些英印边境官员包括荣赫鹏（Francis Younghusband）、贝尔（Charles Bell）、查普曼（Spencer Chapman）、古德（Basil Gould）和黎吉生（Hugh Richardson）等起了主导性的作用。① 他的文章《真相、知觉和政治：英国人塑造的西藏形象》也深入地探讨了这一主题。②

英国学者蒂耶什·阿南德（Dibyesh Anand）于2008年出版的《地缘政治的异国情调：西方想象中的西藏》，也是一部研究和反思西方人的西藏形象的重要著作。这部著作首次从国际关系的视角研究和反思了西藏的“异国情调”（Exotica）形象是如何产生的。他的研究涉及西方早期的游记、小说、英印殖民地官员的作品、影视媒体、殖民主义等广泛内容。他认为，所谓的西藏的“异国情调”和“西藏特性”（Tibetaness）根本上是由于欧洲的帝国主义和东方主义双重作用的结果。所谓的西藏人的“民族主义”“民族认同”和“主权观念”也是在帝国主义的政策诱导和国际政治的互动中产生出来的。欧洲人关于西藏的众多不真实的认知和想象已经对西方人、东方人甚至西藏人都产生了强烈的影响。③

影像作品中的西藏形象是一个很容易让人忽视但却相当重要的视角。西方公众在认识和了解西藏的过程中，影像是极为重要的途径和方式。19世纪末欧洲人开始大规模利用影像手段记录和描绘西藏，尤其是20世纪三四十年代，关于西藏的各类影像的数量呈现爆炸式的增长。20世纪前半期，英国人在用影像传达西藏形象方面有着绝对的优势。西方人从摄影上获得的西藏直观形象，完全操控在英国人

① Alex McKay, *Tibet and the British Raj: the Frontier Cadre 1904-1947*, Richmond: Curzon, 1997.

② Alex McKay, „Wahrheit, Wahrnehmung und Politik: Die britische Konstruktion eines Bildes von Tibet“, Thierry Dodin und Heinz Räther, Hrsg., *Mythos Tibet: Wahrnehmungen, Projektionen, Phantasien.*

③ Dibyesh Anand, *Geopolitical Exotica: Tibet in Western Imagination*, Minneapolis: University of Minnesota Press, 2008.

尤其是英印殖民地边境官员手中。[①] 摄影是英国侵略西藏时使用的重要文化手段之一。多数学者在研究西方人的西藏认知时基本上都是文本研究，忽视了影像作品在塑造和扭曲西藏形象时的作用。对此做出较早研究的是彼得·汉森（Peter Hansen）。他1997年的文章《西藏地平线：20世纪早期电影中的西藏》，研究了负责西藏事务的英印边境官员拍摄的西藏纪录片和摄影。他认为，它们既传递了一些有关西藏的真实信息，又使欧洲人对西藏产生了幻想。当代的西方人要想了解从前的西藏，英国人拍摄的这些纪录片是重要的途径，但是它们塑造的西藏形象是“事实和幻想的结合”。汉森指出，摄影是英国政府处理西藏事务时的重要手段，也是证明“西藏的独立主权地位”的重要视觉证据。[②]

学者克莱尔·哈里斯（Clare Harris）对西方的西藏摄影、绘画等视觉艺术形式的作品与东方主义的关系进行了出色的研究。她1999年的《西藏形象：1959年之后的西藏绘画》研究了西方和中国现代绘画艺术中的西藏形象。她认为，中国人的西藏形象、西方人的西藏形象、海外藏人的西藏形象、西藏自治区西藏居民的西藏形象并不是孤立存在的，而是相互影响的。[③] 克莱尔·哈里斯与次仁夏迦2003年编著的《游览拉萨：英国对西藏首府的描绘（1936—1947）》[④] 是一部极为重要的作品，检视了英印边界官员们摄影作品中的拉萨形象。她认为，英国人的摄影作品让人感到，拉萨是一个英

① Clare Harris, “British and German Photography in Tibet in the 1930s”, Isrun Engelhardt, *Tibet in 1938-1939: Photographs from the Ernst Schäfer Expediton*, Chicago: Serindia Publications, 2007, pp. 80-81.

② Peter Hansen, „Der tibetische Horizont: Tibet im Kino des frühen 20. Jahrhunderts“, Thierry Dodin und Heinz Räther, Hrsg., *Mythos Tibet: Wahrnehmungen, Projektionen, Phantasien*, S. 99-100.

③ Clare Harris, *In the Image of Tibet: Tibetan Painting after 1959*, London: Reaktion Books, 1999, p. 10.

④ Clare Harris and Tsering Shakya eds., *Seeing Lhasa: British Depictions of the Tibetan Capital 1936-1947*, Chicago: Serindia, 2003.

印殖民政府的精英与西藏贵族和宗教领袖们友好聚会的地方。这些照片被不断地重新选择、组合和解释，在各类著作、报纸、杂志、摄影集和展览中反复出现，激发了西方公众的想象，也培育了他们对相似口味和风格的西藏摄影的偏好和需要。①

美国学者奥维勒·谢尔（Orville Schell）的《虚拟的西藏——从喜马拉雅到好莱坞寻找香格里拉》对西方的影视作品尤其是好莱坞电影如何将西藏虚拟化和神话化进行了深入研究。谢尔重点关注西方有关西藏的经典电影及其背后的故事。他尤其探究了好莱坞根据奥地利探险者海因里希·哈勒（Heinrich Harrer）的游记《西藏七年》拍摄的同名电影在西方世界的影响。他采访了电影的导演让-雅克·阿诺（Jean-Jacques Annaud）、主要演员布拉德·皮特、故事的原型哈勒等，揭示了在"西藏问题"上，美国的流行文化、政治生态、大众的精神诉求等各方面的密切互动。谢尔也通过自身的经历展现了西藏为何会被许多西方人虚拟化。②

藏族学者对西藏在西方人心目中的形象更为敏感，很早就注意到西方人的西藏认知的扭曲性和虚幻性。例如次仁夏迦的两篇文章《西藏和西方：香格里拉神话》和《谁是囚徒?》以自己在西方长期生活的切身体验，探讨了西藏在西方人心目中的形象——香格里拉。③ 总体而言，批判"西藏神话"的西方学者只是解构了西藏形象的神秘性和虚幻性，却从未解构西藏的"独立国"和"汉藏对立"等形象。相反，他们大多支持西藏"自古独立""半独立"或曾经在

① Clare Harris, "Seeing Lhasa: British Photographic and Filmic Engagement with Tibet 1936-1947", Clare Harris and Tsering Shakya, eds., *Seeing Lhasa*, p.7, 10.

② Orville Schell, *Virtual Tibet: Searching for Shangri-la from the Himalayas to Hollywood*, New York: Metropolitan Books, 2000.

③ Tsering Shakya, "Tibet and the Occident: The Myth of Shangri-la"; Tsering Shakya, "Who are the Prisoners?" Paper presented at symposium on Donald S. Lopez, Jr.'s book, *Prisoners of Shangri-La: Tibetan Buddhism and the West* at the annual meeting of the American Academy of Religion, Boston, MA, November, 1999.

1912—1950 年之间“事实独立”等观点。一些西方学者和海外藏族学者研究西方人的西藏认知也是为了某种政治需要。例如次仁夏迦，他批评西方人的香格里拉情节，重要的原因是他认为香格里拉神话本质上对“西藏事业”有害无益：“西方人的西藏观念和层层累积起来的对西藏的想象已经损害了西藏人的政治事业。对西藏持续的神话化使西藏人政治斗争的真实性质变得日益模糊和让人迷惑。……香格里拉神话已经影响了西方人对西藏政治斗争的理解，西方一直在香格里拉的认知框架内解释西藏的斗争。……只要西藏问题还仅仅被看作是白人的感情问题，那么西藏问题就永远不会有进展，就会永远处在国际社会关注的边缘。”①

由于对相关西文文献的掌握和利用以及对自身社会文化的深刻理解，西方学者对西方的东方主义与“神话西藏”的揭露和批判显然走在前头。国内许多学者也注意到了西方人对西藏形象的诸多误解甚至扭曲，实际上，这是国内学者包括藏族学者的一种“本能反应”，因为西方人的西藏形象与我们的西藏认知存在巨大的差异。国内学者从学术上系统深入地探讨西方人“观念中的西藏”已经取得了较大的成绩，例如沈卫荣教授、杜永彬研究员、郝时远研究员等对西方人的西藏形象、知识和认知方式等都有深入的研究和思考。② 在跨文化视野下和西方社会文化的大背景中研究整个“西方”的西藏形象实有必要，因为总体来看西方人对西藏有一些大致相同的看法、印象和知识。同时由于各国的历史、文化和涉藏经历不同，在历史上与中国

① Tsering Shakya, “Tibet and the Occident: The Myth of Shangri-la”, p. 25.

② 参见沈卫荣：《寻找香格里拉》，北京：中国人民大学出版社，2010 年；沈卫荣：《想象西藏：跨文化视野中的和尚、活佛、喇嘛和密教》，北京：北京师范大学出版社，2015 年；杜永彬：《西方对西藏的误读及其原因》，《当代世界》2009 年第 4 期；杜永彬：《西方人眼中的西藏》，《中国西藏》2001 年第 2 期；杜永彬：《洛桑然巴——西方人神化西藏的骗局》，《中国藏学》2002 年第 2 期；郝时远：《旧西藏：西方的记忆和失忆的想象》，《民族研究》2008 年第 4 期；韩小梅：《20 世纪英国文学中的西藏形象研究》，北京语言大学博士学位论文，2011 年；赵光锐：《英国与早期“西藏独立”形象的塑造》，《国际政治研究》2010 年第 3 期。

的关系不同，对西藏的认知也有很大差异。即使是在一国之内，不同的群体、阶层甚至个体所掌握的西藏知识、所拥有的西藏形象和西藏情感也表现出很大的不同。因此，通过国别、群体甚至个体的西藏形象的研究，“解剖麻雀”，更能具体地透彻解析西方人的西藏观。此外，国内外从国际政治视角对“西藏问题”的研究主要还停留在宏观的政府政策和媒体舆论等层面，缺少更为细致入微的个案研究。实际上，只有通过研究西方某些典型个体人物的涉藏活动，了解他们有关西藏的真实情感、精神生活、价值诉求和利益网络等，才能更好地揭示西方国家涉藏活动的内在机理。总之，国内学者对西方的西藏形象的研究必然有不同于西方学者的视角。尤其是对于西方人视野中的“西藏独立”和“汉藏对立”等形象，一些西方学者有意无意地予以忽视或者从内心深处就认同这两种形象。中国学者则应该揭示这两种形象的虚假性并加以解构。

二

历史上，德国[①]在中国的西藏地区从来没有直接的政治和经济利益，在涉藏问题上一直是次要国家，但是德国人对西藏的兴趣却由来已久，涉藏活动极为丰富。德国历史上的涉藏活动主要体现为两种方式：一是对西藏频繁的考察和探险，二是在与英俄交涉中宣示其西藏政策，明确反对西藏脱离中国。1855 年 6 月，来自慕尼黑的施拉君特怀特（Schlagintweit）兄弟化装成牧羊人越过西藏南部边境，这是德国人第一次进入西藏；1855 年 8 月，两名德国传教士又进入西藏阿里地区，试图穿过西藏前往蒙古传教。此后的近百年间（1855—1951），众多德国人怀着各种各样的目的到西藏地区活动，其人数、

① 本书的“德国”，在 1871 年统一前主要涉及普鲁士和巴伐利亚两个邦国，统一后则主要指第二帝国、魏玛共和国和第三帝国，二战后主要涉及联邦德国。

规模、成果和影响并不逊于同时期窥探和侵略西藏的主要国家英国。德国历史上的涉藏活动与英俄存在既竞争又合作的复杂关系，同时也有其鲜明的特点和历程。

德国的涉藏史也是德国人认识和了解西藏的一部观念史，反映了德国乃至西方文化和社会的发展史，折射出他们的精神和心灵的变迁史，非常典型地反映了近代欧洲文明与西藏文明相遇和碰撞的独特历史过程。德国人“发现西藏”的过程，既有自己的方式和特点，也与西方其他国家有很多相似性和共同点。德国的西藏形象并非孤立存在，而是在与其他国家尤其是英国（20 世纪中期以前）和美国（20 世纪 50 年代以后）的西藏形象交流下形成的。英国是历史上侵略西藏的主要国家，由于在喜马拉雅地区的地缘政治优势，英国垄断着早期欧洲人西藏知识的制造和传播，精心塑造了西藏政治上的“独立”形象和文化上的香格里拉形象，德国深受影响，同时又对这些虚假认知进行了再造和扩展。美国在冷战背景下塑造的“西藏被中国侵略和毁坏”和“西藏人权被大规模破坏”的形象则对当代德国人的西藏认知影响巨大。德国人了解和认识西藏的历程也带有强烈的殖民主义和东方主义的色彩，在接触和了解西藏的过程中，德国人形成了关于西藏的一系列固定的认知方式、传统词汇、审美标准、权威人物和经典文本，西藏形象在其中层层累积，被固定化、程式化和符号化，在当代依然有着较大的影响。当代许多德国人对达赖喇嘛和“西藏独立”有着近乎狂热的支持，这种热情已经渗透和弥漫到德国的各个阶层、各个角落，几乎成了一项“全民事业”，在欧洲，德国也成为关注“西藏问题”的“领导国家”。德国在西方占有重要地位，德国藏学是西方藏学的重要一支。深入系统地研究德国的涉藏历史及其国民认识西藏的心路历程和西藏形象，有助于认清当代德国涉藏的历史文化根源，也为具体研究西方的西藏形象提供了一个极好的案例。

历史上德国的西藏考察探险大致经历了四个阶段：19 世纪的南部边缘地区探险，20 世纪初的中心地区探险，20 世纪 30 年代的全面考察探险以及20世纪四五十年代探险的尾声。德国的西藏考察探险大部分由国家资助，以地理、动植物和民族文化学考察为主，20世纪30年代后半期增加了人种学考察，并有很强的政治目的。因不像英俄在南亚和中亚有现实影响力，德国的西藏考察探险计划取决于中国或英国的态度。因此德国人进藏的路线一般有三条：从四川进入藏东，从青海进入藏北，或由印度东部、锡金（今印度锡金邦）进入藏南地区。随着形势的变化，20世纪30年代以后，经由印度入藏成为德国探险者的首选。早期考察探险活动奠定了德国藏学研究的基础，这种实践与理论的密切结合也是德国藏学的一大特点。历史上，英国的西藏信息来源比较多元化，有传教士、探险者、旅行家、英印殖民地官员、士兵、商人、记者甚至印度土著人充当的间谍（pundits）[①] 等。与英国相比，探险和考察则是德国保持对西藏实际接触和直接获取西藏信息的主要形式。入藏德国人留有大量对西藏自然地理、日常生活、社会文化、风俗习惯、经济、藏传佛教等的观察记录，出版了以游记为主的众多作品。还有一批德国人虽然在20世纪40年代入藏，但是他们的作品大部分出版于20世纪五六十年代，20世纪八九十年代还有不少作品出版，有些已成为西方人了解西藏的经典文本。在实际接触西藏的早期德国人中，绝大部分是探险者和考察者，因此德国人所获得的早期西藏形象也主要由他们来塑造。

长期以来，德国历史上的涉藏活动并没有引起国内外学界的关注，真正相关的较为学术性的研究始于20世纪90年代，西方尤其是德国学者对德国历史上某些重要的涉藏事件和人物进行了深入研究，取得了不俗的成绩。总体上，这些研究主要集中于三个方面：19世

① “pundits”来源于北印度语的“pandit”，在英国的西藏和中亚探险史中，“pundits”特指英国雇佣和培训的、用以秘密探查西藏的印度土著人，音译为“班智达”，这些人并非专家、学者，实质上是装扮成朝圣者或旅行者的间谍，其中的代表人物如 Nain Singh (1826？—1882)。这些人的具体活动可参见 Derek Waller, *The Pundits: British Exploration of Tibet and Central Asia*, Kentucky: The University Press of Kentucky, 1990; Jules Stewart, *Spying for the Raj: The Pundits and the Mapping of the Himalaya*, Stroud: Sutton Publ., 2006.

纪中后期德国摩拉维亚教会（Die Herrnhuter Brüdergemeine）在西喜马拉雅地区的活动、纳粹德国的涉藏问题和海因里希·哈勒的西藏探险。摩拉维亚传教士是较早到达西藏地区的德国人，也是在西藏地区活动最持久、规模最大的一个德国人群体，因有完整的档案和教派总部的推动，研究相对较多。早在1896年，莱歇特（Theodor Reichelt）的《摩拉维亚教派的喜马拉雅传教团》就对德国人在西喜马拉雅传教四十年的历史和成果进行了总结。[①] 威廉·海德（August Wilhelm Heyde）是西喜马拉雅地区传教点的开创者之一，与妻子玛利亚长期在当地传教。他们的儿子杰哈德依据父母的日记，于1921年出版了《在藏生活五十年：威廉·海德和玛利亚·海德传》。[②] 施尔（Ruth Schiel）的《在西藏的婚礼》详细记述了海德、帕格尔（Eduard Pagell）、耶什克（Heinrich August Jäschke）早期的传教生活，重点记述了三位德国女教伴来到西喜马拉雅与他们结婚并扎根当地的历史。[③] 这虽是两本传记，但资料来自传教士的日记、信件和报告等，细节描述翔实可靠，极具史料价值。

出于传教需要，一些德国传教士对喜马拉雅地区尤其是西藏的语言、文化、宗教和社会进行了深入观察和研究，初步奠定了德国藏学的基础。其中耶什克和弗兰克（August Heinrich Francke）贡献最大。拜希勒尔（Theodor Bechler）1930年的文章《摩拉维亚传教士在西喜马拉雅地区的文化工作》和《耶什克：摩拉维亚教派在西喜马拉雅的西藏人中的天才语言学家》较早地总结了德国传教士的西藏研究。[④] 耶

---

① Theodor Reichelt, *Die Himalaja-Mission der Brüdergemeine*, Gütersloh: Bertelsmann, 1896.

② Gerhdard Heyde, *50 Jahre unter Tibetern: Lebensbild des Wilhelm und der Maria Heyde*, Herrnhut: Verlag der Missionsbuchhandlung, 1921.

③ Ruth Schiel, *Hochzeit in Tibet*, Stuttgart und Hamburg: Steinkopf, 1988.

④ Theodor Bechler, „Kulturarbeit der Brüdergemine im Westlichen Himalaya“, *Beiblatt zur Allgemeinen Missions-Zeitschrift*, Gütersloh, Nr. 2, 1914; Theodor Bechler, *Heinrich August Jäschke: der geniale Sprachforscher der Mission der Brüdergemeine unter den Tibetern im westlichen Himalaya*, Herrnhut: Verlag der Missionsbuchhandlung, 1930.

什克与埃米尔（Emil Schlagintweit）被公认为是德国藏学的创立者。迈耶尔（Gudrun Meier）的《耶什克及其学术影响》对耶什克的生平和他在藏语语言研究方面的贡献做了评价。[①] 弗兰克于1907年被柏林大学聘为教授，建立了德国大学中最早的藏学专业。哈恩（Michal Hahn）的《弗兰克及其对藏学的贡献》和布雷（John Bray）的《弗兰克从拉达克的来信1896—1906：一位传教士学者的诞生》是研究弗兰克及其藏学研究的两篇代表性文章。[②]

纳格尔（Nagel）与克拉赫特（Kracht）的《关于喇嘛教：二十世纪之交摩拉维亚传教士与藏传佛教在拉达克和拉合尔地区的相遇》，研究了传教士对藏传佛教的描述、解释、批评和误解，很有启发性。文章指出，传教士出于对藏传佛教的天然敌视而对西藏及其文化大加批评。他们认为藏传佛教的僧侣制度与德国新教所厌恶的罗马天主教极端相似。[③] 他们是19世纪中后期德国人的西藏信息的重要提供者，所描述的西藏形象对德国人的西藏认知产生了重大影响。

1854—1856年，在著名地理学家洪堡（Alexander von Humboldt）和普鲁士国王支持下，施拉君特怀特三兄弟进行了德国历史上第一次喜马拉雅考察，取得了丰硕成果。慕尼黑国家人类学博物馆馆长缪勒（Claudius Müller）编著的《通向“世界屋脊”之路》从多角度对这次考察进行了研究，其中科尔纳（Hans Körner）的《施拉君特怀特兄弟——

① Gudrun Meier, „Heinrich August Jäschke-Person und wissenschaftliche Wirksamkeit“, Lydia Icke-Schwalbe und Gudrun Meier, Hrsg., *Wissenschaftsgeschichte und gegenwärtige Forschungen in Nordwest-Indien: Internationales Kolloquium vom 9. bis 13 März 1987 in Herrnhut*, Dresden: Museum für Völkerkund Dresden, 1990.

② Michael Hahn, „August Hermann Francke (1870-1930) und sein Beitrag zur Tibetologie“, Johannes Triebel, Hrsg., *Der Missonar als Forscher: Beiträge christlicher Missionare zur Erforschung fremder Kultueren und Religionen*, Gütersloh: Gütersloher Verlagshaus, 1988.

③ Jürgen G. Nagel und Christine Kracht, *Von den Götzen des Lamaismus: Die Begegnung der Herrnhuter Missionare mit dem tibetischen Buddhismus in Ladkh und Lahoul an der Wende zum 20. Jahrhundert*, Michael Mann, Hrsg., *Aufgeklärter Geist und evangelische Mission in Indien*, Heidelberg: Draupadi, 2008, S. 156-157.

赫尔曼、阿道夫、罗伯特和埃米尔——的家世、在印度和亚洲高原的考察、作品、收藏、遗产和著作目录》是最为详尽和权威的文章。①

菲尔希讷（Wilhelm Filchner）是20世纪初德国西藏探险的“真正领袖”。② 他三次到西藏探险，曾渗透到离拉萨不远的那曲，是最早进入西藏中心地带的德国人。1962 年德国学者吕勒（Erhard Rühle）出版了《在沉寂的中心：威廉·菲尔希讷的生平》，这是迄今有关他的唯一作品。菲尔希讷晚年将大部分手稿和日记交给了吕勒，因而此书资料真实可靠。吕勒认为，菲尔希讷的最大贡献是他对西藏及中亚的地磁学的考察和研究。③

目前西方学界对纳粹涉藏活动的研究最为深入。纳粹时期德国人在西藏的活动达到了高峰，他们不仅活动在西藏周边地区，还进入了他们梦寐以求的拉萨。纳粹领导层中的一些人物如希姆莱，对西藏表现出浓厚的兴趣，大力推动了西藏考察、探险、登山和研究活动。这一时期德国的涉藏活动因强烈的纳粹和神秘主义的色彩而备受关注。德国学者卡特尔 1974 年的《德意志祖先遗产研究会(1935—1945)》，最早研究了纳粹的涉藏活动。党卫军（SS）首领希姆莱于 1935 年建立的德意志祖先遗产研究会(Das Ahnenerbe e. V.)是纳粹重要的科学协会，隶属于党卫军，试图通过自然和社会科学研究，论证新日耳曼的精神和信仰，使它在世界观上更具合法性。此书披露，协会也网罗了一批西藏研究者，重点进行西藏自然和文化尤其是人种学研究，代表人物是舍费尔（Ernst Schäfer）和贝格尔（Bruno Beger）。④

---

① Hans Körner, „Die Brüder Schlagintweit-Hermann, Adolph, Robert und Emil-Familie, Forschungreise in Indien und Hochasien, Werke, Sammlungen und Nachlaß, Bibliographie“, Claudius C. Müller, Hrsg., *Der Weg zum Dach der Welt*, Innsbruck: Pinguin, 1982, S. 62-75.

② Ernst Schäfer, *Über den Himalaya ins Land der Götter: Tibetexpedition in den dreißiger Jahren von Indien nach Lhasa, in die verbotene Stadt*, Durach: Windpferd, 1989, S. 7.

③ Erhard Rühle, *Im Herzen des Schweigens. Aus Wilhelm Filchners Leben*, München: Markus, 1962, S. 28-29.

④ Michael Kater, *Das „Ahnenerbe“der SS 1935-1945: Ein Beitrag zur kulturpolitik des Dritten Reiches*, Stuttgart: Dt. Verlag-Anst., 1974.

格雷弗（Reinhard Greve）的《德意志祖先遗产研究会的西藏研究》一文，利用德国联邦档案馆的档案较早梳理考察了纳粹的涉藏活动。此文披露了之前大量不为人知的内容，例如纳粹领导人物希姆莱的西藏兴趣、热振活佛写给希特勒的信、纳粹与西藏之间神秘关系的各种传闻、二战期间德国对西藏这一“政治上的真空地带”的野心等。文章认为，在纳粹研究体制下，德国的西藏研究者虽然研究兴趣和理念各有不同，但都在某种程度上主动为纳粹的“世界观”和战争服务，这一时期德国的西藏研究打上了深刻的纳粹意识形态烙印。[①] 这是研究纳粹涉藏活动的经典文献，引发了众多学者的研究兴趣。他的另一篇文章《纳粹的西藏形象》，在研究纳粹涉藏历史的基础上，分析了纳粹眼中的西藏。他认为，西藏在纳粹眼中主要有三种形象：作为“神秘王国”和“世界智慧中心”的异国风情形象、藏族人具有某些雅利安人种特征的种族形象、作为人类的摇篮与人类和远古动植物的保存地的科学形象。他还指出，西藏在纳粹眼中也有政治上的意义：西藏人应该是第三帝国的“联盟种族”，将在由德国和日本主导下的“泛蒙古国家联盟”中扮演重要的角色。[②]

纳粹时期，德国人在喜马拉雅地区的登山活动就规模、次数和成果来说不逊于英国。米劳（Peter Mierau）的《德国喜马拉雅基金会的历史和考察活动（1936—1998）》，详细记述和研究了保罗·鲍尔（Paul Bauer）与他的喜马拉雅基金会在南迦帕尔巴特峰（Nanga Parbat）的历次活动。英国人垄断了对珠穆朗玛峰的考察和攀登，而德国人则将目标定在南迦帕尔巴特峰。从第三帝国开始，南迦帕尔巴特峰被看成了“德国人的命运之山”。[③] 1955 年鲍尔写成的《为南迦帕

---

① Reinhard Greve, „Tibetforschung im SS-Ahnenerbe“, Thomas Hauschild, Hrsg., *Lebenslust und Fremdenfurcht: Ethnologie im Dritten Reich*, Frankfurt am Main: Suhrkamp, 1995, S. 168-199.

② Reinhard Greve, „Das Tibet-Bild der Nationalsozialisten“, in Thierry Dodin und Heinz Räther, Hrsg., *Mythos Tibet: Wahrnehmungen, Projektionen, Phantasien*, S. 104.

③ Peter Mierau, *Die Deutsche Himalaja-Stiftung von 1936 bis 1998: ihre Geschichte und ihre Expeditionen*, München: Bergverlag, 1999.

尔巴特而奋斗：德国百年登山史（1856—1953）》，也是回顾和研究德国人在南迦帕尔巴特峰活动的重要著作。[①]

近几年来有关纳粹时期德国涉藏活动研究的最大成绩则是德国学者考夫曼（Wolfgang Kaufmann）的专著《第三帝国与西藏：纳粹眼中的“东方万字符”的故乡》，[②] 这是迄今对纳粹时期德国涉藏活动最全面、深入和系统的研究。德国学者考尔特曼（Till Philip Koltermann）将该书的出版称为“重大事件”。[③] 由于极高的受关注度，该书短时间内便两次再版（2010、2012），修订后的第 3 版共 966 页，单从体量上来说就已是一部巨著。考夫曼几乎搜罗了现在能利用的所有德国、俄国、英国和美国的档案，利用了当事人的手稿、考察报告、游记、回忆录、通信等，参阅了当时各类学术和非学术的出版物以及后来的研究成果，其资料的丰富程度史无前例。由于有丰富的资料做基础，因而考夫曼既能够全景式地展现纳粹的涉藏史，又能深入具体细节，使之纤毫毕现。德国学者米劳曾于 2006 年出版过《民族社会主义的考察政策：德国的亚洲考察（1933—1945）》，主要从科学考察和登山史的角度研究了纳粹德国的海外考察政策和活动，研究范围以整个亚洲为中心，西藏被作为重要部分来探讨。他的研究揭示了围绕海外考察和探险，纳粹意识形态、海外考察政策、纳粹领导者的西藏兴趣和野心、战争计划、登山运动员、学者、各类科学协会之间密切复杂的关系。[④] 与米劳不同，考夫曼将第三帝国与西藏的“政

---

① Paul Bauer, *Das Ringen um den Nanga Parbat 1856-1953: 100 Jahre bergsteigerischer Geschichte*, München: Süddt. Verl., 1955.

② Wolfgang Kaufmann, *Das Dritte Reich und Tibet. Die Heimat des ›östlichen Hakenkreuzes‹ im Blickfeld der Nationalsozialisten*, dritte überarbeitete Auflage, Ludwigsfelde: Ludwigsfelder Verlagshaus, 2012.

③ 参见 Till Philip Koltermann, „Tibet im Kalkül der NS-Außenpolitik und Innenasienforschung“, Hermann Hiery, Hrsg., *Jahrbuch für europäische Überseegeschichte*, Wiesbaden: Harrassowitz, 2013, S. 277-283.

④ Peter Mierau, *Nationalsozialistische Expeditionspolitik: Deutsche Asien-Expeditionen 1933-1945*, München: Herbert Utz Verlag, 2006.

治关系”放在研究首位，从纳粹德国对外政策的视角来研究其涉藏活动。考夫曼的研究完全聚焦于西藏，细致而全景式地再现了第三帝国与西藏关系的方方面面，揭示了纳粹有关西藏的各类公开的或秘密的活动，也首次深入解析了遥远的西藏让一些纳粹分子产生兴趣的真正原因。

在纳粹的众多涉藏活动中，“党卫军恩斯特·舍费尔西藏考察1938/1939”最让西方学者关注。这是德国早期西藏考察中最富成果和影响的一次，由于具有强烈的政治色彩和留有较为丰富的资料，这次考察被研究得最为深入细致。波恩大学中亚研究所的恩格尔哈特是研究此次考察最出色的学者，她致力于廓清此次考察的神秘主义和纳粹色彩。《恩斯特·舍费尔西藏考察（1938—1939）：对西藏20世纪前半期政治史的新认识》一文强调了考察的“科学性质”，认为西方国家尤其是当时的英国对这次考察渲染了太多的政治和纳粹色彩。[①]《西藏的纳粹：一个20世纪的神话》探讨了西方人是如何将纳粹的神秘主义与西藏无端联系在一起的。这是解构所谓纳粹与西藏之间种种神秘传闻的一篇经典文章。[②]《被错误处理的讯息：热振活佛写给希特勒的信》一文研究了舍费尔考察期间劝请当时的西藏摄政热振活佛写给希特勒的信，详细考证了其来龙去脉及在德国的境遇。[③] 她还编辑出版了《1938—1939年的西藏：恩斯特·舍费尔考察摄影集》。[④] 英国作家黑尔（Christopher Hale）的《希姆莱的十字军东征：

---

① Isrun Engelhardt, “The Ernst-Schaefer-Tibtet-Expedition (1938-1939): New Light on the Political History of Tibet in the First Half of the 20th Century”, Alex McKay, ed., *Tibet and Her Neighbours: a History*, London: Mayer, 2003.

② Isrun Engelhardt, “The Nazis of Tibet: A Twentieth Century Myth”, in Monica Esposito, ed., *Images of Tibet in the 19th and 20th Centuries*, paris: École Française d’Extrême-Orient, Vol. 1, 2008, pp. 63-96.

③ Isrun Engelhardt, “Mishandled Mail: The Strange Case of the Reting Regent’s Letters to Hitler”, Amy Heller and Giacomella Orofino, eds., *PIATS 2003: Tibetan Studies,* Leiden [u. a.]: Brill, 2007.

④ Isrun Engelhardt, ed., *Tibet in 1938-1939: Photographs from the Ernst Schäfer Expedition.*

1938 年纳粹到西藏考察的真实故事》是目前关于此次考察的唯一专著。黑尔利用了大量英、德文档案，并到印度和我国西藏做过实地调查，采访过考察队的重要成员布鲁诺·贝格尔（Bruno Beger）。黑尔除研究了考察的具体细节，还深入分析了当时英国方面尤其是英印负责西藏事务官员的反应。他不同意恩格尔哈特的看法，认为此次考察的确带有强烈的纳粹和政治色彩，甚至担负着间谍任务。①

20 世纪中期以前英国主导着西方与中国西藏的关系，对其他欧洲国家的涉藏活动极为敏感。围绕西藏考察，德国与英国之间也存在复杂的合作与竞争关系。迈耶尔（Karl E. Meyer）1999 年出版了《影子的竞赛：在中亚的大博弈与为帝国而角逐》，利用印度事务部的原始档案，对德国人在考察问题上与英国的交涉进行了细致研究，并对有关纳粹与西藏和中亚关系的资料做了总结。迈耶尔认为，由于考察在二战爆发前夕进行，随着欧洲局势和英德关系的变化，英印官员在态度上对德国考察队有各种变化，而当时驻拉萨的英国代表黎吉生（Hugh Richardson）始终反对德国人入藏。② 恩格尔哈特的文章研究了围绕舍费尔考察所产生的英德竞争以及我国西藏地方当局的反应，颇具启发性。③ 英国学者麦基的《中国西藏与英属印度：边境骨干官员（1904—1947）》也有一章研究了负责西藏事务的英印边境官员围绕舍费尔考察进行的台前幕后的活动以及英印政策和态度的变化。④

奥地利人海因里希·哈勒的“西藏七年”在西方极为知名。哈勒与德国纳粹的涉藏活动密切相关，参加了纳粹党和德国在南迦帕尔

---

① Christopher Hale, *Himmler's Crusade: the True Story of the 1938 Nazi Expedition into Tibet*, London: Bantam, 2003, pp. 88-90, 308-335.

② Karl E. Meyer and Shareen Blair Brysac, *Tournament of Shadows: The Great Game and the Race for Empire in Central Asia*, Washington: Counterpoint, 1999.

③ Isrun Engelhardt, “Tibetan Triangle: German, Tibetan and British Relations in the Context of Ernst Schäfer's Expedition, 1938-1939”, *Asiatische Studien*, Vol. 58, 2004, pp. 57-113.

④ Alex McKay, *Tibet and the British Raj: the Frontier Cadre 1904-1947*.

巴特峰的考察，完全可看作是德国的西藏探险者。1944 年，他和队友奥夫施奈特（Peter Aufschnaiter）逃脱英属印度的战俘营，逃亡至西藏，1946 年 1 月进入拉萨，获得十四世达赖喇嘛及其家庭和一些上层人物的好感，停留了五年之久，直到解放军进入拉萨前才离开。奥地利记者雷纳尔（Gerald Lehner）长期研究哈勒，其专著《在希特勒和喜马拉雅之间》不仅用各种确凿证据证明了哈勒的纳粹身份，而且深刻分析了这样一个有纳粹污点的人，为何在战后的奥地利变成了“国家英雄”，成了众多人物崇拜的偶像。他对哈勒本人进行了多次采访，这些谈话都是很难得的资料。他还揭示了《西藏七年》中的诸多谎言和精心编造的探险神话，分析了哈勒众多作品中流露出的纳粹意识。他还用丰富的资料研究了十四世达赖喇嘛与哈勒、贝格尔、舍费尔等的密切关系。他指出，达赖喇嘛需要他们“以亲身经历”证明西藏曾是“独立国家”，因而不惜与这些纳粹分子纠缠在一起。[①]

曾经的英国驻拉萨代表黎吉生撰写的回忆文章《海因里希·哈勒与彼得·奥夫施奈特在拉萨》也透露了许多不为外界所知的秘密，尤其是他“不小心”透露了哈勒当时作为英国驻拉萨代表处、国民政府驻藏办事处和西藏地方政府“三重线人”的极不光彩身份。[②] 奥夫施奈特也是老资格的纳粹分子，但他较为低调，没有撰写回忆录或著作。1983 年瑞士的马丁·布劳恩教授编写出版了他的唯一传记《彼德·奥夫施奈特及其在西藏的生活》。[③] 意大利藏学家图齐（Giuseppe Tucci）也写过一篇题为《纪念奥夫施奈特》的文章，重点介绍

---

① Gerald Lehner, *Zwischen Hitler und Himalaya: Die Gedächtnislücken des Heinrich Harrer*, Wien: Czernin Verlag, 2007.

② Hugh Richardson, „Heinrich Harrer und Peter Aufschnaiter in Lhasa“, Claudius C. Müller, Hrsg., *Der Weg zum Dach der Welt*, S. 15.

③ Martin Brauen, Hrsg., *Peter Aufschnaiter, sein Leben in Tibet*, Innsbruck: Steiger, 1983.

了奥夫施奈特在西藏的考古发现及其搜集的众多珍贵文物的去向。[①]

除了对某些具体事件或人物的研究外，也有德国学者试图从宏观角度梳理德国历史上的涉藏活动，如缪勒编著的《通向“世界屋脊”之路》，回顾了德国和奥地利历史上比较知名的西藏探险人物及其活动，其中不乏重要文献。[②] 1992 年德国的阿绍夫教授（Jürgen Aschoff）出版的《中国西藏、尼泊尔和喜马拉雅文化区》，梳理和评论了从 1627 年到 1990 年间有关西藏的重要德文文献，主要是到过西藏的德国人的传记、游记、回忆录和文章等。[③] 但是《通向“世界屋脊”之路》仅选取了某些重要人物来回顾德国人的“西藏之路”，稍显零散，而阿绍夫的著作侧重于目录学。可见，西方有关德国涉藏历史活动的研究更多的是对一些重要人物、事件等的分别性研究，尤其集中于早期传教士和纳粹时期，迄今还没有真正有关德国涉藏历史的宏观、全面、系统的梳理和研究。

国内部分学者也对德国与“西藏问题”进行了一些研究，主要集中于媒体报道方面，[④] 也有几篇简单介绍 1938—1939 年德国舍费尔西藏考察的文章，但是有很多史实错误甚至虚构性成分。[⑤] 这主要是由于德国历史上在西藏的活动不太引人注意，同时德国涉藏人物的著作和相关资料主要以德文出版，中英文资料极少，这些都限制了国内学者的研究。目前国内近代西藏研究的外文资料主要依赖英美档案

---

① Blanche Christine Olschak mit Beiträgen von Giuseppe Tucci und Paul Bauer, „Im Gedenken an Peter Aufschnaiter“, Claudius C. Müller, Hrsg., *Der Weg zum Dach der Welt*, S. 119.

② Claudius C. Müller, Hrsg., *Der Weg zum Dach der Welt*.

③ Jürgen Aschoff, *Tibet, Nepal und der Kulturraum des Himalaya (mit Ladakh, Sikkim und Bhutan); kommentierte Bibliographie deutschsprachiger Bücher und Aufsätze 1627-1990 (Aufsätze bis zum Jahre 1900)*, Dietikon: Garuda, 1992.

④ 王异虹等:《德国主流媒体重构的“西藏问题”——德国媒体涉藏报道内容分析》,《新闻与传播研究》2010 年第 2 期；雄健:《从媒体报道谈德国对西藏问题的误解》,《新闻传播》2009 年第 7 期。

⑤ 房建昌:《1939 年希特勒派往西藏的使节》,《德国研究》1997 年第 1 期；一知:《德国纳粹的两次西藏探险阴谋》,《湖北档案》2005 年第 1 期。

和英人的入藏记录，俄文和日文资料也已开始发掘，[①] 而德文文献的使用却处于空白状态。历史上的入藏德国人留有大量对西藏地理、气候、日常生活、经济、政教、社会制度、汉藏关系、政治形势等的观察记录，其西藏人类学、语言学、地理学、动植物学、冰川学等的研究文献和影像资料都极其可观。遗憾的是，这些资料的价值还没有引起国内外的足够重视。加强对德国涉藏档案、西藏民族志记录和经典文献的梳理、翻译和评介，可以为国内近代西藏研究提供新的文献学基础。

德国政府的西藏政策是德国涉藏活动极其重要的一环，直接影响到德国与中国的关系，有时对西藏考察和探险活动也有决定性的影响。例如，威廉二世时期德国明确承认西藏是中国的一部分，反对英俄使西藏、蒙古脱离中国的政策，并对英俄政府施加了外交压力。纳粹上台后，德国对西藏的兴趣显著增加，政府大力资助和推动了在西藏地区的考察、探险和登山活动。20 世纪 30 年代末，通过党卫军考察队在拉萨的活动，纳粹政府甚至认为建立了与西藏的“外交接触”。与日本结盟后，德国承认西藏、蒙古是日本的“势力范围”，加强了对日本与西藏、蒙古“友好关系”的宣传。二战爆发后德国甚至将西藏纳入削弱英国在印度统治的战争计划中。这些极为重要的内容都是国内外学界研究中的薄弱环节。

三

本书首次全面系统地梳理和研究了德国人一百多年间（19 世纪中期至 20 世纪中期）实际接触、认识西藏的历史，以德国人在西藏

---

① 王远大：《近代俄国与中国西藏》，北京：生活·读书·新知三联书店，1993 年；王远大：《俄国与西藏：俄国档案文件汇编（1900—1914）》，《中国藏学》2011 年第 3 期；陈春华编译：《俄国外交文书选译——关于 1907 年英俄〈西藏协定〉》，《中国藏学》2013 年第 1 期；秦永章：《日本涉藏史》，北京：中国藏学出版社，2005 年。

的考察探险和传教活动为主线，兼顾德国政府的西藏政策和涉藏活动。在澄清史实的基础上，本书重点对德国涉藏档案以及相关人物的著作、日记、手稿、回忆录、考察报告、游记和报刊文章等进行细致的文本学解读，分析归纳不同时期德国人对西藏地理、历史、佛教、文化、社会和政治制度、达赖喇嘛、汉藏关系、西藏地方与中央政府的关系等的知识、印象、看法、态度、经验、情感和想象，探寻德国人认识西藏的“心路历程”，从社会文化和心理认知的视角揭示德国人西藏形象的产生、发展、演变和延续的过程。同时着眼于当代国际关系中的“西藏问题”，本书在德国和西方政治、社会、文化的宏观背景下，分析德国人关于西藏的种种虚幻形象的社会文化遗传机理，透视历史上形成的西藏形象为何会持久存在并依然会在当代产生巨大影响。需要说明的是，本书资料虽然非常庞杂，但也只是代表了“部分”德国人或西方人的西藏形象。要想涵盖绝大多数人的态度和观念，可能需要具体广泛的“民意调查”，但是就个人资源和能力而言，这种调查是无法做到的，对于历史上的人物和民众进行“民意调查”也是不可能的。

第一章　19 世纪中后期德国人在西藏南部边缘地区的活动

19 世纪初，英国殖民势力开始向印度北方渗透和扩展。英国人迫切需要各种信息和情报，因此加强了对喜马拉雅地区的考察和研究。例如英国人麦克罗夫特（William Moorcroft）1819—1825 年在拉达克、克什米尔和阿富汗等地区进行了探险，并因此而丧生。[①] 英国的豪德森（Hadgson）和泰伦斯（Terrens）也被派往喜马拉雅地区考察。19 世纪 60 年代开始，英国军官蒙哥马利（Thomas George Montgomerie）开始组织和训练印度土著居民秘密探查西藏。这些人大多装扮成朝圣者，进入西藏甚至拉萨。他们获得了大量有关西藏的第一手珍贵资料和情报，为后来英国侵略西藏立下了不小的功劳。

借助英国在印度的殖民统治，一些非英国的欧洲人也开始有机会经由印度进入喜马拉雅地区甚至西藏。但是只有极少的几个欧洲人能真正进入西藏腹地，大多数传教士和探险者还只能徘徊在西藏周边地区，伺机进入西藏中心。在这样的背景下，通过英国的帮助，德国人

① 参见 William Moorcroft and Geoge Trebeck, *Travels in India Himalayan provinces of Hindustan and the Punjab, in Ladkh and Kashmir, in Peschawar, Kabul, Kunduz and Bokhara: From 1819 to 1825*, Horace Hayman Wilson, ed., New Delhi: Madras, 1989.

从 19 世纪中期开始直接接触和了解西藏。同样，德国人的活动也仅仅局限于西藏南部边缘地区，未能深入西藏中心。这一时期接触西藏的德国人主要是传教士。出于对佛教的天然敌视，他们向德国人传递的西藏形象以妖魔化为主。同时，在传教士和探险者西藏考察和研究成果的基础上，德国的藏学研究开始萌芽。

第一节　19 世纪中期以前德国人有关西藏的知识

同其他欧洲国家一样，德国人对西藏的兴趣和关注由来已久。但由于地理原因，他们在 19 世纪以前所获得的西藏信息极为有限。[①] 德国人有关西藏的知识和信息主要间接来自英国、葡萄牙和法国等的传教士。欧洲的传教士、探险者、旅行家和英印殖民地官员的西藏作品都很快被译成了德语。总体上看，由于没有海外殖民地和政治利益的考量，18 和 19 世纪的德国东方研究与英、法等国有所不同。[②] 对东方或其他地区的经济、政治兴趣在这一时期的德国文本中体现较少。整个欧洲在 19 世纪中期以前对西藏的认识处在极为模糊的状态，西藏主要呈现为一种妖魔化的形象，德国人的西藏认知也不例外。

成书于公元前 5 世纪的希罗多德的《历史》中关于西藏淘金蚂蚁的记载深深吸引了欧洲人，这也是西方关于西藏地区的最早记载和描述。公元 325 年，亚历山大大帝远征印度，第一次为欧洲人带回了关于白雪覆盖的喜马拉雅群山的消息。[③] 写于 14 世纪的《马可·波

---

① 早期欧洲人有关西藏的知识，参见 Sven Hedin, “Early European Knowledge of Tibet”, *Geografiska Annaler*, Vol. 1, 1919, pp. 290-336; 伍昆明：《早期传教士进藏活动史》，北京：中国藏学出版社，1992 年，第 1—41 页。

② 参见［美］爱德华·萨义德：《东方学》，王宇根译，北京：生活·读书·新知三联书店，2007 年，第 23—26 页。

③ Andreas Gruschke, *Tibet: Weites Land auf dem Dach der Welt*, Freiburg im Breisguau: Schillinger Verlag, 1993, S. 46.

罗游记》有不少关于西藏的描述，但是极不准确。马可·波罗本人没有到过西藏，他的信息可能主要来自当时元朝的某些汉文著作，也有一部分来自到过西藏的商人。第一部德文版的《马可·波罗游记》于 1477 年在纽伦堡出版。①

马可·波罗关于西藏两性关系的描述让人印象深刻。“最可耻的一种风俗是，人们不愿意娶那些仍然保持童真的女孩，相反，要求女孩在结婚前应该有很多性经验。这种风俗产生自愚昧的偶像崇拜，他们认为神祇喜欢这样。他们认为，一个没有性伴侣的妇女毫无价值。因此，一旦有商人到达并撑起了帐篷，那些有待嫁之女的母亲就会把她们的女儿送来，让陌生人享用。一旦漂亮的女孩被选中，那些未被选中的就会失望而去。那些被选中的女孩会与陌生人待在一起，直到他们离开。商人们会把女孩送回她们母亲身边，而不会带她们离开。他们会给女孩一些礼物，如饮器、指环等。”马可·波罗认为，西藏人总体上是一个病态的种族（an ill-conditioned race）。他也提到，西藏的河流中蕴藏着大量的金沙。② 马可·波罗的这些描述对西方人影响很大，很多人以此认为藏族是一个性开放甚至极为色情的民族。

葡萄牙传教士安德拉德（António de Andrade）是最早到达西藏的欧洲人。他 1626 年出版的葡萄牙文报告 1627 年便被译成了德文，③从此德国人开始获得关于西藏的确切消息。1661 年，奥地利传教士格吕贝尔（Johannes Grueber，中文名白乃心）和他的教友从北京返回欧洲时经过了拉萨。④ 实际上，他是第一个由北向南横穿西藏并进入拉萨的欧洲人。1661 年 10 月他们进入拉萨，并停留了一个月。

---

① Marco Polo, *Das Buch des edlen Ritters Marco Polo*, Nurmberg: Fricz Creuszner, 1477.

② Marco Polo, *The Travels of Marco Polo*, Manuel Komroff, ed., New York: Liveright Publishing Corp., 2003, pp. 188-190.

③ António de Andrade, *Beschreibung einer weiten und gefährlichen Raiß*, Augspurg: Andream Aprerger, 1627.

④ 关于格吕贝尔在西藏的活动，除了其旅行游记外，还可参考 R. Tronnie, “Grueber and Dorville's Journey across Tibet”, *The Geographical Journal*, Vol. 24, No. 6, 1904, pp. 663-670.

1667 年，他的报告以拉丁文在阿姆斯特丹出版，一部分报告在巴黎以法语出版。1726 年，他的一部分德文书信在德国出版。[①]

格吕贝尔描述西藏说：“谁也无法想象这片荒凉、空旷的土地，没有道路，却有大量的野生动物。”他绘制的关于布达拉宫的图画，在长达两百多年内，一直是欧洲人认识传说中的布达拉宫的唯一的、真实的形象。这幅图画与真实的布达拉宫还有很大差距。最让人诧异的是，图中布达拉宫的最高建筑，竟是一个类似基督教堂的圆顶尖塔！书中还有众多涉及西藏人生活、宗教活动、妇女、儿童等的插图，但是其中的人物形象也与真正的西藏人有着天壤之别。画中人物的穿着打扮和面部特征要么类似阿拉伯人，要么纯粹就是一个欧洲人。这些插图并非出自格吕贝尔之手，而是画师根据格吕贝尔的描述或干脆按照自己的想象创作出来的。对于一个从未见过西藏人，又没有照片可供参考的欧洲画师，要画出西藏人，只能依靠丰富的想象。格吕贝尔也描述了大量让人恐惧和令人厌恶的藏人风俗习惯。他称这是一个轻信和愚昧的民族。他对拉萨的印象是：“布达拉是在高山上的一座宫殿，是按欧洲风格建造的……这个民族到处都很肮脏，他们不睡床，都睡在地上，吃生肉，从来不洗手和脸。但他们很易接近，热情好客。大街上到处是妇女，这与其他鞑靼民族一样，而跟中国人不同。”[②]

对欧洲藏学早期发展做出重要贡献的是德国的施密特（Isaak Jakob Schmidt，1779—1847）。作为德国摩拉维亚教派的传教士，他在伏尔加河下游的萨拉普塔（Sarepta）传教，那里生活着卡尔梅克人（Kalmyken）。他们是西蒙古部落的一支，包括土尔扈特部、杜尔伯

---

① Johannes Grueber, „Brief aus Mogor und Ost-Indien zwischen dem Indus und Ganges. Geschrieben in Surat in Ost-Indien am 7. 3. 1658“, Joseph Stöcklein, *Allerband So Lehr-als Geistreiche Briefe/Schrifften und Reis-Beschreibungen*, Erster Band oder 8, Erster Theil, Augsburg und Graz, 1726.

② Johannes Grueber, *Als Kundschafter des Papstes nach China: 1656-1664; d. Erste Durchquerung Tibets*, S. 135, 152-153, 144-148, 157.

特部、和硕特部等，信仰藏传佛教。17 世纪 30 年代他们迁至伏尔加河下游地区。1771 年，土尔扈特部大部迁回中国，由于当时伏尔加河一直没有封冻，无法把消息传给西岸的卡尔梅克人，因此仍有很多卡尔梅克人留在伏尔加河西岸。1822 年被俄国政府禁止前，德国摩拉维亚传教士一直试图在卡尔梅克人中间传教，这是德国人最早直接接触藏传佛教。① 一些在萨拉普塔的德国传教士开始研究蒙古语，施密特即是其中之一。他成为著名的蒙古语学者，出版了蒙古语语法和蒙古语词典，他也是欧洲蒙古学的奠基者。另一位传教士茨威克（Heinrich Zwick）出版了一本卡尔梅克人蒙古语词典。由于卡尔梅克人信仰的佛教与西藏有着直接关系，德国的传教士从他们那里了解了许多有关西藏的信息。② 这激起了施密特对西藏的兴趣，他依据从卡尔梅克人和俄国人那里获得的资料，在乔玛藏语研究的基础上，编纂出版了《藏语语法》和《藏德词典》。③

德国早期人类学的中心内容是研究非欧洲语言，尤其对古代印度语言和文化的研究成绩斐然，代表是施莱格尔（Friedrich von Schlegel）及其《印度的语言和智慧》（Über die Sprache und Weisheit der Indier）。“追寻人类和日耳曼民族的起源”是浪漫主义运动及其以后很多德国思想家们关心的问题，因此他们对西藏也产生了兴趣。18 和 19 世纪的德国哲学家和思想家，如赫尔德（Johann Gottfried Herd-

① 关于德国传教士与土尔扈特人的接触，参见 Stephan Augustin, „Kalmyken-Mongolen in Europa“, Annegret Nippa, *Ethnographie und Herrnhuter Mission*, Dresden: Staatliches Museum für Völkerkunde Dresden, 2003, S. 56-71.

② Frank Seeliger, *„Einer prügelt uns und der andere bringt uns Religion…“: eine ethnohistorische Studie über Fremdheitserfahrungen in der zweiten Hälfte des 19. Jahrhunderts im tibetisch-buddhistischen West-Himalaya-Gebiet Lahoul aus Sicht Herrnhuter Missionare*, Herrnhut: Herrnhuter-Verl., 2003, S. 59; Jürgen G. Nagel und Christine Kracht, „Von den Götzen des Lamaismus“, S. 143-144.

③ Isaak Jakob Schmidt, *Grammatik der tibetischen Sprache*, St. Petersburg: W. Gräff, Leipzig: Leopold Voss, 1839; Isaak Jakob Schmidt, *Tibetisch-deutsches Wörterbuch, nebst deutschem Wortregister*, St. Petersburg: W. Gräff, Leipzig: Leopold Voss, 1841.

er)、康德（Immanuel Kant)、黑格尔（Wilhelm Friedrich Hegel）和叔本华（Arthur Schopenhauer）等，都对西藏有所论述和提及，他们对西藏的佛教制度尤感兴趣。他们比较熟悉的是，西藏政教合一，由喇嘛统治。他们也多论及藏传佛教的灵魂转世理论和活佛转世制度，大多持批评态度。

1787年，德国思想家赫尔德在其《人类历史哲学》中专门论及西藏，他说："在亚洲的高山和沙漠之间有一个宗教王国，其形式在世界上是独一无二的，这是一块属于喇嘛的土地。尽管宗教和世俗的权力曾经在某些轻微的改革时有所分离，但最终两者又结合在一起。这个国家的总体精神建立在如皇帝般的高级僧侣的精神之上。"赫尔德批评了藏传佛教及其灵魂转世学说，他的结论是："如果世界上存在一种残酷和使人厌恶的宗教，那就是西藏的宗教。无法否认的是，即使是基督教曾经有过的那些最严酷的教义和习惯，也都比不上在西藏高山上的那些更使人愤怒。……总而言之，西藏的宗教如同欧洲黑暗的中世纪时的状态，尽管欧洲人没有西藏那些制度和风俗。"①

康德研究西藏的目的更是为了研究人类的起源。他认为西藏可能是人类和文明的起源地。他在1760年开设的地理学讲座中提道："西藏（Tybet）或吐蕃特（Tueb-eth）的发现非常重要。我们找到了打开人类古老历史的钥匙。这是一片最高的土地，因此也是大自然的第一个制作间、植物的孕育地和人类的摇篮。……所有的一切都证明，这片土地是许多动物的故乡，也是人类最早的故乡。中国、波斯和印度最早的居民就是来自那里。我们必须到那里去寻找所有亚洲和欧洲原始语言的根源。印度人、我们所有的宗教、各种知识、农耕文明、数字、象棋等等都来自那里。"② 与康德同时代的德国科学家帕拉斯

---

① Johann Gottfried Herder, *Werke. Ideen zur Philosophie der Geschichte der Menschheit*, Bd. III/1, München: Hanser, 2002, S. 406, 408-409.

② Immanuel Kant, *Physische Geographie*, Bd. 2, Mainz und Hamburg: Gottfried Vollmer, 1802, S. 158-160.

(Peter Simon Pallas) 在研究山脉的形成时也推断说:“喜马拉雅的峰顶没有被任何洪水淹没过,它的南坡很可能是人类及白人的最早故乡。”[①] 康德的论断为后来的神智学会进一步发展,也成为刺激纳粹试图到西藏寻找雅利安人祖先的重要动因。虽然康德认为西藏是人类的起源地和文明的故乡,但作为新教教徒,他对藏传佛教却甚为不满。他依据传教士们的描述,认为藏传佛教是一种“类似于罗马天主教的堕落和退化的宗教”。他说:“在布达拉有一位最高级的蒙古鞑靼僧侣,如同教皇。这种宗教的僧侣已经遍及鞑靼地区直到中国的海岸,他们都被叫做喇嘛。这种宗教看起来如同天主教一样堕落和退化,是一种最无知的异教。”[②]

黑格尔在《宗教哲学讲演录》中认为:汉传佛教和“喇嘛教”的轻微不同只是表面的。可以说,佛教是传播最为广泛的,信徒也最多,比伊斯兰教的信徒都多,比基督教的信徒更虔诚。[③] 在 1822 年的《世界历史哲学讲演录》中,黑格尔对世界做了如下划分:如果把世界历史看作一天,那么它诞生于太阳升起的东方,最终的归宿是柏林——太阳落下的地方。如果把世界历史看作人的一生,那么它的婴儿时期在东亚,儿童时期在中亚,青年时期在希腊,成年时期在罗马,成熟的晚年时期则在德意志帝国。按照这种历史和“精神”的发展轨迹,黑格尔把佛教在西藏代替原始的“萨满教”(苯教)看作是一种进步。黑格尔认为,“西藏人与印度人的区别在于,他们生活在很高水平的自由当中。”关于喇嘛教,黑格尔认为有三个“大喇嘛”:一个在喜马拉雅北边的拉萨,第二个在尼泊尔地区的小西藏,

---

① Peter Simon Pallas, *Über did Beschaffenheit der Gebirge und die Veränderungen der Weltkugel*, Leipzig: Geest und Portig, 1986, S. 32.

② Immanuel Kant, *Kants Werke*, Berlin: Walter de Gruyter, Bd. 9, 1968, S. 404, 引自 Urs App, “The Tibet of the Philosophers Kant, Hegel, and Schopenhauer”, p. 9.

③ G. W. F. Hegel, *Vorlesungen über die Philosophie der Religion*, Hamburg: Felix Meiner, 1985, S. 211.

在扎什伦布寺，第三个在蒙古。[①] 他把藏传佛教看作是向“基督教精神”发展的重要一步，从喜马拉雅山顶发出的精神的光芒，直接到达了基督教精神的孕育之地伯利恒。

叔本华对东方文化和思想极感兴趣，他曾花了大量时间来研究佛教，他的代表作《作为意志与表象的世界》深受东方哲学和宗教的影响。[②] 对于西藏的文化和宗教，叔本华也有较多的关注。在叔本华看来，西藏是“佛教的麦加”，因为藏传佛教最接近原初的佛教，印度佛教的原始文本和学说都在西藏得到了很好的保存。叔本华认为，在藏传佛教中，他所偏爱的美学、悲观主义和理想主义都得到了实现，藏传佛教是“佛教发展的顶峰”。叔本华非常推崇佛教，认为它是所有宗教中最好的，后来他自称是佛教徒，他是最早这样称呼自己的欧洲人之一。他还专门托人到巴黎购买一尊金制佛像，并要求必须是来自西藏的。佛像买回后，他将其置于自己房间最显眼的地方，并满意地说：“这完全是我最喜爱的塑像——它是真的，并来自西藏!”这尊“真正的西藏佛像”成了他晚年的心爱之物。但是他去世后，学者们鉴定认为这尊佛像很可能来自泰国![③] 叔本华在 1811 年的笔记中写道：“西藏是世界上最不为人所知的国家，虽然有些传教士们已经设法到过那儿。南部部分是不丹，有自己的政府，北部部分处在中国的控制之下。……西藏长期以来都依附于中国，长期如此，是由于需要中国的保护。尼泊尔人曾经入侵，但应喇嘛们的请求中国人驱逐了他们。从此开始，中国就占领了这个国家。有人说，在尼泊尔看到了英国人，因此马嘎尔尼在中国受到的接待就很冷淡。”[④] 显然，

---

① G. W. F. Hegel, *Vorlesungen über die Philosophie der Weltgeschichte*, Hamburg: Felix Meiner, 1996, S. 114-117, S. 121, 230.

② Arthur Schopenhauer, *Die Welt als Wille und Vorstellung*, Leipzig: Brockhaus, 1819.

③ Urs App, “The Tibet of the Philosophers: Kant, Hegel, and Schopenhauer”, p. 53, 55, 58-59.

④ Urs App, „Notizen Schopenhauers zu Ost-, Nord- und Südostasien vom Sommersemester 1811“, *Schopenhauer-jahrbuch*, Vol. 84, 2006, S. 20-21.

叔本华掌握的西藏信息很不准确，他不仅认为当时的西藏是一个“国家”，而且将乾隆时期清军入藏击败廓尔喀人的入侵，解释为中国“借机占领西藏”。

19世纪中期以前的德国思想家论及西藏时所依据的材料主要有三种。一是1745—1747年由英国的阿斯特利（Astley）出版社编纂出版的游记总集《新航行和旅行全集》;[①] 二是1762年罗马教廷出版的拉丁语《西藏字母汇编》;[②] 三是德国人自己翻译编纂的《水上和陆地旅行历史或所有旅行游记全集》,[③] 此书的第6卷和第7卷收集了当时几乎所有的西藏和鞑靼地区的游记，包括13世纪的卡皮尼（Carpini）、鲁斯布鲁克（Ruysbroek）和马可·波罗的游记，也包括17、18世纪的旅行者和传教士如格吕贝尔、德西迪利（Ippolito Desideri）等的作品。[④] 虽然有这些材料可供利用，但德国思想家们对西藏地理、宗教和社会的了解依然很少。例如，康德和黑格尔的著作中都探讨的一个问题是，“Buthda”“Gotama”“Fo”“Shaka”和“Bonzes”是否都指佛教的创始人“Buddha”。他们对藏传佛教（Lamaism）和佛教（religion of Fo）之间的具体关系也不清楚。[⑤] 黑格尔认为第二个“大喇嘛”在扎什伦布寺，显然是指班禅，但扎什伦布既不属于小西藏，也不在尼泊尔的范围之内。叔本华1811年的笔记中提到，“（在西藏）有大量的金银，这也是为什么金银在那里极为便

---

① Thomas Astley, *A New General Collection of Voyages and Travels: Consisting of the Most Esteemed Relations, Which have been hitherto Published in any Language, Comprehending Every Thing Remarkable in its Kind, in Europe, Asia, Africa, and America, with respect to the Seveal Empires, Kingdoms, and Provinces*, London: Thomas Astley, 1745-1747.

② Augustinus Antonius Giorgi, *Alphabetum Tibetanum missonum apostolicarum commodo editum*, Rome: Sacar Congregatio de Propaganda Fide, 1762.

③ Johann Joachim Schwabe, *Allgemeine Historie der Reisen zu Wasser oder zu Lande; oder Sammlung aller Reisebeschreibugen*, 21 Bd., Leipzig: Arkstee und Merkus, 1747-1774.

④ 德西迪利游记的汉译本，参见［意大利］依波利多·德西迪利：《德西迪利西藏纪行》，杨民译，拉萨：西藏人民出版社，2004年。

⑤ Urs App, “The Tibet of the Philosophers: Kant, Hegel, and Schopenhauer”, p. 28.

宜的原因。西藏灌溉条件很好。这里的山据说要比阿尔卑斯山高很多，这让人怀疑。"[①] 叔本华的这些西藏知识大部分都不准确，他不相信"青藏高原比阿尔卑斯山要高很多"。这些说明当时的欧洲人有关西藏的知识还极为有限。

19 世纪初，德国的一些东方学家和科学家开始对中亚和西藏进行专业的考察和研究。很多德国的亚洲研究者都受到俄国的支持和资助，俄国人正在向波斯、奥斯曼帝国等地区扩张，或者试图与相关的中亚国家建立经济或外交的接触，都迫切需要相关的地理、政治和文化信息。同时，德国知识分子日益萌生的民族主义感情，促使他们关心日耳曼民族如何形成、迁徙的问题。有一部分人推测认为日耳曼人的先民与中亚地区可能存在联系，普鲁士的统治者也支持这种研究。欧洲藏学的建立者是匈牙利的乔玛（Kőrösi Csoma Sándor，1784—1832）。他去西藏的目的就是为了寻找匈牙利人的祖先，传说匈牙利人来自与西藏相邻的地区。洪堡大学的胡博（Toni Huber）教授认为，乔玛到中亚寻找祖先并非出于偶然，而是他在哥廷根大学接受了哲学和东方学教育的结果，很可能受到了当时德国东方学家和历史哲学的影响。[②] 乔玛后来在印度和西藏学习了藏语，编纂了藏语词典，出版了藏语语法的著作，奠定了欧洲藏学的基础。

1812 年，英国人麦克罗夫特在西藏和中亚的考察对德国人影响很大。德国著名地理学家洪堡也很早就计划进行一次中亚和西藏考察，但一直未能实现。1829 年，60 岁的洪堡在俄国沙皇的支持下，进行了一次穿越西伯利亚到中亚的考察。在中亚，他考察了阿尔泰山和里海，到达了中俄接界的新疆边界地区。1843 年，洪堡以法语出

---

① Urs App, „Notizen Schopenhauers zu Ost-, Nord-und Südostasien vom Sommersemester 1811", S. 21.

② Toni Huber and Tiena Niermann, "Tibetan Studies in Berlin University: An Institutional History", P. Maurer und P. Schwieger, Hrsg., *Tibetstudien. Festschrift für Dieter Schuh zum 65. Geburtstag*, Bonn: Biersche Verlagsanstalt, 2007, S. 95-122.

版了三卷本的《中亚》，德文版于 1844 年出版。[①] 书的扉页上写着：献给尊贵的俄国沙皇。洪堡这部书很多资料来自麦克罗夫特、韦伯（Webb）和豪德森。在这部书中，洪堡将西藏称为“Tübet”。实际上，19 世纪早期以前，在德文中用“Tübetisch”指代藏语，这源于“Tübet”一词，而“Tübet”一词则源于穆斯林作家，后来由中世纪的欧洲探险者传播到了德国。[②] 洪堡认为兴都库什山脉并非喜马拉雅的延伸，而是昆仑山的支脉，他把这当作自己中亚之行的一个重要成果。《中亚》是纯地理学著作，主要研究中亚和亚洲高原的山脉和气候，涉及的人文、社会和历史方面较少。德国人初步了解了青藏高原的两条主山脉——昆仑和喜马拉雅的情况。[③] 由于洪堡未曾亲自考察这些地区，对于这两条山脉的走向和位置的描述不太准确。

洪堡很重视利用中国的资料研究西藏和中亚。《中亚》就大量利用了中国地图和资料。洪堡对中国资料的价值非常赞赏，他说：“中国人收集了大量关于亚洲高原、阴山、青海湖、伊犁河及塔里木等地区的地理资料。他们获取这些资料有三重优势：对西部的战争和对佛教朝圣者的和平收服；对于宗教的兴趣，他们要向当地大量施舍，从而也与这些山区紧密联系在一起；很早就已利用指南针辨别方向。”洪堡认为，掌握东方语言非常重要，“对东方语言的掌握，可以使我们获得大量不为人知的事实和资料。……可以预见，通过对中华帝国和一些鞑靼民族资料的利用，我们在地理知识上将会取得巨大进步。”[④] 但是这种对中国资料的利用，在后来的德国藏学研究者那里却越来越少。虽然洪堡没能实现到西藏考察的愿望，但是在晚年他大力支持和筹划了德国历史上第一次喜马拉雅考察，拉开了德国近一百

---

① Alexander von Humboldt, *Central-Asien*, Berlin: Verlag von Carl J. Klemann, 1844.

② 参见 Toni Huber and Tiena Niermann, “Tibetan Studies in Berlin University: An Insitutional History”.

③ 参见 Alexander von Humboldt, *Central-Asien*, Bd. 1, S. 7, S. 597-672.

④ Alexander von Humboldt, *Central-Asien*, Bd. 1, S. 13, 15

年西藏考察和探险的序幕。

德国传教士郭实腊（Karl Friedrich Gützlaff）在 19 世纪中期也向欧洲人提供了一些西藏信息。郭实腊 1803 年出生于普鲁士的普利茨（Pyritz），作为新教传教士 1826 年到荷属印度（爪哇、泰国）传教。1831 年起英国人开始在中国南部和东部沿海大规模走私货物和鸦片。郭实腊充当英国走私船的翻译和医生，一边分发《圣经》，一边兜售鸦片。除了中国沿海，他还到过朝鲜和日本。

1834 年，郭实腊的《中国沿海航行记》在伦敦出版。这并非真正的旅行游记，而是跟随英国走私船的经历报告。书的前言部分介绍中国道："它的人口表现出巨大的多样性，有北方粗蛮的哥萨克(Cossack),也有说优雅的普通话的南方人。主要民族包括汉人（Chinese）、满洲人、蒙古人、卡尔梅克人、鞑靼人和西藏人。"郭实腊介绍清朝的宗教政策说："现在的王朝好像一直支持喇嘛的权威。蒙古人信仰喇嘛教，此教属于佛教，两者仅有一点点不同。支持西藏的大喇嘛（Grand Lama）也是中国政策的一部分。大喇嘛的权威对中亚草原上的野蛮居民很有影响。"① 1849 年，郭实腊给英国皇家地理学会副主席斯道顿(Geoge Stauton)写了两封长信，详细介绍了西藏。经过协会修改，发表在《皇家地理学会杂志》上。郭实腊描绘了西藏"遍地是黄金"的景象："西藏人口稀少，气候严寒，蔬菜很少，但却有大量的矿产。……在它的土地上到处分布着矿物的宝藏。西藏拥有大量的黄金。人们在河流的沙土、石头和小山丘里都可以找到黄金。……所有到过这个国家的旅行者都谈到，那里有极为丰富的金属财富。……世界上没有一个地方像西藏那样把大量的黄金用于宗教活动。人们有大量的捐赠，财宝每年都在增加。据说达赖喇嘛是世界上最富有的人。虽然大量的黄金被用于镀金、建造佛像和制造饰品，但

① Karl Friedrich Gützlaff, *Journal of Three Voyages alone the Coast of China in 1831, 1832, 1833, with Notice of Siam, Corea, and the Loo-Choo Islands*, London: Westley, 1834, p.5, 329.

黄金的增加依然大大超出其消费量。……西藏也出口大量的黄金。”①

郭实腊介绍了西藏与内地的经济文化关系、中原王朝与西藏地方政权关系的历史，总体上来说比较翔实。他说：“西藏与印度斯坦的关系仅是宗教性质的。从来没有印度的统治者征服过这片魔幻的土地。另一方面，西藏同中国的关系——看似有巨大山脉的阻断——却一直持续着，天朝帝国直到今天还在这个国家维持着强有力的政治统治权（a strong political ascendancy over the country）……中国人在西藏拥有统治权，他们选择帕里作为西藏东南部最重要的边镇，有一队当地人和满洲人组成的军队驻扎在边界地区，并采取了最严格的措施防止外部人的渗透。他们的长官以人头担保不许外人进入。……已经有人简单描述过西藏与英属印度直接相邻的地区的情况，但中国人却对他们强大邻居的边界没有明确的概念。”② 郭实腊描绘松潘地区说：“中国人的统治方式和西藏的僧侣统治方式有着明显的不同。松潘的居民是不喜欢受管制的，但中国的政策是把他们变得驯服和勤劳。一旦进入汉人（Chinese）影响的地区，你就会感到秩序、遵守法律和财产的安全。”③ 郭实腊没有到过西藏，他的文章和信息来自从中国收集的二手资料，并参考了中国的地图。

早期真正到过西藏的欧洲人，绝大部分是传教士。④ 他们大多通过基督教的思维方式和概念来观察和解释藏传佛教，或者将其作为驱神弄巫的鬼教，或者看作是各种怪异风俗习惯和愚昧无知的教条的大杂烩。他们也经常将藏传佛教与罗马天主教进行对比。他们认为两者在宗教仪式和外部特征上有着惊人的相似，断言藏传佛教的宗教仪式

① Karl Friedrich Gützlaff, “Tibet and Sefan”, *Journal of the Royal Geographical Society of London*, Vol. 20, 1850, p. 191, 201-202, 215-216.

② Karl Friedrich Gützlaff, “Tibet and Sefan”, pp. 191-195.

③ Karl Friedrich Gützlaff, “Tibet and Sefan”, p. 196.

④ 关于早期进藏的欧洲传教士及其活动，参见［瑞士］米歇尔·泰勒：《发现西藏》，耿昇译，北京：中国藏学出版社，2005 年；伍昆明：《早期传教士进藏活动史》。

完全是天主教的复制品，并据此认为，藏传佛教受到了基督教的影响。① 18 世纪中期德国出版了很有影响的《水上和陆地旅行历史或所有旅行游记全集》，在其第 7 卷中，也有对天主教和藏传佛教的类比。一位作者提道："西藏的宗教主要是对罗马天主教的复制。他们只相信一个神和三位一体，但错误很多。他们也相信天堂、地狱和炼狱，当然也是充满谬误。他们有祈祷、布施和信誓，也祭祀死者。他们有许多寺庙，大概有三万多僧侣，他们都恪守三个信条：清贫、贞洁和顺从。他们也有人负责忏悔，从高级僧侣中选出，并由喇嘛发给证书。如同主教颁发此类证书一样，没有证书他们就不能听取忏悔。教堂的组织形式也与罗马的教堂相同。"②

第二节　德国摩拉维亚传教士在西喜马拉雅地区的活动

17 世纪初欧洲天主教传教士就开始到西藏地区传教，到 19 世纪末西藏已经变成了被基督教传教士们从各个方向围攻的"堡垒"。天主教是到西藏地区传教的主要力量，而新教传教士到西藏地区不仅时间晚而且规模小。德国摩拉维亚传教士是较早到达西藏地区的德国人和欧洲新教传教士。他们在西喜马拉雅的传教活动持续了 60 年（1854—1914），前后有近十几位德国传教士在此传道布教。他们也成了在喜马拉雅地区活动最持久、规模最大的一个德国人群体。摩拉维亚教派（又称摩拉维亚兄弟会）出现于 15 世纪中期的波希米亚地区，是胡斯（Jan Hus）宗教改革的产物。这个教派长期受迫害，教徒四散逃离。1722 年，他们得到萨克森选帝侯的允许，在萨克森的

① 斯文·赫定详细研究了早期欧洲人尤其是传教士对藏传佛教和罗马天主教所作的各种对比，参见 Sven Hedin, *Trans-Himalaja*, Vol. III, New Delhi: Glan Publishing House, 1990, pp. 310-329.

② Sven Hedin, *Trans-Himalaja*, Vol. III, p. 316.

海恩胡特（Herrnhut）重建了总部，从此隶属于德国新教。[①] 19 世纪初欧洲人对西喜马拉雅地区，尤其是拉达克王国几乎还一无所知。通过在西喜马拉雅地区的传教，德国传教士对当地的地理、语言和文化有深入的了解和研究，并将大量的信息带回了德国。德国人开始直接接触西藏并获取西藏信息。

一、摩拉维亚教派在西喜马拉雅地区传教的起因

摩拉维亚教派重建后不到十年，就开始了全球的传教事业。在美洲、澳大利亚、南非和东非都有他们的传教点。他们在南亚也有长期传教的历史。1760 年，14 名德国摩拉维亚传教士乘坐丹麦东印度公司的轮船，到达丹麦在印度南端的殖民地特兰奎巴（Tranquebar）。他们在特兰奎巴建立了“兄弟花园”（Brüdergarten）。1761 年，又有 13 名德国传教士来到此处。随着丹麦被迫将特兰奎巴的殖民地卖给英国，德国传教士也不得不在 1801 年撤离了印度。[②] 由于特兰奎巴位于印度南端，又受制于行动自由，虽在印度 40 年，德国传教士还是没有直接接触西藏的机会。1735 年到 1750 年，摩拉维亚教派几次试图通过俄国进入蒙古，但均未成功。1763 年开始，俄国允许东南欧和中欧的居民到其边远地区垦殖。一群德国人也在伏尔加河下游获得了一个定居点，被称为“伏尔加德意志人”（Wolgadeutschen）。1765 年，摩拉维亚教派在伏尔加河的德国人居民区萨拉普塔建立了

---

① 关于摩拉维亚教派及其历史，参见 Hartmut Beck, *Brüder in vielen Völkern: 250 Jahre Mission der Brüdergemeine*, Erlangen: Verlag der Evang.-Luth. Mission, 1981; Ralph Ludwig, *Der Herrnhuter: wie Nikolaus von Zinzendorf die Losungen erfand*, Berlin: Wichern, 2009; Elisabeth W. Sommer, *Serving Two Masters: Moravian Brethren in Germany and North America, 1727-1801*, Lexington: University Press of Kentucky, 2000; Allen W. Schattschneider, ed., *Through Five Hundred Years: a Popular History of the Moravian Church*, Bethlehem: Moravian Church in America, 1990.

② 这一时期德国摩拉维亚教派在南亚的传教活动，参见 H. Römer, *Geschichte der Brüdermission auf den Nikobaren und des Brüdergartens bei Trankebar*, Herrnhut: Verlag der Missionsbuchhandlung, 1921; Martin Krieger, „Vom Brüdergarten zu den Nikobaren: Die Herrenhuter Brüder in Südasien“, Michael Mann, Hrsg., *Aufgeklärter Geist und evangelische Mission in Indien*.

一个传教点。他们的主要目的是负责德国垦殖者的“精神生活”。[①]同时，在这个地区也生活着西蒙古部落的一支——卡尔梅克人，信仰藏传佛教。德国传教士一直试图在卡尔梅克人中间传教，这是德国人首次直接接触藏传佛教。由于卡尔梅克人信仰的佛教与西藏有着直接关系，德国的传教士们也获得了许多关于西藏的信息。但是他们进入蒙古传教的计划始终没有实现。

1842年中英《南京条约》签订后，清政府开始允许西方人传教。此前，德国传教士郭实腊已跟随英国的鸦片船在中国沿海进行了一系列活动，后来又以香港为基地向内地传教。1850年，郭实腊访问了海恩胡特。从他那里，摩拉维亚教派总部了解到中国将会变得“更加开放”。郭实腊告诉他们，“（中国）这个大帝国将会被各种不同的教派从各个方面侵入。”[②] 这激发了摩拉维亚教派开始重新组织到蒙古传教的计划。1853年，摩拉维亚教派的两名传教士帕格尔（Eduard Pagell）和海德（August Wilhelm Heyde）踏上了喜马拉雅传教之路。但他们最初的目的地不是西藏而是蒙古。出发前，他们跟曾在俄国萨拉普塔传教的茨威克学习了蒙古语。为了更好地与当地人打交道，也学习了医学。[③] 由于俄国不允许其他欧洲人通过西伯利亚进入蒙古地区，教派总部最终决定他们经由印度寻找进入蒙古的途径。

二、德国传教士在西喜马拉雅地区的传教活动

1853年帕格尔和海德从英国经海路到达印度，1854年4月进入印度北部西姆拉地区。1855年，他们三次进入西藏西部，试图往东渗透，前往蒙古，但都告失败。1855年7月他们从班公湖南侧的楚舒勒进入西藏，但很快被发现，并被要求离开。之后他们沿西藏边境

---

① 关于德国传教士在俄国萨拉普塔传教的情况，参见 Christlieb Suter, *Geschichte der Brüdergemeine Sarepta: 1765-1775*, Herrnhut: Herrnhuter Verlag, 2003.

② Gerade Heyde, *50 Jahre unter Tibetern*, S. 8.

③ Frank Seeliger, *Einer Prügelt uns und der andere bringt uns Religion*, S. 60.

向南，8 月又进入藏境，经阿克塞到达邦札克，向东进入藏境，前进了较远的距离，也最终被发现和驱逐。9 月他们从邦札克西南侧进入藏境，但又以失败告终。① 经西藏进入蒙古地区困难重重，希望渺茫。他们干脆留在离西藏边境只有 120 公里的拉合尔（Lahoul）地区，致力于向当地居民和西藏人传播福音。他们做了长期打算，在西藏边界建立传教点，徐图向北渗透。1856 年他们在英国东印度公司帮助下，在巴噶河岸边获得了一块土地，距西藏边界只有两天路程。到第一次世界大战前，他们在西喜马拉雅的传教活动一直处于不断扩展中。他们首先在卡耶朗（Kayelang）建立了传教点。1865 年帕格尔在波城（Poo）建立了第二个传教点。② 经过英印总督斡旋，1885 年又在拉达克首府列城（Leh）建立了传教点。列城传教点很快成为摩拉维亚传教士在西喜马拉雅地区传教活动的中心。他们以此为基地，向周围扩展，建立了一系列小传教点。有了这些传教点做基地，德国传教士们可以经常做长途的“传教旅行”，首要的目标地区是西藏边界。他们与沿途居民直接交谈或在村庄中举行讲经活动。③

摩拉维亚教派一般以夫妇形式传教，以保证传教士扎根当地，安心传教。同样，在西喜马拉雅地区的每个传教点也至少有一对德国传教士夫妇负责。同时各个传教点都会雇佣至少一名当地人做助手。在西喜马拉雅的摩拉维亚传教士夫妇中，海德夫妇比较知名。他们共在西喜马拉雅地区生活了 40 年。威廉·海德是西喜马拉雅传教点的创立者之一。玛利亚·海德（Maria Heyde）在 1859 年与另外两名德国

---

① Gerhdard Heyde, *50 Jahre unter Tibetern*, S. 13-21.

② 德国传教士在波城传教点的活动参见 John Bray, “Christian Missionaries on the Tibetan Border: the Maravian Church in Poo (Kinnaur), 1865-1924”, *Tibetan Studies: Proceedings of the 5th Seminar of the International Association for Tibetan Studies, Narita, 1989*, Bd. 2, Tokyo: Naritasan Shinshoji, 1992, pp. 369-375.

③ Frank Seeliger, *Einer Prügelt uns und der andere bringt uns Religion*, S. 71-72.

女教士到喜马拉雅传教。[①] 他们生育了七个儿女，有四个夭亡在高原。为了藏语研究和翻译《旧约》，他们 1898 年离开卡耶朗，移居大吉岭，1903 年回到德国。玛利亚·海德写有大量的日记，在卡耶朗期间（1862—1898）的日记就有 22 本。部分日记经过她的儿子杰哈德编辑，1921 年以《在藏生活五十年》出版。[②]

同大多数传教士一样，行医和学校也是德国摩拉维亚教士促进传教的重要方式。1886 年和 1914 年，他们分别在列城和波城建立了两所医院。虽然条件简陋，但很受当地居民欢迎。在英国人的支持下，他们在所有的传教点都建立了一个小药店或医疗室。在卡耶朗的传教士报告说，每天大约有 20 名病人，这意味着每周超过 100 人。[③] 通过行医可以比较容易地大规模接触当地人，这为传教创造了条件。他们的医院既提供医药，也赠送藏语的基督教小册子。帕格尔在波城的行医活动声名远扬，连西藏地方当局也知道他医术高明。1867 年，西藏的措错（Tso-tso）地区首领邀请帕格尔到访，希望他能消除当地正在流行的天花。[④] 虽然帕格尔自己已经在病床上躺了三天，但他不想放弃这次难得的入藏机会。经过五天跋涉，他终于到达了措错谷地。帕格尔到访了 12 个村庄，医治了 600 多名藏族人。[⑤] 虽然帕格尔受到了当地藏族人的欢迎和感谢，但此后他却再也未能进入藏境。

1861 年后，德国传教士在卡耶朗、列城和波城建立了学校，重

---

① Maria Hartmann, „Reise der Geschwister Pagell und der Schwestern Rosenhauer und Hartmann von Calcutta nach Kyelang“, *Missionsblatt der Brüdergemeine*, Nr. 5, 1860, S. 102-112.

② Gerhdard Heyde, *50 Jahre unter Tibetern*；对玛利亚·海德日记更为详细深入的研究，参见 Frank Seeliger, *Maria Elisabeth Heyde-Versuch einer biographischen Annäherung auf Grundlage der Tagebuchnotizen für die Jahre 1862 bis 1870*, Arbeitskreis „Herrnhuter Missionare in Lahoul“, Ulm, 2005.

③ Theodor Bechler, „Kulturarbeit der Brüdergemine im Westlichen Himalaya“, *Beiblatt zur Allgemeinen Missions-Zeitschrift*, Gütersloh, Nr. 2, 1914, S. 25.

④ Theodor Bechler, „Kulturarbeit der Brüdergemine im Westlichen Himalaya“, S. 24-25.

⑤ John Bray, “Christian Missionaries on the Tibetan Border: the Maravian Church in Poo (Kinnaur), 1865-1924”, p. 371.

点是教授小学生藏语读写，掌握基本的藏语字母。同时开设英语和算术课，也讲述和学习译成藏语的《圣经》故事。当地学生只在冬季的几个月参加学习。这些学校成了西喜马拉雅地区唯一的西方教育机构。在德国传教士开设的学校学习的学生，都要参加英印当局的年度结业考试，成绩优秀者可以进入英国殖民机构服务。因此摩拉维亚传教士的教育活动也被纳入英国在印度的殖民教育体系中。[①] 开设学校的目的当然也是为了传教，德国传教士莱谢尔（Rechler）说："我们怀着极大的希望。希望通过学校教育，能为新教在未来阶层中的传播打开缺口。"[②]

藏语《圣经》的翻译和印发也是重要的传教活动。[③] 相对于天主教而言，新教传教士更看重《圣经》本身对当地受众的直接影响，因此摩拉维亚传教士较早地将《圣经》译成了藏语。由于新教尊崇《新约》，因此摩拉维亚传教士首先翻译的是《新约》，一开始主要由耶什克负责。作为摩拉维亚传教士最早的藏文《圣经》翻译成果，耶什克翻译的《福音书》于 1861 年在卡耶朗出版。1881 年他完成了藏语《新约》的翻译。传教士首先希望《圣经》容易地被普通人读懂和理解。因此耶什克最初想用西藏方言来翻译，但是这会使《圣经》局限于该方言的狭小区域，其他方言区将存在阅读困难。最后他决定将《圣经》译成古典藏语，认为这样绝大多数西藏人都能看懂。但实际上只有受过教育的人才能看懂古典藏语。在漫长的翻译和修改过程中，摩拉维亚传教士逐渐认识到了这些问题，他们后来的翻

① Frank Seegliger, *Einer Prügelt uns und der andere bringt uns Religion*, S. 75; Jürgen G. Nagel und Christine Kracht, „Von den Götzen des Lamaismus", S. 145-146.

② Das Archiv der Evangelischen Brüder-Unität in Herrnhut, R. 15 U. b. 1. a, Kyelang-Jahrrsberichte 1853-1897, Nr. 22, Rechler, 1870, S. 13.

③ 有关摩拉维亚传教士藏语翻译《圣经》的详细研究，参见 Johan Bray, "A History of Moravian Church in India", *The Himalayan Mission*, Leh: Moravian Church, 1985; John Bray, "A History of the Moravian Church's Tibetan Bible Translations", Lydia Icke-Schwalbe und Gudrun Meier, Hrsg., *Wissenschaftsgeschichte und gegenwärtige Forschungen in Nordwest-Indien, Internationales Kolloquium vom 9. Bis 13 März 1987 in Herrnhut*, Dresden: Lausitzer Druckhaus, 1990.

译和修订都尽量在古典藏语、方言和口语之间寻求平衡。1883 年耶什克去世后，圣经协会于 1898 年组织了一个修订委员会对他的翻译进行修改，主要是调和东部和西部藏语方言的使用，使译文更加浅显。1904 年藏语《新约》在印度大吉岭附近的古姆（Ghoom）出版，后来又在上海重印。耶什克还将其他大量新教文本译成了藏语，这些新教文本于 1858 年在西姆拉出版。

摩拉维亚传教士对《旧约》的藏文翻译更为曲折，历时更长。耶什克去世前只译出了《创世纪》和《出埃及记》的前半部。他的学生莱茨劳珀（Friedrich Adolphus Redslob）在两位西藏喇嘛的帮助下完成了《摩西五书》剩下部分的翻译。1891 年莱茨劳珀去世，《旧约》翻译陷于停顿，藏语《摩西五书》直到 1905 年才在柏林出版。20 世纪初摩拉维亚传教士重启藏语《旧约》的翻译，这次由多位传教士分工负责。翻译初稿由弗兰克（August Hermann Francke）校阅和修改，他再将修改稿发给英国驻亚东的商务代办麦克唐纳（David Macdonald），由他验证西藏东部方言区的藏人是否也能接受译文。集体翻译的工作因为第一次世界大战而中断。1919 年格尔干（Joseph Gergan）接手《旧约》的翻译，他译的《撒母耳记》于 1924 年在印度出版，1930 年出版了《列王纪》和《历代记》。1934 年格尔干完成了整部《旧约》的翻译。因为 1904 年出版的藏语《新约》到 1935 年只售出 8000 套，所以圣经协会不愿意再出版藏语《旧约》。1945 年圣经协会募集到一笔捐款，准备出版整部藏语《圣经》，由格尔干负责，并且同意藏语《新约》以他的修订本为准。1948 年整部藏语《圣经》终于在拉合尔出版。① 摩拉维亚传教士对整部《圣经》的翻译从开始到最终出版经历了近一百年。

西喜马拉雅地区居民识字的较少，方言复杂，因此传教士们不仅将《圣经》和基督教文本译成了标准藏语，而且也译成了当地的口

① Johan Bray, “A History of Moravian Church in India”, pp. 54-58.

语或方言。海德将《圣经》中的30个章节译成了布南语（Bunan），弗兰克将《马可福音》译成了拉达克语和拉合尔地区的三种方言。但是德国传教士通常采用的传教方式却是当面谈话。这一地区的方言复杂繁多，这要求传教士必须掌握多种方言。西喜马拉雅地区的居民大多是文盲，无法阅读，这也使他们无法大规模地印制宗教宣传品。

一些文化程度较高的西藏喇嘛意识到，藏传佛教与基督教在教义与哲学观念上确实存在巨大差异，很难沟通和交流。西藏人尤其难以理解基督教的上帝观念（God）。在西藏文化和宗教观念中没有类似于上帝的概念，因此摩拉维亚传教士在翻译《圣经》时遇到的困难就是他们无法在藏语中找到一个可以与“God”大致相对应的词，耶什克迫不得已用了藏语的dKon-mtschog（三宝）①。1931年一位来自拉萨附近格鲁派寺庙的喇嘛来到列城跟他们研究基督教，几周之后这位喇嘛说：“我已经理解了救赎——不管罪恶有多大只要他相信耶稣就可以得救，但是我无法理解上帝。”一位皈依了基督的西藏喇嘛向传教士们说，西藏人更适合一种沉思和哲学性的宗教，而这正是基督教所缺少的。②

传教点成为德国和其他欧洲人在喜马拉雅地区考察和探险的重要落脚点和中转站。他们还可以从传教士那里获取各种有关当地的地理、社会和文化等方面的信息。1856年，德国的施拉君特怀特兄弟进入拉达克考察，得到了传教士们的热情帮助。后来的捷克探险者斯托利茨卡（Ferdingan Stoliczka）、匈牙利探险者伯仁采（Ladislaus von Berenczay）、奥地利人类学家特洛尔（Josef Troll）等都得到过德国传教士的接待和帮助。1901年和1906年，瑞典探险者斯文·赫定（Sven Hedin）进行西藏探险时，到访了德国传教士在列城和波城的传教点。赫定还在列城与德国传教士们共度了1901年的圣诞节。他

① “三宝”准确的藏文拉丁转写应为dKon-mchog-gsum，dKon-mtschog是耶什克在他翻译的藏语《圣经》中的用法。

② Johan Bray, “A History of Moravian Church in India”, p. 64.

从传教士们那里获得了极为宝贵的拉达克地区的气候资料。这些气候学资料是传教士们长达50多年坚持不懈地观察和记录的结果，是赫定对西藏气候考察和研究的重要补充。1906年，赫定在德国传教士的帮助下，做了各种准备，从列城出发进入西藏南部，到达了扎什伦布寺。赫定在其作品中经常提及自己所受的友好接待。赫定在给列城的传教士彼德（Friedrich Peter）的信中称，“在拉达克和喜马拉雅的摩拉维亚传教士所取得的成绩，比中国内陆传教团或在喀什的瑞典传教团都大。”①

西藏人对佛教的坚定信仰与中国政府对边境的严密控制结合在一起，使传教士们的传教活动困难重重。帕格尔偶尔能进入藏境，但他被禁止做更远的旅行。西藏边境的村民告诉他们，如果有欧洲人进入西藏，村民会受到惩罚，他们展示了身上的伤口。② 官员们告诉村民，传教士不怀好意，首先将带走西藏人的宗教，其次是他们的“国家”。③ 所以德国人的传教成绩并不理想。西喜马拉雅地区也生活着很多穆斯林和印度教徒，但信仰佛教的西藏人始终是德国人传教的中心对象。虽然尽了最大努力，使用了各种方法，但成果可怜。在西喜马拉雅传教25年后，即1879年才有一个拉合尔的居民归信基督，这也是他们从当地居民中招收的第一个基督徒。④ 1911年列城的传教点有57名基督徒，波城有39人，卡业朗32人，卡拉什只有6人。⑤ 第一次世界大战爆发前，共有162名当地居民改信了基督。⑥ 这些人绝大部分是拉达克居民，只有极少的几个从西藏来的佛教徒皈依了基督。

---

① Gudrun Meier, „Sven Hedin und die Herrnhuter Mission“, Staatliches Museum für Völkerkunde Dresden, *Kleine Beiträge*, Nr. 5, 1982, S. 37-38.

② *Missionsblatt der Brüdergemeine*, Vol. 29, 1865, S. 19.

③ *Missionsblatt der Brüdergemeine*, Vol. 53, 1889, S. 108.

④ Das Archiv der Evangelischen Brüder-Unität in Herrnhut, R. 15 U. b. 1. a, Kyelang-Jahrrsberichte 1853-1897, Nr. 27, Redslob, 1879, S. 17-18.

⑤ Jürgen G. Nagel und Christine Kracht, „Von den Götzen des Lamaismus“, S. 148.

⑥ Hartmut Beck, *Brüder in vielen Völkern*, S. 307.

1914 年世界大战爆发后，在印度的德国传教士成了俘虏。德国人在西喜马拉雅地区的传教活动就此结束。英国和瑞士的传教士则继续留在当地。作为英德间交换俘虏的一部分，1916 年他们被换回德国。1924 年和 1940 年波城与卡耶朗的传教点相继关闭。1956 年，摩拉维亚教派在西喜马拉雅的最后两位传教士，瑞士的费托茨（Pierre Vittoz）夫妇也离开了列城。① 摩拉维亚教派在西喜马拉雅的传教活动完全终结。

三、德国传教士对西喜马拉雅地区的研究

传道与科学研究的结合，是早期传教士的重要特征。一些德国传教士不仅是上帝福音的传播者，也成了出色的语言学和人类学家。出于传教的需要，一些德国传教士对西喜马拉雅地区居民的语言、文化、宗教和社会进行了深入的观察和研究。通过“传教旅行”他们了解和收集当地方言、民俗和地理的情况，也收集各种人类学物品。他们每次“传教旅行”之后，一般都会写成报告，寄回海恩胡特的总部，发表在《兄弟会传教通讯》（*Missionsblatt der Brüdergemeine*）上。这些报告也要经过总部的修改和润色，与官方观点保持一致。② 他们从西喜马拉雅带回德国大量的信息，既有给总部的报告，也出版了众多的书籍和文章。

德国传教士关注和研究的重点是西喜马拉雅地区的语言和社会文化。海德和帕格尔在给总部的报告中认为，如果没有对藏语的系统深入的研究，摩拉维亚教派在西喜马拉雅的传教就不可能取得成功。③ 因此，1857 年教派总部派了第三个传教士耶什克到卡耶朗。他的主

---

① Pierre Vittoz, *Goldene Dächer-Schwarze Zelte: Sechs Jahre unter den Tibetern des Himalaya*, Konstanz: Bahn, 1958.

② Jürgen G. Nagel und Christine Kracht, „Von den Götzen des Lamaismus“, S. 149.

③ Gudrun Meier, „Heinrich August Jäschke-Person und wissenschaftliche Wirksamkeit“, S. 15.

要任务是研究和翻译经典藏语，解决传教士们面临的首要困难。耶什克在藏族地区生活了 11 年（1857—1868），实际调查和研究了西喜马拉雅地区的方言，收集了大量的藏语词汇、发音和语法现象。这是非常基础性的工作，也是当时欧洲的东方学家们根本没有涉及的研究。1866 年，耶什克编纂出版了《藏英词典》（*A Tibetan-English Dictionary*），1881 年，在英国政府资助下，出版了其补充版，这也是世界上第一本藏英词典。1871 年耶什克出版了德语版的《藏语词典》（*Handwörterbuch der Tibetischen Sprache*），1878 年出版了《德藏词典》。除了研究西藏语言，耶什克还有大量关于西藏文学、历史和风俗习惯等方面的著作。耶什克是摩拉维亚传教士中最知名的语言学家之一，也被公认为是德国藏学的创立者之一。耶什克 1887 年去世，被安葬在德国海恩胡特摩拉维亚教派墓园。

耶什克的工作由弗兰克继续和发展下去。弗兰克 1896 年到列城，在西喜马拉雅地区生活了 14 年。除研究藏语，他还重视收集和发掘当地的历史和文化资料，尤其是拉达克地区的口头历史，涉及考古、民俗和史诗。他有大量关于西藏语言、历史和文学的作品，也出版了许多有关西藏风俗习惯、民歌、传说、谚语和游戏等的著作。1907 年，他的重要著作《西藏西部历史》在伦敦出版。1909 年，他从中亚到列城进行了一次考古学考察，但肩负的是英国政府的任务。1922 年，他取得了柏林大学的执教资格，1925 年晋升为教授，成为德国大学中第一位藏学教授。藏学正式在德国的大学中成为一门学科。耶什克和弗兰克成为卓有成就的西藏语言学和文化学家，只是他们传教活动的“副产品”，他们对藏语、藏文化和藏传佛教的研究，根本上是为传教服务。耶什克在其《藏英词典》的前言中说：“我们要首先考虑传教士进入新地区时的需要。我们工作的首要目标始终是，在生活于中亚的、使用藏语的千百万佛教徒中传播基督教和基督教文明。

我进行西藏语言学研究的明确目标是为将《圣经》译成藏语做准备。"①

人类学物品收集和研究也是一些德国传教士的重要工作。德国传教士在喜马拉雅地区收集了大量的民族学物品。一部分作为送给教会总部的礼物被带回欧洲，一部分则作为传教点的藏品加以展出。20世纪初，德国的楚格迈尔（Erich Zugmaier）到拉达克考察，访问了摩拉维亚教派在列城和卡拉什的传教点。他回忆说："传教点有一个很小的展览，主要是他们收集的印度和西藏珍品。我在他们那里也购买了一些有趣的物品。我有一些不想带回欧洲的物品，如刀、汤匙等，在列城比较稀少。我跟彼德先生（列城传教点的负责人）商量，进行交换。他们把自己收集的一些西藏珍品转让给了我。"② 鉴于传教士们源源不断地带回各种人类学物品，摩拉维亚教派总部在1878年专门建立了一所人类学博物馆（Herrenhuter Völekerkundemuseum），收藏传教士在世界各地收集的人类学物品和研究成果。到目前，海恩胡特人类学博物馆共有6000组/件收藏品，其中有138件来自西喜马拉雅地区，主要包括宗教物品、日常器具、乐器、饰品和绘画，大部分由传教士海德在1856年到1878年间所收集。1975年开始，这些收藏品在德累斯顿的人类学博物馆有了一个固定展位。慕尼黑国家人类学博物馆也收藏着弗兰克1000多件在西藏和新疆地区收集的物品。③

此外，从1856年开始，德国传教士们对喜马拉雅地区进行了长期不间断的气候学观测和记录。1885年，列城传教点建立后，他们也随之建立了一个气候观测站。海德和耶什克还进行植物学标本的收

① Heinrich August Jäschke, *A Tibetan-English Dictionary*, London: Routledge, 1990, p. iii.

② Eich Zugmaier, *Eine Reise durch Zentralasien im Jahr 1906*, Berlin, 1908, S. 358-360.

③ 参见 Lydia Icke-Schwalbe, "The Ladakh Collection of Herrnhut in Historical and Cultural Valuation", Lydia Icke-Schwalbe und Gudrun Meier, Hrsg., *Wissenschaftsgeschichte und gegenwärtige Forschungen in Nordwest-Indien*, S. 36-52.

集和研究。海德是4种野生植物的发现者，耶什克则发现了6种新植物。[①]

四、德国人在西喜马拉雅地区的传教活动与英国殖民当局的关系

德国传教士与英国殖民当局有着密切关系。实质上，德国人在西喜马拉雅的传教活动依附于英国在当地的殖民统治，而英国人也利用德国人的传教活动推进殖民统治，双方互助互利，各有所求。英国的支持是德国传教士能在当地站稳脚跟并开展活动的根本保证。德国传教士日常遇到的问题都要由英国人出面解决。卡耶朗传教点建立初期，当地居民极力反对，后来由英国人出面加以说服和平息。传教点建立房舍要占用土地、砍伐林木，也是由英国人居间斡旋才得以实现。[②] 1884年克什米尔的统治者同意德国人在拉达克首府列城建立传教点，是由于英印总督以个人名义表达了对德国人的支持。[③] 因此即使经历了三次入藏的失败，海德依然在日记中满怀信心地写道："我们绝不会退缩，我们决定在西藏人中建立一个定居点，它的东北边就是西藏。在购置土地问题上英印政府已经授予了我们全权。"[④] 清政府对西藏边境控制严密，德国传教士根本无法进入西藏传教。他们希望英国能向清政府和西藏地方政府施加更大的政治压力，为传教活动开放边境。[⑤] 1857年印度西北部发生了大规模起义，德国传教士们感到惶恐不安。海德在日记中写道："我们在此处的据点——也是我们在亚洲的据点——现在成了问题：英国东印度公司和英国人在印度统

① John Bray, "The Himalayan Mission of the Moravian Church: A Historical Study", Krisht Vidya, *A Quarterly Journal of the Christian Retreat and Study Centre Rajpur*, Bd. 2, Nr. 1, Dehra Dun, 1982, p. 26.

② Das Archiv der Evangelischen Brüder-Unität in Herrnhut, R. 15 U. b. 1. a, Kyelang-Jahrrsberichte 1853-1897, Nr. 5, pagell/Heyde, 1856, S. 2.

③ Johan Bray, "The Moravian Church in Ladakh: The First Forty Years 1885-1925", p. 82.

④ Ruth Schiel, *Hochzeit in Tibet*, S. 21.

⑤ John Bray, "Christian Missionaries on the Tibetan Border: The Maravian Church in Poo (Kinnaur), 1865-1924", p. 371.

治的末日好像要来临了。在当地居民中爆发了大规模的起义，那些未来得及救出的英国人都已被杀死。海（Hay）上尉从那噶尔（Nagar）送给我们消息说，我们所在的地区也将会面临最糟糕的情况。”① 英国人很快镇压了这次起义，德国传教士们也转危为安。因此他们对英国人的“宽容”和帮助都深怀感激，对当地的英国居民、旅行者和官员非常友好。如玛利亚·海德在日记中记录，她经常把自己种的蔬菜赠送给英国旅行者或官员们。

英国人“宽容”和热心帮助德国传教士，当然有自己的考虑。19世纪50年代，英国在西喜马拉雅地区的统治尚未稳固，他们需要对这一地区进行渗透和监视。德国传教士长居于此，并有许多处传教点，经常深入西喜马拉雅的偏僻地区，能大量广泛地接触当地居民，可以掌握和收集当地的最新信息和情报，这正是英国殖民当局迫切需要的。英国人专门指派了一名东印度公司的官员与德国传教士们保持密切联系。他定期“拜访”卡耶朗的传教点，并询问各种情况。英国人也希望喜马拉雅地区的居民接受欧洲文明，甚至皈依基督，这是殖民政策的一部分。德国传教士的活动无疑可以起到这种效果。德国传教士对藏语和西藏文化的研究，也能增进英国人对西藏的了解，有利于殖民的扩展。因此1881年英国人支持耶什克将他的《藏德词典》译成《藏英词典》，并负担了全部出版费用。1898年，海德移居大吉岭，他承担了英印政府的任务，研究藏语并修订英印探险者钱达拉·达斯（Sarat Chandra Das）的《藏英词典》。他还担负着英国圣经公会（British and Foreign Bible Society）的任务，将《新约》译成藏语。英国人并非完全放任德国传教士的活动——把他们所办的学校和医院都纳入了英国殖民当局的管理和殖民体系中。但是这种互利和友好的关系取决于英德两国关系的总体状况。第一次世界大战爆发，英德为敌，所有在印度的德国传教士都成了俘虏，德国人不得不

---

① Ruth Schiel, *Hochzeit in Tibet*, S. 25.

结束在西喜马拉雅地区近 60 年的传教活动。

摩拉维亚传教士的活动所带来的西藏与西方的文化交流是极不均衡的。他们在西喜马拉雅地区传教一百多年，却没有几个西藏人皈依基督教，喇嘛和普通的西藏人对基督教不感兴趣，更没有多少了解，西藏人受传教士的影响极小。相反，传教士们出于传教的需要对西藏文化、社会、语言和宗教进行了深入研究，不仅奠定了德国藏学的基础，还通过各类专业和通俗的作品使德国人获得了大量西藏信息，很多德国人甚至因此对西藏产生了浓厚的兴趣。他们的作品、报告和日记等也记录了 19 世纪中后期西喜马拉雅地区的社会、政治和宗教状况，依然是当代西方学界研究拉达克地区和西藏西部历史的重要资料。这种双向交流的不均衡性也是整个近代西方在西藏地区传教活动的一个重要特征。

第三节　施拉君特怀特兄弟的喜马拉雅考察

一、施拉君特怀特兄弟喜马拉雅考察的起因

1799 年至 1804 年，德国地理学家洪堡进行了一次大规模的美洲考察，取得了辉煌的成绩，被誉为“第二次发现了新大陆”。[①] 这激发了德国人进行世界考察和探险的热情。在南美和墨西哥考察结束后，洪堡就已经计划进行一次中亚考察。1808 年他在给拿破仑的信中说：“我计划到印度河源头和中亚考察，在返回欧洲之前我就已经有了这一想法。”[②] 俄国政府邀请他跟随俄国考察队进行一次中亚考

① Alexander von Humboldt, *Reise in die Aequinoctial-Gegenden des neuen Continents*, Stuttgart: Cotta, 1859; Alexander von Humboldt, *Ansichten der Kordilleren und Monumente der eingeborenen Völker Amerikas*, Frankfurt am Main: Eichborn, 2004.

② Wilhelm Kick, „Alexander von Humboldt und die Brüder Schlagintweit“, Claudius C. Müller, Hrsg., *Der Weg zum Dach der Welt*, S. 75.

察，计划经喀什和叶尔羌到西藏。由于1812年拿破仑入侵俄国，这一考察计划未能实现。1814年，洪堡跟随普鲁士国王腓特烈·威廉三世到伦敦访问。他向英国政府提出，希望能在东印度公司帮助下进行一次西藏考察，但是英国人对此没有太大兴趣。① 1829年，在俄国沙皇的帮助下，洪堡穿越西伯利亚到达中国边境的阿尔泰山地区考察，但未真正进入亚洲高原地区。洪堡为了西藏考察一直准备了10年，由于战争和各种原因，他的计划始终未能实现。

随着年事日高，洪堡把未完成的梦想寄托在年轻人身上。1849年，英国东印度公司在印度半岛开始了大规模的地磁学测量，范围从南部的斯里兰卡到北部的拉达克地区。洪堡一直关注着英国人的考察。英国负责印度地磁学测量的主要科学家艾略特（Charles Elliot）于1852年因病去世，东印度公司的计划随之停顿。洪堡看到了这一机会，希望借此能实现考察亚洲高原的计划。他向普鲁士国王提出建议，让英国支持德国年轻的地理学家参与东印度公司在印度的地磁学测量。普鲁士国王同意洪堡的计划。普鲁士驻伦敦的大使向英国皇家协会（Royal Society）正式提出了洪堡的建议。普鲁士大使在给皇家协会主席的信中提出，普鲁士国王和洪堡计划让施拉君特怀特兄弟（Brüder Schlagintweit）到喜马拉雅地区进行地磁学考察。皇家协会将这一提议告知了东印度公司。东印度公司希望完成艾略特的测量工作，因此愿意与德国人合作，并为他们提供资助。普鲁士国王每年资助两百英镑，东印度公司资助四百英镑。英国皇家协会和皇家地理学会也为德国人的考察提供了帮助并派人参加。

施拉君特怀特兄弟出生于慕尼黑，共有四人，赫尔曼（Hermann）、阿道夫（Adolf）、罗伯特（Robert）、埃米尔（Emil），到喜马拉雅考察的是前三人。他们最初以对阿尔卑斯山的考察和研究而崭

① Wilhelm Kick, *Schlagintweits Vermessungsarbeiten am Nanga Parbat 1856*, München: Verlag der Bayerischen Akeademie der Wissenschafen, 1967, S. 20-21.

露头角。他们对阿尔卑斯山东麓进行的物理、地理和生物学的综合考察和研究，引起了洪堡的注意。1849 年，赫尔曼和阿道夫去柏林，已经 80 岁的洪堡接见了他们，并引见给普鲁士国王腓特烈·威廉四世。1850 年，洪堡又把他们推荐给巴伐利亚国王，他在信中说："我唯一的职业是学者，并把希望寄予新一代。在开明尊贵的德意志君主庇护下，德国科学家已卓有声誉。……这两个年轻、博学的自然科学研究者在柏林很受尊敬，很久以来已经没有出现这样的年轻学者了。"① 施拉君特怀特兄弟告诉洪堡，他们想对亚洲高原地区进行一次纯粹的德国（普鲁士）科学考察，洪堡自然大力支持。1853 年，当洪堡看到有可能在东印度公司支持下进行这样的考察时，他推荐了这三位年轻的地理学家担当此任。

二、施拉君特怀特兄弟在喜马拉雅地区的考察活动

在印度，施拉君特怀特兄弟获得了英国殖民当局的支持，尤其是外交上的帮助。他们承认，"如果没有这些帮助，我们根本无法到达那些国家和地区，实际上我们到达的地区远远超出了我们本来设想的范围。"② 他们的考察从 1854 年开始，到 1857 年结束，持续了三年。这次考察完全体现了洪堡的风格和理念，即选择一个较小的地理区域，进行长时间的、详细的、综合性的观察和测量，并对景观进行速写，绘成油画。他们对亚洲高原地区的考察是综合性的，涉及地磁学、冰川学、山志学、气候学、动植物学、人类学和民族学等各方面。

他们主要沿喜马拉雅南麓进行考察，到达了不丹、锡金、克什米尔、拉达克、巴尔蒂斯坦和印度河源头地区。他们研究了喜马拉雅西部的高山通道和巨大冰川，测量了 63 座大型冰川。他们翻越了喀喇

① Bayer. Hauptstaatarchiv München, Abt. III: Geheimes Hausarchiv, Nachlaß Zwehl 84/1/22.

② Hermann, Adolphe and Robert Schlagintweit, *Results of a Scientific Mission to India and High Asia*, Vol. 1, Leipzig: Brockhaus, London: Trübner, 1860, p. 6.

昆仑山，1855 年 8 月 19 日还攀登到了乔戈里峰（K2）6785 米处。他们也到达了东喜马拉雅的布拉马普特拉河、尼泊尔和印度之间的地区。总体来说，三兄弟既有共同合作，也有分头考察，由于个人的兴趣和研究不同，考察的侧重点也有所不同。

1855 年 6 月，阿道夫和罗伯特进入了布拉马普特拉河与喜马拉雅山之间的藏南地区。他们化装成牧羊人，在夜间秘密向北渗透，一开始躲过了中国边境军队的巡逻，但三天后被发现。当地的喇嘛寸步不离地跟着他们，说已经接到命令，要一直看守着他们。后来他们被要求去不远的达巴，向当地的中国最高官员报告。7 月 23 日，中国官员来到他们的营地，告诉他们可以到沙克山口。他送给他们一些礼物，阿道夫也以很高的价格买了一些中国物品，如笔墨、武器、珠宝饰品和衣物等。①

他们自己记述说："我们唯一一次有机会越过西藏边境是在化装的情况下。不管怎样小心，我们还是很快被中国官员发现了，并被要求返回。为了防止我们进入他们的领土——这一措施有效防止了欧洲人的渗透——他们派了一个中国士兵把我们带回去。但是我们成功摆脱了他的监视，在一个漆黑的夜晚穿过了沙克山口。虽然中国士兵很快又寻踪赶来，但是无论如何我们成功了。我们花了些钱，中国士兵允许我们到萨特勒日。后来在玛尼家族首领的帮助下，我们到达了噶大克。"② 他们感觉到，当地的西藏人对他们都很友好，喇嘛们也很愿意回答他们提出的问题，还卖给他们一些藏文经书。之后他们到达了印度河谷考察，攀登了乔戈里峰。当时他们认为此峰是青藏高原的最高峰，并对其冰川进行了详细测量。

---

① G. Ritter, „Neuste Nachrichten über die Fortschritte der Gebrüder Schalgintweit auf ihrer Reise im Himalaya und in Tibet bis zum oberen Indus“, *Zeitschrift für Allgemeiner Erdkunde*, Berlin: Verlag von Dietrich Reimer, 1856, S. 318-321.

② Hermann, Adolphe and Robert Schlagintweit, *Results of a Scientific Mission to India and High Asia*, Vol. 1, p. 18.

1856 年 6 月，阿道夫写信给洪堡，详细介绍了他们在拉合尔考察的情况。他说，喜马拉雅西部的山谷不如东部的陡峭和狭窄；拉合尔地区的气候很好，山区的风光也比他们迄今到过的任何地区都壮美；当地居民是西藏人，大部分从事商业。① 阿道夫最早精确测量了玛夏布洛姆峰（K1）的高度，他从西侧测量的高度是 7811 米，与后来的官方数据（7821 米）相差不多。阿道夫还是第一个从西穆斯塔克山口进入新疆的欧洲人。他在 1856 年 12 月写给普鲁士国王腓特烈·威廉四世的信中说："穆斯塔克山口和喀喇昆仑山口是西藏西部和拉达克通往突厥斯坦（中国新疆）的仅有的两条通道。喀喇昆仑山口是比较常用的一条商路。这两个山口完全不同，穆斯塔克是一个很高的冰川山口，马匹根本无法通过。"② 阿道夫对穆斯塔克冰川进行了详细的考察和测量。

施拉君特怀特兄弟也进行了大规模的人种学测量并收集各种人类学物品。他们不仅热衷于制作面部模型，还为当地人拍照。向导吉布喇嘛（Chibu Lama）是他们的中间人。赫尔曼认为吉布喇嘛是西藏人的典型，专门制作了他的面部模型并拍照。吉布喇嘛也很高兴地接受这种人类学的测量。许多莱布查人和不丹人不愿意配合，吉布喇嘛就耐心友好地劝说当地人配合赫尔曼工作。

1857 年，赫尔曼和罗伯特结束了在喜马拉雅的考察回国，阿道夫则继续留在拉达克地区。他计划翻越帕米尔高原进入中国新疆，之后到西伯利亚。1857 年 7 月，阿道夫通过阿克赛钦北部山口，翻越了喀喇昆仑山和昆仑山，8 月初进入新疆。8 月中旬，阿道夫到达喀什，但是当地爆发了战争，他被当地人抓获，并很快被斩首。阿道夫的死因众说纷纭，有的报告说是穆斯林人把他当作英国间谍，又有说

① Adolf Schlagintweit, „Aus einem Briefe Adolf Schlagintweit's an Alexander v. Humboldt", *Zeitschrift für allgemeine Erdkunde*, Neue Folge, Erster Band, 1856, S. 238.

② Wilhelm Kichk, *Adolph Schlagintweits Karakorum-Forschungsreise* 1856, München: Deutscher Alpenverein, 1993, S. 45.

他被当成中国间谍。① 阿道夫也成了第一个为喜马拉雅考察而丧生的德国人。

三、考察取得的主要成果和影响

施拉君特怀特兄弟考察的收获极为丰富，收集的资料和物品数量惊人。他们收集了2000种岩石和化石，1400种土壤和沉积物；还有各种动植物标本、动物骨骼和皮毛，包括650种树木切片和种子，750个动物标本。他们收集和购买了当地大量的人类学物品，如服饰衣物和日常器具等，还收集了200部藏族人和印度人的手稿；绘制了749幅风景略图以及大量的地理草图。他们还对202个当地居民进行了人类学测量，用石膏复制了大量的人体模型，包括275个脸部模型，38个手部和脚部模型，收集了400具人体骨骼和大量的头骨。这些物品都由东印度公司负责运到柏林，首先让洪堡过目。但是大部分后来都运回了英国，其余部分作为施拉君特怀特兄弟的私人收藏。1859年，他们将其中的58件人类学物品和采集的80类种子样品赠送给了巴伐利亚国王。他们收集了大量的藏文文本，共101卷，为欧洲的西藏研究提供了第一手的资料。② 如1856年1月，赫尔曼到阿萨姆地区考察，在纳里贡的一个小寺院，他获得了一本关于藏传佛教历史的藏文书。他们的弟弟埃米尔将此书译成德文，书名为《莲花生上师传》，分两卷于1899年和1903年出版，对于欧洲人了解藏传佛

① 关于阿道夫死因的各种报告和调查，参见"Report of Mani and Nain Singh, Almaora, January, 1859"; "Letter from Mr. Vardonguine, Russia Consul at Chuguchak. Chuguchak, December 31st, 1858"; "Letter of Colonel Edwards to R. Temple, EsQ., Secretary to the Chief Commissioner of the Panjab. Peschaur, December, 1858. -Political Department", Hermann, Adolphe and Robert Schlagintweit, *Results of a Scientific Mission to India and High Asia*, Vol. 1; "Additional Reports on the Last Journeys and Death of our Brother Adolphe", Hermann, Adolphe and Robert Schlagintweit, *Results of a Scientific Mission to India and High Asia*, Vol. 2.

② Hans Körner, „Die Brüder Schlagintweit", Claudius C. Müller, Hrsg., *Der Weg zum Dach der Welt*, S. 67.

教创立的历史起了重要作用。[①] 此外，他们在西藏考察时，还细心记录和收集了大量藏语的地理和人类学名词。他们仔细咨询当地藏族人，主要是喇嘛，这些词语的详细含义。后来他们将收集的这些藏语词汇加以编辑，刊登在《英国皇家亚洲学会杂志》上。[②]

探险期间，他们为英国东印度公司撰写了 10 份正式报告，结束考察后还向印度国务秘书巴特（Charles Wood Bart）提交了一份详细的综合性报告。[③] 他们也定期向普鲁士国王和洪堡报告，并将考察报告刊于《普鲁士科学院月报》之上，同时也刊登在柏林的《普通地理学杂志》（Zeitschrift für Allgemeine Erdkunde）和普鲁士的报纸上。他们对整个喜马拉雅地区的自然地理进行了深入的综合性研究。1861—1866 年，赫尔曼和罗伯特出版了英文四卷本的《印度和亚洲高原地区科学考察的结果》,[④] 后来出版了德文版《在印度和亚洲高原地区的旅行》。[⑤] 这些著作分专题总结和研究了他们考察所获得的各种资料，包括地磁学、地理学、地图学、冰川学、气候学、动植物学和人类学等各个方面。施拉君特怀特兄弟的著作不仅有极为丰富的第一手观测资料，还配有大量插图和地图，对当时欧洲的印度和西藏研究影响很大。

赫尔曼专门出版了研究亚洲高原地区气候特征与植物地理分布关

---

① Emil Schlagintweit, übers., *Die Lebensbeschreibung von Padma Sambhava dem Begründer des Lamaismus 747 n. Chr.*, München: Verlag der K. Akademie, 1899, 1903.

② Hermann, Adolphe, and Robert Schlagintweit, colleted, Hermann Schlagintweit, edited, "Glossary of Tibetan Geographical Terms", *The Journal of the Royal Asiatic Society of Great Britain and Ireland*, Vol. 20, 1863.

③ "Address to Sir Charles Wood Bart, Secretary of State of for India, part I. General Introductory Report", Herman, Adolphe and Robert Schlagintweit, *Results of a Scientific Mission to India and High Asia*, Vol. 1, pp. 5-10.

④ Hermann, Adolphe and Robert Schlagintweit, *Results of a Scientific Mission to India and High Asia*.

⑤ Hermann von Schlagintweit-Sakünlünski, *Reisen in Indien und Hochasien*, Jena: Costenoble, 1869-1880.

系的著作。[①] 此外，他们对喜马拉雅地区的高山通道和隘口有详细的观测，尤其是对西藏西部、新疆地区那些在商业和军事上有重要意义的线路进行了考察，并绘制了大量地理草图。其中的许多路线和通道以前都不为西方人所知。他们对每条路线的走向、自然地理特征、通道的性质和沿途的供给等情况都有详细的描述。对喜马拉雅地区的通道和山口的研究，他们也有专著出版。[②] 赫尔曼还专门研究了西藏西部和新疆地区的咸水湖。[③] 就这些研究的开拓性、专业性和学术价值而言，是当时其他欧洲国家的研究者无法比拟的。他们对喜马拉雅南麓、喀喇昆仑山、昆仑山地区的冰川进行了大量的考察和测量，其测量数据和结果依然保存完好。这些数据是研究青藏高原地区冰川史的重要资料，国内外学者尚未能加以利用。此外，他们对阿尔卑斯山冰川也有深入的考察和研究。1850 年左右，阿尔卑斯山的冰川规模达到了最大状态。他们对阿尔卑斯和亚洲高原地区在 1850 年左右的冰川状况有着详细的测量记录、速写和油画。这为当代学者进行欧洲和亚洲的冰川比较研究提供了独一无二的历史资料。

洪堡曾特别建议施拉君特怀特兄弟考察亚洲高原的山脉走向。他的《中亚》一书依据汉文资料研究了亚洲高原的主要山脉，但是他认为可能很不准确。洪堡最后岁月关注的中心是亚洲高原。在 1859 年去世前六周，他还写信给施拉君特怀特兄弟，探讨亚洲高原不同山脉上的雪线走向。1856 年，赫尔曼和罗伯特从列城出发，于 8 月 9 日翻越喀喇昆仑山口，进入新疆。他们是最早考察喀喇昆仑山口的欧

---

① Hermann von Schlagintweit-Sakünlünski, *Klimatischer Charakter der pflanzengeographischen Regionen Hochasiens: mit vergleichenden Daten über die angrenzenden Gebiete*, München, 1876.

② Hermann von Schlagintweit-Sakünlünski, *Die Pässe über die Kammlinien des Karakorúm und des Künlün in Bálti, in Ladák und im östlichen Turkistán: nach unseren Beobachtungen von 1856 und 1857 und den neueren Expeditionen*, München: Verlag der K. Akademie, 1875.

③ Hermann von Schlagintweit-Sakünlünski, „Untersuchungen über die Salyseen im westlichen Tibet und in Turkistan", *Abhandlungen der Mathematisch-Physikalischen Classe der Königlich Bayerischen Akademie der Wissenschaften*, Bd. 11, München: Verlag der K. Akademie, 1871.

洲人。[①] 在此之前，欧洲的地理学者一直不清楚，青藏高原上的喜马拉雅山、昆仑山和喀喇昆仑山这三条主山脉之间的具体关系。斯文·赫定在《南部西藏》中提道："施拉君特怀特兄弟的巨大贡献是，他们证明了昆仑山和喀喇昆仑山是两条完全不同的山脉，喀喇昆仑山口并不位于昆仑山脉。……他们发现，喀喇昆仑不仅是一个巨大山系，也可以看作是青藏高原在东经73°到95°范围内的脊柱。"[②] 罗伯特在1865年写道："通过考察，我们已经了解到，喜马拉雅以及它的所有雪峰、山口、山谷和支脉都仅仅是整个亚洲高原的一部分。亚洲高原由三条主要的山脉构成：喜马拉雅、喀喇昆仑和昆仑。喜马拉雅的印度部分已经渐为人知；对昆仑山脉与其他两条山脉的关系，洪堡和克拉普罗特（Klaproth）通过大量中文地理文献进行了推测；但是，我们三兄弟是最早攀登昆仑山和喀喇昆仑山这两条巨大山系的人，我们最早对它们进行了实地考察并将之确定为亚洲高原的主山脉。"[③]

弟弟埃米尔在三位兄长的影响下，成为著名的藏学家。在三位兄长考察喜马拉雅期间，作为中间人，埃米尔负责他们与德国国内的联络工作。他还掌握了藏语。埃米尔的藏语老师是俄国彼得堡科学院的德国学者希弗讷（Anton Schifner），他在彼得堡研究俄国人收集的各种西藏历史和语言学资料。埃米尔的著作《藏传佛教》和《西藏诸王》都很有影响。[④] 赫尔曼和罗伯特死后，大部分手稿和收集的物品都留给了埃米尔，他于1888年和1904年，分别以出卖或捐赠的形式转交给巴伐利亚国家图书馆（Bayersiche Staatsbibliothek）。施拉君特怀特兄弟在1854—1857年间，几乎每天都写有手稿和日记。他们的

---

① Wilhelm Kichk, *Adolph Schlagintweits Karakorum-Forschungsreise 1856*, S. 13.

② Sven Hedin, *Southern Tibet*, Vol. VII, *History of Exploration in the Karakorun Mountains*, Stockholm: Lithographic Institute of the General Staff of the Swedish Army, 1922, p. 218.

③ Robert Schlagintweit, „Pysikalisch-geographische Schilderung von Hoch-Asien", *Petermanns Geographische Mitteilungen*, 1865, S. 361-377.

④ Emil Schlagintweit, *Buddhism in Tibet*, Leipzig and London, 1863; Emil Schlagintweit, *Die Könige von Tibet*, München: Verl. d. Akademie, 1866.

大量日记、手稿、草图、测量记录、照片和手绘图，绝大部分都保存于慕尼黑的巴伐利亚国家图书馆，[①] 共达 43 卷，是非常珍贵的历史资料，现在出版和公布的只是很少的一部分。[②]

第四节 19 世纪中后期德国人眼中的西藏形象

从总体上看，德国人在 19 世纪中后期对西藏的认识基本上是负面的。这一时期，摩拉维亚传教士是德国人最重要的西藏信息源。他们是西藏信息的主要传播者，也是德国人心目中西藏形象的重要塑造者。出于对异教——藏传佛教的天然敌视，德国传教士们对西藏及其文化有着激烈的批评。施拉君特怀特兄弟则怀着欧洲人的优越感看待和评价西藏及其文化。在他们的作品中，西藏人呈现出一幅肮脏不堪、风俗怪异、愚昧无知、道德堕落、简单轻信的形象。

传教士们面临的主要对手是西藏人虔诚信奉的佛教，他们把藏传佛教视若基督教罕逢的“异教敌手”，极为厌恶。海德的儿子杰哈德在其父母的传记中说：“西藏的风俗习惯确实让人悲哀，但真正将当地人封闭于基督教之外的那堵高墙是喇嘛教。西藏人对这种宗教的坚定信仰，如同那里山上的岩石一样。”[③] 西藏人虔诚向佛，极难改信。1905 年，一位德国传教士报告了他们在信奉佛教的居民中传教时遇到的困难。他举例说，1904 年卡拉什的一位青年改信了基督，“他的母亲泪流满面地劝阻他，兄弟们也威胁说，如果他信仰了基督，整个

---

① Hans Körner, „Die Brüder Schlagintweit-Hermann, Adolph, Robert und Emil-Familie, Forschungreise in Indien und Hochasien, Werke, Sammlungen und Nachlaß, Bibliographie“, Claudius C. Müller, Hrsg., *Der Weg zum Dach der Welt*, Innsbruck: Pinguin, 1982, S. 62-75.

② 已有的对这些手稿和资料的研究，例如 W. Werner, *Das Kaiserreich Ostindien und die angrrenzenden Gebirgsländer. Nach den Reisen der Brüder Schlagintweit und anderer neuerer Forscher dargestellt*, Jena: Hermann Costenoble, 1884.

③ Gerhdard Heyde, *50 Jahre unter Tibetern*, S. 45.

家庭将会蒙羞。不久，他的兄弟们被禁止参加一次祭祀活动的舞蹈表演，因为他们也被认为是基督徒。这酿成了激烈的争斗，甚至有一个人的头骨被石头砸碎了。这位年轻人为了成为基督徒，失去了土地、房子甚至妻子。”① 除了家庭和社会压力，传教士认为，许多当地人不愿改信基督，主要是由于一旦改信，就必须马上付清所欠寺庙的高额债务，一般人很难办到。②

德国传教士在西喜马拉雅活动了 25 年后，才有一个当地人归信基督。这几乎让他们感到灰心甚至恼怒。他们批评和抱怨说：“许多其他异教民族都比佛教徒更愿意接近基督教，他们更容易感觉到罪孽的折磨并希望得到救赎，而佛教徒则错误地认为，他们的一切罪过都可以通过自己的修行加以消除。”③ 一位在波城的传教士则有些近乎绝望：“我在波城已经待了 4 年，但却遗憾地见证了这样的事实：我们在这儿努力了 20 多年，却没有一个当地人来与我们共进晚上的圣餐。这使我经常怀疑，是否这些异教徒们的时代已经到来了。……他们不问上帝之事，而是希望通过佛教来消除尘世的苦难。他们从不跟我们打招呼，而总是我们主动上前——几乎等于强迫。我们在这里的传教事业成绩可怜，当我读到别的地区传教士们的成果时，我的心就更加沉重。”④ 传教士里巴赫（Ribbach）也描述了到西藏某个寺庙附近传教的经历：“那边，虔诚的佛教徒们团团围绕着像神一样尊贵的圣者，等待着他的神示；这边，传教士孤独地徘徊在大街上，只有年轻的助手相伴。”⑤ 但是德国传教士们似乎也有越挫越勇的气概。1907 年，弗兰克在《西藏西部历史》的最后坚信：“上帝已经许诺，

---

① *Missionsblatt der Brüdergemeine*, January 1905.

② Johan Bray, “The Moravian Church in Ladakh: The First Forty Years 1885-1925”, Detlef Kantowsky and Reinhard Sander, ed., *Recent Research on Ladakh*, München, Köln, London: Weltforum Verlag, 1983, p. 90.

③ *Missionsblatt der Brüdergemeine*, Vol. 2, 1867, S. 20.

④ *Missionsblatt der Brüdergemeine*, Vol. 11, 1888, S. 207.

⑤ Samuel Heinrich Rihbach, *An den Grenzen Tibets*, Herrnhut: Missionsbuchh, 1925, S. 49.

不久的将来西藏的历史就将进入新的阶段——一个基督教的西藏!”①

藏传佛教中一些怪异的仪式和法器尤其让德国传教士们感到惊异。他们在西藏寺庙中看到了头骨做成的饮器、人骨做成的乐器、骨架做成的装饰品、恐怖的面具和怪异的舞蹈，因此认为，西藏的寺庙是“佛教和谎言的学校”。② 藏传佛教无疑是低劣、黑暗的异教，虽然同印度教相比它的仪式更庄严，活动更多。③ 西藏人是极为轻信和简单的民族，因此藏传佛教中的众多鬼神形象使穷人永远被欺骗和处于底层。④

他们激烈批评西藏的寺庙和僧侣制度。他们认为，寺庙和僧侣使简单的西藏人相信，通过他们的一系列仪式、祈祷就可以带来好运、受到神灵的保护和治疗疾病。西藏人不再留恋现世，从而不断地向寺庙和僧侣供奉各种物质财富。这些收入对僧侣来说极为重要，可以满足日常用度。僧侣们的寺庙生活“很安逸，也很懒惰”，他们饮食大量的青稞酒（Tschang）。⑤ 传教士莱歇特把西藏喇嘛称为“谎言家”，让信众保持对他们的依赖和恐惧，他们则可以永远拥有对信众的权力。⑥ 弗兰克说：“（藏传佛教的）普通信徒只是满足于粗浅的偶像崇拜，他们被严格地束缚于这种宗教制度中，并依附于这种制度；寺庙建立了一种类似银行的制度，几乎没有哪个农民不背负着一个或几个寺庙的债务。”⑦ 他们认为，这是一种剥削制度，寺庙和信众之间的关系实际上是掠夺关系。⑧ 西藏的僧侣制度像所有异教一样，都只不

---

① August Heinrich Frank, *A History of Western Tibet*, New Delhi: Sterling, 1977, p. 168.

② *Missionsblatt der Brüdergemeine*, Vol. 25, 1861, S. 100.

③ *Missionsblatt der Brüdergemeine*, Vol. 19, 1855, S. 211.

④ *Missionsblatt der Brüdergemeine*, Vol. 29, 1865, S. 97.

⑤ Georges Dreyfus, „Drepung: eine monastische Institution“, *Tibet. Klöster öffnen iher Schatzkammern*, München, 2006, S. 26, S. 33.

⑥ Theodor Reichelt, *Die Himalaya-Mission der Brüdergemeine*, Gütersloh, 1896, S. 40-45.

⑦ August Heinrich Frank, A *History of Western Tibet*, p. 167.

⑧ Samuel Heinrich Ribbach, *An den Grenzen Tibets*, S. 58.

过是为了能榨取物质财富，并保持对民众的影响。①

德国传教士们也普遍提到，西藏喇嘛和寺庙一般对他们都很宽容和友好。他们访问寺庙时一般都能得到友好的接待，甚至允许拍照。海德 1862 年访问一座寺庙时，喇嘛们对他说，其他宗教跟佛教一样，都很好，只是道路不同而已。② 一些喇嘛还为他们做翻译、向导或中间人。不过也有例外。1881 年，传教士莱茨劳珀（Redslob）遇到了一位很有声望的西藏喇嘛。交谈了一段时间以后，他感觉到，“这位喇嘛不真诚，而且诡计多端，他只是用他的声望让居民们来反对传教活动而已。……在和蔼与宽容的外表下，是佛教对新教真理的深深的仇恨。”③

他们批评西藏人的宗教信仰过于机械化和表面化。他们观察到，西藏人不停地摇着转经筒，默念着“唵嘛呢叭咪吽”的六字真言，修建玛尼堆和圣塔，到处悬挂经旗和经幡。“西藏人认为，通过这些活动就可以不断增加自己在现世的功业。但是这都是极为平庸和表面的宗教修习，人们将会变得毫无思考能力，从而使宗教修习变成了一种极为机械化的形式。”④ 传教士海塔什（Hettasch）传教时，当地的喇嘛告诉他，“我们做的祈祷比你们多得多。”他回答说，“但我们是真正地从内心祈祷。”⑤ 因此，德国传教士极为同情这群“轻信”的人，认为必须要传授给他们“真正的祈祷方式”。⑥ 此外，在他们看来，藏传佛教中灵魂转世的信仰，在基督教中早已过时，纯属无稽之谈，必须要加以清除。因此，“不仅要使普通的西藏人皈依真正的宗

① Das Archiv der Evangelischen Brüder-Unität in Herrnhut, R. 15 U. b. 1. a, Kyelang-Jahrrsberichte 1853-1897, Nr. 7, Heyde, 4. 1861-3. 1862, S. 9.

② *Missionsblatt der Brüdergemeine*, Vol. 26, 1862, S. 107-108, 109.

③ *Missionsblatt der Brüdergemeine*, Vol. 45, 1881, S. 29-30.

④ Hartmut Beck, *Brüder in vielen* Völkern, S. 307.

⑤ Johan Bray, “The Moravian Church in Ladakh: The First Forty Years 1885-1925”, p. 89.

⑥ *Missionsblatt der Brüdergemeine*, Vol. 76, 1912, S. 82.

教——基督教，而且更要搭救那些误入歧途的西藏喇嘛们。”①

在介绍和描述藏传佛教时，德国传教士也经常与基督教进行对比，尤其是对比寺庙的布局和装饰、宗教仪式和僧侣制度等。他们经常将藏传佛教及其僧侣制度，与新教所厌恶的罗马天主教相提并论。海德 1861 年的报告专门论述了“佛教的‘罗马’是如何欺骗它的信众的”。② 他评论传教时遇到的两位喇嘛说：“后来，这两位喇嘛来到我的帐篷，他们停留在村子里，为了给寺庙收集贡品。这些喇嘛们所做的完全就像是宗教改革前罗马天主教堂的僧侣。”③

1859 年，德国学者库本（Carl Friedrich Koeppen）出版了《喇嘛教的僧侣统治制度和教派》，对藏传佛教进行了深入研究。此书与埃米尔 1863 年出版的《藏传佛教》是早期欧洲藏学界有关藏传佛教研究的经典作品。虽然年代较早，但它们依然是当代西方藏传佛教研究的重要参考资料。19 世纪中期，欧洲对藏传佛教的研究不多，而且很不深入，主要原因是缺乏信息和语言障碍。库本在书的序言中谈道：“让人期待的资料是藏文《多罗那他》（*Taranatha*）的翻译，该书涉及了印度佛教的历史，但是还未出版。因此我的任务首先不是致力于佛教史研究，而仅仅是进一步研究佛教的形态和教派，我们占有的这方面的信息相对更多，也最完善。”④ 同样，库本在其著作中对西藏的佛教制度做了激烈的批评。他认为，“喇嘛教就相当于佛教中的天主教。在这一宗教中，僧侣的权力得到了进一步的发展和完善，通过与教育的结合，实现了对国家和民众的统治。藏传佛教与天主教的区别仅仅是，一个从古老的基督学说发展而来，一个源自佛教。”

---

① *Missionsblatt der Brüdergemeine*, Vol. 26, 1862, S. 107-111.

② Das Archiv der Evangelischen Brüder-Unität in Herrnhut, R. 15 U. b. 1. a, Kyelang-Jahrrsberichte 1853-1897, Nr. 10, Heyde, 4. 1861-3. 1862, S. 7.

③ Das Archiv der Evangelischen Brüder-Unität in Herrnhut, R. 15 U. b. 1. a, Kyelang-Jahrrsberichte 1853-1897, Nr. 11, Jäschke, 5. 1862-3. 1863, S. 16.

④ Carl Friedrich Koeppen, *Die lamaische Hierarchie und Kirche*, Berlin: Barsdorf, 1906, S. I.

库本批评了藏传佛教对西藏人精神和心灵的负面影响："这种宗教对于人民的教育有巨大影响，它使人民长期生活在感性和虚幻中，而理解力和知识却无从发展。喇嘛教将西藏人和蒙古人固定在一个不变的教育阶段，把他们囚禁在无知、轻信和精神不成熟的状态。"①

德国传教士们经常提到，西喜马拉雅地区的居民基本处于文盲状态，很少有人识字。这极大限制了通过印刷品进行传教。1881 年，一位传教士报告说："有一次我有机会跟一个西藏人交谈，虽然很难听懂他的方言，但是我们依然交谈了很长时间。他不能阅读，因此我也就不能给他书。"② 很多传教士因此批评西藏人：他们总是一面来看病，一面索要书籍，但回去后从来不会翻开。③ 传教士提到，西藏人认为任何有经文的书籍都能带来好运，甚至触摸或看到书籍就可以增加自己的修行成果，有的西藏人甚至把有基督教内容的书放在头上，希望获得好运。④ 因此传教士们确信，他们给西藏人的书虽然不会被翻看，但肯定也不会被损毁。

德国传教士把西藏人看作是有相对较高文化水平的民族，而不是纯粹的"自然民族"(Naturvolk)。1890 年，一位传教士报告说："以前，我们的传教活动相对来说都是在那些野蛮和未受教育的自然民族中开展的，但在喜马拉雅的山谷中，我们第一次遇到了一个处在较高文化层次上的文化民族（Kulturvolk）。……自然民族当然没有文献，他们既非异教徒也非基督徒。……文化民族则已经有了一个异教的文献。我们必须使这些民族基督教化。"⑤ 德国传教士们把东方和非洲的某些民族统称为"自然民族"，他们"野蛮""完全未开化""没有文献"。因为西藏人信奉佛教，他们有"文献"，所以比"自然民

① Carl Friedrich Koeppen, *Die lamaische Hierarchie und Kirche*, S. 244, 388.

② *Missionsblatt der Brüdergemeine*, Vol. 45, 1881, S. 28.

③ *Missionsblatt der Brüdergemeine*, Vol. 26, 1862, S. 112.

④ *Missionsblatt der Brüdergemeine*, Vol. 26, 1862, S. 96.

⑤ *Missionsblatt der Brüdergemeine*, Vol. 54, 1890, S. 148.

族”要高一个等级。但是，不论“自然民族”还是“文化民族”，在欧洲文明面前，都是“低等民族”，都必须被基督教化。

需要指出的是，德国传教士对西藏宗教、社会和文化等的观察和评论也有合理性和真实性的一面，并非都是有意地夸大或负面化。到19世纪中期，启蒙运动和法国大革命带来的思想解放潮流已经影响了大部分欧洲地区，反对宗教黑暗、君主专制，追求人性解放和权利平等的思潮日益成为欧洲主流的价值理念，一种对世界历史的“进步主义”理解方式也逐渐确立。伴随殖民扩张，欧洲人也更多地以批判的眼光审视非洲和东方，以新兴进步的欧洲文明改造“落后愚昧”地区的信念日渐强烈。传统的藏传佛教和旧西藏的政治社会制度确实存在许多缺陷甚至“落后”之处，自然会引起入藏欧洲人的极大关注，对这些所谓“阴暗面”进行描述和提出批评是合乎情理的，有些记录和评论也是客观公正的。但是德国摩拉维亚传教士出于传教目的，对藏传佛教的描绘和批评呈现过度负面化的倾向，实质上是持完全否定的态度。

弗兰克在其《西藏西部历史》中提到，库本的《喇嘛教的僧侣统治制度和教派》认为，蒙古人这个好战的民族因为皈依了喇嘛教而不再从事战争。弗兰克不同意这一结论，他认为，“那些对蒙古一知半解的人可能会认同这种观点。但当前西藏的情况并没有丝毫和平的迹象。无论是蒙古人还是西藏人，都并没有因为皈依了喇嘛教而比以前变得更和平。”① 他还认为，“从道德上看，西藏最丑陋的习俗之一是一妻多夫制度。这不是佛教创制的，但是佛教也没有触动它。在这种制度被废除以前，西藏人的道德境况根本没有提高的希望。”②

施拉君特怀特兄弟对喜马拉雅地区的居民表现出两种相反的态度。一种是蔑视，因为当地人没有能力理解欧洲的科学文化成就；另

---

① August Heinrich Frank, A *History of Western Tibet*, p. 164.

② August Heinrich Frank, A *History of Western Tibet*, p. 164.

一种是对某些人物，如他们的向导或信息提供者的赞赏，因为他们作为中间人，已经准备将欧洲的文化介绍给当地人。这是当时欧洲人总体上的一种“时代观念”。赫尔曼这样描述他在大吉岭考察时的向导吉布喇嘛：“对我来说，大吉岭的土著人中最重要的是吉布喇嘛。许多年来他是锡金王室拉加家族在大吉岭的政治代表。他的家族属于很小的一个藏人支系，很早就已定居在离锡金首都不远的地方。胡克（Hooker）和坎贝尔（Campbell）旅行时，他也是很友好的中间人。他完全了解欧洲人的强大，他也知道一旦欧洲旅行者被谋杀将会有极其严重的后果，这是他提醒锡金王室的首要问题。去年他在大吉岭熟悉了欧洲的风俗习惯，这使他对欧洲人的尊敬大大提升。必须一提的是，在大吉岭期间，他非常愿意跟我谈论所有宗教和人类学方面的问题，也向我解释山的名字和地形的细节。后者我通过随后的考察很快就能做出判断，而其他的信息我通过以后的比较研究也能加以印证。他既懂藏语又懂莱布查语和不丹语，这是非常美妙的。由于长期生活在山区，他能很好地辨认岩石、岩层和山势。谈论某些物理现象时他非常天真。我给他解释了温度计的用途和结构，他对于零度的理解表现出所有西藏人解释事物时的总体特征。他认为零度应该是既不冷也不热的状态，这相当于温度计里面出现了佛教的涅槃（Nirvana）。我的产自德国的温度计！如果它显示零度的话，人早就感到寒冷了！”①从这段描述可以看出，赫尔曼以一种欧洲人的优越感来看待和评论西藏人。落后的西藏人无法理解欧洲的先进文化和科技，但是只要他们愿意与欧洲文明接近，并表现出敬畏，就会得到欧洲人的赞赏。虽然欧洲人希望当地人提供信息，却怀疑这些信息的可靠性，只有经过欧洲人自己“科学的研究”和“理性的判断”后，这些信息才有价值。也就是，欧洲人在知识的生产方面，必须要处于绝对的支配地位，东方人只能作为无关紧要的某些信息的提供者。

---

① Hermann von Schlagintweit-Sakünlünski, *Reisen in Indien und Hochasien*, Bd. 2, S. 187.

19 世纪中期，施拉君特怀特兄弟已热衷于对喜马拉雅地区进行详细的人类学研究，尤其是侧重于人种学，进而研究西藏的社会和文化。“人类学是西方帝国主义的产儿。它起源于启蒙时代的人文主义，但作为一种普世性的原则和一门现代科学，它产生于 19 世纪的最后几十年和 20 世纪初。这段时期，为了将所有前工业的非西方世界置于自己的政治和经济控制之下，西方国家正在做最后的冲刺。”① 因此，赫尔曼非常赞赏英国在印度和喜马拉雅地区的人类学调查活动：“人类学越来越被作为自然科学的一个特别分支。人类学研究的结果，不仅从哲学和文化史上间接地而且通过解剖学的研究从根本上证明，印度和亚洲高原是最重要的地区。英国两年前就已开始收集各种人类学的资料，他们让印度政府提供帮助，以获得当地印度人风俗习惯的各种详细信息。政府和各类协会都已在印度展开了辛勤的工作。去年，孟加拉亚洲学会提供了不计其数的详细报告，政府也要求各地方当局提供它们辖区内居民情况的报告。”②

库本的《喇嘛教的僧侣统治制度和教派》中，有大量关于中国与西藏地区关系的描述，如藏族人的起源、唐蕃关系、文成公主、清朝中央政府与西藏地方及喇嘛制度的关系等。在论及藏族人的起源时，库本既提到了藏族人的民间传说，也提到了汉文史籍的记载，“藏族人的先祖是三苗的王子，黄帝的叔父。”③ 值得注意的是，德国传教士已经开始提及，西喜马拉雅地区的居民具有雅利安人的特征。他们认为西藏人是“蒙古—中国”人种，但欧洲人的特征也非常明显。④ 许多欧洲其他国家的旅行者或研究者，一般都认为西藏人属于蒙古人种，但是很少将西藏人与雅利安人联系在一起。然而德国探险

---

① Kathleen Gough, “New Proposals for Anthropolgists”, *Social Responsibilities Symposium. Current Anthropology*, Vol. 9, 1968, p. 403.

② Hermann von Schlagintweit-Sakünlünski, *Reisen in Indien und Hochasien*, Bd. 2, S. 63.

③ Carl Friedrich Koeppen, *Die lamaische Hierarchie und Kirche*, S. 46.

④ August Heinrich Frank, *A History of Western Tibet*, p. 85, 108.

者和传教士在表述西藏人的人类学特征时，经常会使用雅利安人这一词语。这种表述和提法是后来的一些德国纳粹对西藏产生浓厚兴趣的原因之一。1938—1939 年舍费尔西藏考察的一项重要任务，就是研究西藏人的人种学特征并寻找所谓“雅利安人的起源”。

德国登山协会档案馆（Das Historische Alpenarchiv）保存着罗伯特和赫尔曼写于 1857 年 6 月 1 日的一份手稿，手稿的题目是《亚洲高原地区依附于中国的国家》。这份手稿详细列出了亚洲高原北部、中部和南部的国家，认为它们都依附于中国。他们首先自东向西列出了喜马拉雅山脉与西藏北部之间的“国家”，包括西藏、阿里（阿里的管理者来自拉萨，驻扎在噶尔雅沙，阿里是印度河与恒河的发源地）、鲁多克（同样处在拉萨官员的管理之下）、拉达克和巴尔蒂。他们认为，“拉萨处在宗教领袖达赖喇嘛的统治之下，这完全是僧侣统治制度的一种永久设置。同时，在拉萨驻有来自北京的一位拥有军事和政治全权的总督（Residenter）。后四个地区经常被称作‘中国鞑靼地区’。拉萨往东是山脉，是真正的中国地区。”赫尔曼和罗伯特还分析了西藏以北的国家，他们认为，“西藏以北地区主要有三部分：无人居住的戈壁、突厥斯坦与浩罕国，其中，突厥斯坦又分为两个大省，东突厥斯坦和西突厥斯坦，前者的首府在和田，后者的首府是叶尔羌。西突厥斯坦由北京派出的中国军官直接管辖。浩罕国有自己独立的统治者，每年向中国进行小规模的朝贡。”他们不能确定西突厥斯坦的首府是否是叶尔羌，因此在叶尔羌之后加了一个括号，括号中写了撒马尔罕，并在撒马尔罕后面打了个问号。① 从中可以看出，虽然经过了实地考察，德国人依然不太清楚亚洲高原各个部分之间的准确关系，很多都是推测。

1884 年德国出版的《东印度王国》一书，根据施拉君特怀特兄

① „Staaten in Hochasien, von China abhängig“, Manuskript von Robert und Hermann Schlagintweit(Kissingen, 15. July 1857) , Das Historische Alpenarchiv, DAV NAS 12 SG/26/1.

弟的考察，认为达赖喇嘛是佛教徒的精神领袖，也是东部西藏的统治者，同时也处在中国的“宗主权”（Oberherrschaft）之下。[①] 此时，德国学者把青藏高原西部地区，包括帕米尔、克什米尔、拉达克等统称为西部西藏，把大致相当于今天西藏自治区的范围称为东部西藏。1900 年，德国传教士里巴赫的回忆录《在西藏边界》所附的地图，把西藏地区标为“中国西藏”（Chinesisch Tibet），[②] 这在以前及当时的各类有关地图中是很少见的。

1856 年，柏林《普通地理学杂志》刊登了一篇介绍法国传教士胡克和古伯察在鞑靼和西藏的旅行的文章。他们的游记 1850 年在巴黎出版，1855 年被译成德文，在莱比锡出版。[③] 作者认为，这本书没有多少科学价值，根本无法与其他传教士，如埃里斯（Ellis）、威廉姆斯（Williams）和郭实腊的作品相比。[④] 同法国人胡克和古伯察一样，德国作者也用“Chinesen”代指“汉人”。他根据胡克和古伯察的书，描述中国甘青地区民族混居的情况说：“这个真正的中国西部省份的居民尽管是汉人（Chinesen），但语言和风俗特征显示，他们来源于蒙古人和西藏人，汉人较高的文化成功地影响了他们。这里生活着很多非汉人的（nichtchinesisch）部落，他们处于当地的各个分散的‘诸侯’控制下，同时也向皇帝纳贡。”在提到川康的金沙江地区时，他说：“这些地区的藏族人也要向皇帝纳贡，同时在藏族人中也生活着许多汉人殖民者（chinesische Colonisten），他们主要是农民。”[⑤] 在当时德国以及欧洲的作品中，提及汉人或中国在少数民族

① W. Werner, *Das Kaiserreich Ostindien und die angrenzenden Gebirgsländer: nach den Reisen der Brüder Schlagintweit und anderer neuerer Forscher*, Jena: Costenoble, 1884.

② 此地图参见 Samuel Heinrich Ribbach, *An den Grenzen Tibets*, 首页。

③ Régis Évariste Huc und Joseph Gabet, *Wanderungen durch die Mongolei nach Thibet zur Hauptstadt des Tale Lama*, Leipzig: Verlagsbuchhandlung von Carl B. Lorck, 1855.

④ Meinicke, „Über Huc und Gabet's Reisen in Ost-Asien“, *Zeitschrift für allgemeine Erdkunde*, Neue Folge, Erster Band, 1856, S. 222.

⑤ Meinicke, „Über Huc und Gabet's Reisen in Ost-Asien“, S. 229, 237.

地区的管理机构和官员时，都用“China”“Chinesen”或“chinesisch”代指。将“China”这一政治概念与中国的某个民族地区并称或用“Chinesen”代指汉人以与中国的某个少数民族进行对比时，给人造成的印象是，这些少数民族处在“China”的边界之外，他们不是“Chinesen”。同样，欧洲人也很难理解和想象汉族与其他民族的融合混居，因此凡是出现在少数民族地区的“Chinesen”都是“殖民者”。

德国传教士的活动依附于英国在印度北部的殖民统治。因此他们的报告和作品基本不会批评和触及英国的殖民活动。相反，他们大多对英国人在喜马拉雅地区的殖民扩张表示支持。1904年，在列城的传教士马克斯（Marx）开始出版拉达克地区的第一份报纸《拉达克新闻》（*Ladakh News*）。荣赫鹏率军侵略西藏的军事行动成为当时这份报纸最关心的话题。他们称这次侵略活动是一次“考察”（expedition），发表的许多文章都在讨论西藏战士的盔甲能否抵挡英国人的子弹。①

当然，德国传教士们的看法也并非完全与英国人一致，有时也能揭露某些问题。例如德国传教士很早就觉察到了英国人的心病——俄国对印度殖民地的潜在威胁。1858年9月的海德日记写道：“在西姆拉的欧洲人中有各种传言。他们首先看到，危险不是来自印度民族，而是北方。几年来许多英国人就已断定，俄国人在那里不断前进，这意味着对印度的威胁。喜马拉雅神秘莫测，阴森恐怖，但是现在人们感到，这道被大雪和岩石封闭的城墙已不再安全和让人信任，尤其是当人们感觉将有一场无法扑灭的大火从那个毫无防御能力的地方喷发出来的时候。人们总是心怀担忧和警惕，施拉君特怀特兄弟也被当成了俄国间谍。人们要是反驳‘危险的喜马拉雅地区’这一说法或者说点有利于俄国的事情，都是危险的。一个月前，赫尔曼在这里同一

① Johan Bray, “The Moravian Church in Ladakh: The First Forty Years 1885-1925”, p. 85.

个兽医偶尔谈到了沙皇，并说俄国的政策不够谨慎，他还消遣性地反驳了当前的那些传言。因此这个完全没有恶意的人就被当成了俄国间谍。”①

到了19世纪末，德国人开始完全站在另外一种立场上看待英国在喜马拉雅地区的殖民活动，德国学者的著作揭露了某些事实。1880年和1881年，埃米尔出版了两卷本皇皇巨著《印度》，其中一章专门介绍印度的北部边境。埃米尔一开始就详细介绍了英国在喜马拉雅地区渗透和扩张的历史。② 在叙述这段历史时，埃米尔完全不像当时的英国学者甚至早期的德国传教士那么吞吞吐吐、掩盖事实。埃米尔注意到了英属印度在19世纪末最关心的一个问题：“当代一个特别的问题是，印度北部边境的群山能否抵挡从中亚而来的对印度的攻击。在19世纪初，这个问题只是政府圈子的人思考，学者们在著作中稍有提及。现在，这个问题又开始大量出现在书籍和文章中，报纸上也在不断讨论。”③ 埃米尔引用英国蒙哥马利（Montgomerie）爵士的话，阐明了英印的北部边境战略：“在两个大帝国之间，再也没有比穆斯塔克或喀喇昆仑更好的边界了，这是任何军队都无法跨越的。”④ 在《印度》第二卷的最后，附有一张印度地图，这是埃米尔根据印度测绘局的最新地图绘制的。在这幅地图中，1881年的中印东段边界根本不是现在所谓的“麦克马洪线”，达旺及其周边地区完全划在中国一侧。⑤ 英国和印度当局在后来悄悄改画了某些地图，尤其是中印东段边界地图。但是早期的德国或法国等涉及西藏的地图一般都是依据当时英印政府的权威地图绘制的，它们保持着原貌，不存在被改画和撤换的问题。

---

① Ruth Schiel, *Hochzeit in Tibet*, S. 203-204.

② Emil Schlagintweit, *Indien, In Wort und Bild. Eine Schilderung des Indischen Kaisereiches*, Bd. 2, Leipzig: Heinrich Schmidt und Carl Günther, 1881, S. 187-188.

③ Emil Schlagintweit, *Indien*, Bd. 2, S. 188.

④ Emil Schlagintweit, *Indien*, Bd. 2, S. 188.

⑤ 参见 Emil Schlagintweit, *Indien*, Bd. 2.

第二章　19 世纪末 20 世纪初德国的涉藏活动：从边缘到腹地

第一节　19 世纪末 20 世纪初德国西藏考察的背景和动因

19 世纪末 20 世纪初，中国西藏地区的政治形势发生了根本性的变化。由于英俄在中亚的激烈争夺，西藏成为现实的“战略地区”。这一时期，英国对西藏实行直接的侵略政策，并支持西藏上层分裂势力制造了“西藏独立”问题。1911 年以后，中国中央政府实际上失去了对西藏地方的控制，而英国在西藏的影响大增。19 世纪末到 20 世纪 30 年代，是西方人大规模获得西藏信息的关键时期，也是西方人在西藏考察的“黄金时期”。这段时间内，进入西藏或在西藏周边活动的西方人大规模增加，获得信息的数量和质量也有显著提升。借助于在西藏地区的殖民活动及其在科学、文化上的霸权地位，英国成为西方人的“西藏知识”的主要生产者和提供者。

这段时期，以英国的皇家地理学会和皇家亚洲学会为核心，西方各国对西藏感兴趣的各色人物形成了一个“西藏圈”，有关西藏的各种信息可以在这个圈子中迅速传播和交流。每当某一探险者从西藏归来，这个圈子中的人物都会争相邀请他到本国演讲或授予其某种荣誉，他的作品也很快被介绍到本国。这个圈子中比较知名的人物包括，英国的寇松（George Curzon）、荣赫鹏（Francis Younghusband）、贝尔（Charles Bell）、斯坦因（Marc Aurel Stein）、钱达拉·达斯（Sarat Chandra Das），瑞典的斯文·赫定，法国的伯希和（Paul Pelliot）、大卫·妮尔（Alexander David-Neel），德国的埃米尔·施拉君特怀特、弗兰克、菲尔希纳、舍费尔（Ernst Schäfer），意大利的图齐，美国的柔克义（Woodville W. Rockhill）等。他们在西藏考察和研究上既相互帮助、分享信息和成果，又彼此竞争，其中英国人居于主导地位。

英印总督寇松在20世纪初说："在今天亚洲的中心地区还仅有一块神秘之地，也是19世纪唯一留给20世纪进行研究的神话，它就是西藏和拉萨。"① 20世纪初的西藏，就像19世纪中期的南极和19世纪末的尼罗河源头地区一样，强烈吸引了欧洲人的目光。中亚和西藏成为探险者最热衷、也最能为他们带来荣誉的地区。② 俄国的普热瓦利斯基（Przyewalski）、克莱门兹（D. Klementz），英国的斯坦因、荣赫鹏，瑞典的斯文·赫定，法国的伯希和，都因在中亚或西藏的考察而蜚声世界。德国的菲尔希纳也因为在西藏的探险而在德国赢得了巨大声誉。

1902年，在汉堡召开的第13届东方学家国际会议上，斯坦因公布了1900—1901年他在中国新疆和田地区搜掠的大量珍贵手稿和艺术品，引发了西方学者对中国新疆地区的巨大热情。英、法、俄、日本的学者和研究机构在政府支持下，开始了在新疆地区发掘和劫掠珍

---

① Ernst Schäfer, *Fest der weissen Schleier: Eine Forscheerfahrt durch Tibet nach Lhasa, der heiligen Stadt des Gottkönigtums*, Braunschweig: Vieweg, 1952, S. 7.

② Peter Bishop, *The Myth of Shangri-La*, p. 143.

宝的竞赛。[①] 德国人也加入了这场竞赛，收获甚丰。在格林瓦德尔（Albert Grünwedel）和勒寇克（Albert von Le Coq）的带领下，从1902 年到 1914 年，德国共进行了四次大规模的"吐鲁番考察"，[②] 搜集和劫掠的新疆地区文物和各类珍贵资料数量惊人，"使德国在帝国主义国家争夺中亚沙漠地区所发现的宝藏方面处于领先地位"，[③] 从而也奠定了德国敦煌学和中亚研究的基础。德国的汉学研究也深受影响，吐鲁番研究把汉学与东方学联系到了一起，汉学因此在德国首次被公认为一门学科。

德国从 19 世纪末开始拓展生存空间，与英法等展开了激烈的殖民地争夺。第一次世界大战期间，德国与土耳其结盟，在中东和中亚地区的影响力有所增强。[④] 当时的欧美观察者认为，德国想增强自己在中亚的影响力，重点是中国新疆、蒙古、西藏，以及伊朗北部、阿富汗。一是获取原材料，二是创造一个东方的内陆贸易阵线，对抗英美的海上贸易阵线。[⑤] 在这种大背景下，德国东方学研究和东方探险的政治色彩不断增强。1887 年，东方语言学院（SOS）在柏林成立，其主要任务是介绍非欧洲语言，进行相应国的国情研究。"东方语言学院的建立和它的培训目标一样，是非学术性的：德国可以在中国和

---

① 参见 Peter Hopkirk, *Foreign Devils on the Silk Road: The Search for the Lost Cities and Treasures of Chinese Central Asia*, Oxford: Oxford University Press, 1984.

② 参见［德］勒寇克：《普鲁士皇家第一次（即德国第二次）新疆吐鲁番考察队的缘起、行程和收获》，陈海涛译，杨富学校，《敦煌研究》1999 年第 3 期。

③［德］许翰为（Hans-Wilm Schütte），《中国学学术的创立——科学文化史一瞥》，周克骏译，［德］马汉茂等主编：《德国汉学：历史、发展、人物与视角》，郑州：大象出版社，2005 年，第 6 页。

④ 参见 Ulrich Trumpener, *Germany and the Ottoman Empire 1914-1918*, Princeton: Princeton Univ. Press, 1968; Jonathan S. McMurray, *Distant Ties: Germany, the Ottoman Empire, and the Construction of the Baghdad Railway*, Westport: Praeger, 2001; Tilman Lüdke, *Jihad Made in Germany: Ottoman and German Propaganda and Intelligence Operations in the First World War*, Münster: Lit, 2005.

⑤ Nachrichten der Auslandpresse, Nr. 1292, 28. 9. 1918, BArch, R901/54526.

非洲弥补其在瓜分世界时所‘耽误’的那一部分损失。”① 德国学者对中国的考察和研究也开始具有强烈的殖民色彩。例如，著名地理学家李希霍芬（Ferdinand von Richthofen）通过对中国的考察，于 1898 年向德国政府提交了关于青岛的详细报告，建议夺取胶州湾，德国海军采纳了这一建议。② 菲尔希纳在帕米尔高原、中国新疆和西藏考察后，被英、俄、法的报纸称为“德国间谍”。③ 菲尔希纳与当时的德国总参谋长施里芬（Alfred Graf von Schlieffen）关系密切。他长期在德军总参谋部地图部工作，主要任务是将在中亚考察获取的测量数据和地理草图绘制成地图，为德军参谋部提供精确的中亚地图。

德国对西藏考察研究的热情显著升温。众多德国人在西藏周边地区活动，有的进入了西藏中心。19 世纪末，德国人对西藏的了解还极为贫乏，但有些出色的学者也能对当时的西藏研究提出洞见。李希霍芬 1898 年 12 月给正在西藏考察的赫定写信说：“（西藏）的东部边缘地区亟待研究，喜马拉雅的东部末段，尤其是被各条大河的上游所环绕的地区依然无人知晓；对黄河源头的东南部地区的研究也是一个空白。”④ 他希望赫定能进入这些地区考察，填补西藏地理研究上的缺口。这种论断可以说来自李希霍芬作为一名出色的地理学家的直觉。多数西方考察者都把目光集中在西藏核心地区，尤以拉萨为目标，进入西藏腹地困难重重，在西藏周边考察实际上是无奈的选择。但是甘青、藏东北、川康、藏东南和拉达克等西藏周边地区，在地理学、动植物学和人类学等方面蕴含的价值不低于西藏中心地区。由于李希霍芬在德国地理学界的权威地位，他的观点极大影响了德国的西藏考察。因此，这段时期除了摩拉维亚传教士继续在西喜马拉雅活动

---

① ［德］许翰为：《中国学学术的创立》，第 5 页。

② Ferdinand Frhr. Von Richthofen betr. Kiautschou, 1898, BArch, N 253/40.

③ Wilhelm Filchner, *Ein Forscherleben*, Wiesbaden: Eberhard Brockhaus, 1950, S. 38.

④ Ernst Tiessen, Hrsg., *Meister und Schüler: Ferdinand Freiherr von Richthofen an Sven Hedin*, Berlin: Reimer, 1933, S. 119.

外，很多德国人到藏东北、甘青、川藏边界、云南探险和考察。除了实地考察和探险，专业的藏学研究也开始在德国的大学中占有一席之地。1925 年，长期在拉达克地区传教的摩拉维亚传教士弗兰克被柏林大学聘为教授，建立了德国大学中最早的藏学专业。

第二节　威廉·菲尔希讷的两次西藏考察

威廉·菲尔希讷是 20 世纪初德国西藏考察和研究的代表人物，是德国早期西藏探险的“真正领袖”。[①] 他与瑞典探险者斯文·赫定是当时德国西藏探险者们的偶像。菲尔希讷 1877 年生于慕尼黑，是地质物理学和地磁学家。他一生共进行了三次西藏地区探险，第一次为个人探险，后两次得到了政府资助。尤其是他的第三次新疆和西藏考察（1935—1937）得到了当时纳粹政府的大力支持，成为纳粹中亚和西藏考察计划的重要组成部分。菲尔希讷是最早进入西藏中心地区的德国人，1927 年他渗透到了离拉萨不远的那曲。菲尔希讷的考察主要集中于新疆、甘肃、青海和西藏等中国西部地区。中国和俄国政府都向他提供过支持和帮助。

一、西藏北部考察（1904—1905）

菲尔希讷分别于 1904—1905 年和 1926—1928 年进行了两次西藏考察。第一次主要在西藏北部和东北部地区，第二次深入到西藏腹地，到达拉萨以北的那曲，但是未能进入拉萨。在开始真正的西藏考察之前，菲尔希讷就已在 1900 年进行了一次帕米尔探险，他计划翻越帕米尔经西藏到新疆。1900 年，他乘坐俄国火车到塔什干，俄国官员热情接待了他，送给他一张俄国政府最新绘制的帕米尔地图和一

---

① Ernst Schäfer, *Über den Himalaya ins Land der Götter*, S. 7.

封介绍信。俄国官员告诉他，“如果在帕米尔地区迷了路，误入中国境内，情况紧急时可以出示此信。这是写给在喀什的俄国代表的，此信将为他在中国新疆地区提供保护。”[①]

在考察途中，他遇到了英国的斯坦因。斯坦因告诉菲尔希讷，“中国已经和欧洲大国之间爆发了战争。中国人谋杀了德国在北京的代表克林德（Ketteler）。”[②] 菲尔希讷担心，如果继续向新疆前进，很可能会遇到危险。但是在斯坦因劝说下，他们于1900年6月一同到达喀什。这次考察实际上没有进入西藏。在喀什，菲尔希讷发现了俄国人为德国探险者阿道夫·施拉君特怀特建造的纪念碑，在白色石灰岩底座上树立着一个铁制十字架。镀金的纪念牌上的铭文写道：

> 旅行者阿道夫·施拉君特怀特于1857年8月26日在喀什不幸遇难，为地理科学而献身。
>
> 俄罗斯领事尼古拉·彼得罗夫斯基　俄罗斯皇家地理学会　1887年[③]

这个纪念碑的建立也得到了巴伐利亚驻彼得堡领事和中国政府的支持。[④] 1889年，俄国和中国的官员还曾一同去祭奠。[⑤] 纪念碑后来被大水冲毁，在今天的喀什早已无迹可寻。1902年，游记《翻越帕米尔》出版前，菲尔希讷将手稿寄给斯文·赫定，希望他“写几句话”。赫定读后写道：“这部作品清晰地描述了这一地球上最为美妙

---

① Erhard Rühle, *Im Herzen des Schweigens*, S. 26.

② Erhard Rühle, *Im Herzen des Schweigens*, S. 38.

③ Erhard Rühle, *Im Herzen des Schweigens*, S. 41.

④ 纪念碑建立的经过，参见 Emil Schlagintweit, „Bericht über das Denkmal für Adolf Schlagintweit in Kasc Hrsgar“, *Sitzungsberichte der philos. -philogog. Klasse der königl. Bayer. Akademie der Wissenschaften*, München, Bd. 1, 1890.

⑤ Hans Körner, „Die Brüder Schlagintweit“, S. 64.

的地区。翻越帕米尔并不是在玫瑰丛中跳舞——这也是我自己的体会。”[①]

1903 年 10 月，菲尔希讷与妻子到达上海，在上海补充了各种物资后，乘船到汉口。他们先到兰州再转西宁。考虑到可能会遇到危险，菲尔希讷将妻子留在西宁。在西宁他雇用了 8 名马夫和 1 名懂果洛方言的向导。购买了 45 匹马，租借了 30 头牦牛托运物资。甘肃地方政府派遣 1 名官员和 4 名士兵保护他们。1904 年 6 月，他从西宁出发，经哈拉库图、托索湖，进入黄河源头地区。在鄂陵湖附近过黄河，沿黄河南岸东行，于 10 月初到达川北松潘。[②] 此次考察的地区主要位于今青海省果洛藏族自治州，行程达 2000 公里。当时青藏高原东北部地区依然被欧洲人看作“中亚地图上的白点”。1884 年，俄国著名探险者普热瓦利斯基曾到达过此处。菲尔希讷认为，自己考察的一大成果就是穿越了果洛人居住区。[③] 这一藏人部落以喜欢抢劫而闻名。一天夜里，某个果洛部落抢走了他的大部分马匹和牦牛，而几天后他却受到了另一个果洛部落的友好接待。后来他专门出版了讲述果洛人居住区的考察报告《玛沁之谜》。[④] 菲尔希讷的一项主要工作是进行地磁测量。考察中，他共建立了 42 个地磁观察点，观测地磁和磁偏角，每天也记录当地的气温和空气湿度。他确定了 22 个重要地点的经纬度，600 个地点的海拔高度。他也收集了大量动植物标本和各类西藏物品。他的夫人 4 个月坚持记录西宁的温度和空气湿度，并收集了许多物品。

---

① Erhard Rühle, *Im Herzen des Schweigens*, S. 14.

② Wilhelm Filchner, *Quer durch Ost-Tibet*, Berlin: E. S. Mittler & Sohn, 1925, S. 8-20, 178-192.

③ Wilhelm Filchner, *Quer durch Ost-Tibet*, S. 20-69.

④ Wilhelm Filchner, *Das Rätsel des Matschu: Eine Deutsche Tibet-Expedition*, Berlin: E-. S. Mittler & Sohn, 1906.

二、西藏腹地考察（1926—1928）

1926—1928年，菲尔希讷进行了他最为重要的一次西藏考察。德国外交部和德国科学协会提供了主要资助。1925年秋，菲尔希讷到莫斯科，他首先乘火车到塔什干，于1926年5月到达迪化（乌鲁木齐）。在迪化他获得了进一步旅行的签证。

1926年10月菲尔希讷到塔尔寺考察。塔尔寺位于今青海省湟中县鲁沙尔镇的莲花山坳中，始建于1379年，是藏传佛教格鲁派（俗称黄教）六大寺院之一。这儿是格鲁派创始人宗喀巴的诞生地，也是青海和中国西北部地区的佛教中心。塔尔寺的僧侣对他很热情，允许他自由参观经堂、壁画和佛像，但不准拍照。他亲眼看见了藏历正月十五在塔尔寺举行的盛大的酥油花灯会和跳神活动（羌姆）。菲尔希讷也见到了塔尔寺的圣树——一颗古老的菩提树，传说由宗喀巴的头发长成。跳神期间绝不允许拍照，但菲尔希讷为了获取真实资料，想尽了办法。他专门制作了一个大的转经筒，将小型摄像机置于转经筒内，在内壁上为摄像机镜头留一个小孔。节日当天，他将这个“转经筒”带进了塔尔寺。寺里的喇嘛依然热情招待他，还专门为他找了个有阳光的地方。他告诉一个喇嘛，“这个转经筒异常昂贵，放在屋顶上面会给一天都带来好运。”① 于是喇嘛将“转经筒”搬上了房顶，菲尔希讷则有了一个更好的位置，不紧不慢地手摇“转经筒”，拍摄跳神的场面。这段纪录片成了独一无二的历史资料。

1927年3月，菲尔希讷和同伴澳大利亚人麦特逊（Jack Mathewson）来到西宁附近的小城丹葛尔（今青海省湟源县城），做入藏的最后准备。丹葛尔地处青藏道最北端，被誉为“海藏通衢”，中外商贾云集，贸易极为繁荣。菲尔希讷观察到，在丹葛尔人们可以买到所有的物品：牦牛、骆驼、马、马鞍、面粉、盐、糖；也可以雇佣到夫

① Erhard Rühle, *Im Herzen des Schweigens*, S. 117.

役和向导，这些向导一般都会说藏语、蒙古语甚至几十句英语。1927 年 5 月，他们从丹葛尔启程，沿古青藏道（今青藏公路）向南考察，主要目标是拉萨。他们沿青海湖南岸向西，进入柴达木盆地东南缘，之后向南到达长江源头地区。9 月初，到达了离拉萨不远的那曲。那曲的僧侣们立刻报告了当地士兵，说“有个携带武器弹药的德国人和英国人正在向南前进，后面还跟随着很多德国和英国士兵”。16 名藏兵截住了他们，检查行李和护照，在他们的箱子中并未发现武器。藏兵虽认为他们“不是坏人”，但也不允许他们继续前进。藏兵的首领告诉他们：“不许再前进一步！我就是达赖喇嘛的代言人！”他还训斥菲尔希讷的藏族人向导：“你把外国人带到这里，就这一点我就可以砍了你的头！”①

此时的菲尔希讷已经“弹尽粮绝”，只剩一点银币和 7 袋面粉。无论是原路返回青海，还是去印度都已不可能。麦特逊写了两封信，一封给印度总督，一封给达赖喇嘛，由他们的向导送了出去。9 月 20 日，当地的一名官员来看望他们，带来了一只冻羊、一袋面粉、一袋米、黄油、奶酪等。他说达赖喇嘛已经收到了他们的信。十三世达赖喇嘛允许他们使用乌拉，经有居民的地区前往印度，但拒绝他们到拉萨。梦想中的拉萨就在眼前，却被拒绝进入，菲尔希讷自然感到遗憾终生。

1927 年 10 月，当地官员派 12 名乌拉役夫跟随他们出发。他们从那曲折而向西，目标是当时的拉达克首府列城。他们经纳木错、当惹雍错、塔若错，于 1928 年 2 月中旬到达噶大克。之后从噶大克向北沿印度河上游到达列城。在列城他给印度总督和他的女儿各发了一封电报，报告自己即将到达印度。此前，德国报纸已经刊载了菲尔希讷在西藏被当地部落抢劫并被杀死的消息。他们到达那曲之前，一个蒙古商人被果洛部落抢劫并杀死，旅行的喇嘛们传播了这条“新

① Erhard Rühle, *Im Herzen des Schweigens*, S. 119, 130-131.

闻”，到达十三世达赖喇嘛那里时，这条“新闻”的主要人物已经变成了“两个欧洲考察者”。十三世达赖喇嘛将此消息告诉了印度总督，印度总督又通知了德国驻加尔各答总领事。德国外交部收到了报告，于是整个德国和欧洲的报纸都纷纷报道，“德国的菲尔希讷在西藏的考察已经失败。”① 菲尔希讷从列城前往新德里，于 1928 年夏回到德国。

三、考察所取得的主要成果和影响

菲尔希讷西藏考察的成果巨大，他是 20 世纪初众多德国西藏考察和研究者中最出色的一位。德国学者克劳斯（Rolf Peter Krauß）评价说：“菲尔希讷本不是地理学家，他没有发现新土地，没有踏入无法进入的地区，没有研究地球上的‘空白区’。他的旅行路线也是别人走过的，如李希霍芬、普热瓦利斯基、库兹洛夫、赫定等。菲尔希讷也没有做那么多摄影和各类标本。但是他在中国西部、西藏和尼泊尔所做的研究是其他任何人都未曾做过的地磁学。”② 德国考察者有着悠久的地磁学考察传统。洪堡在南美、墨西哥和中亚的考察以及施拉君特怀特兄弟在印度和喜马拉雅南侧的考察，地磁学测量都是很重要的内容。

菲尔希讷 1900 年的考察从塔什干开始，翻越帕米尔高原到喀什；1926—1928 年的考察从塔什干开始，经乌鲁木齐、哈密、兰州到西宁，再沿青藏路到拉萨北部的那曲，穿越西藏南部到列城；1934—1938 年的考察从兰州经柴达木盆地、莎车、和田到列城。这三次考察的路线形成了三个围绕中亚和青藏高原的封闭椭圆，涉及的地域广阔而完整。他对中国西部、青藏高原北部地区做了详细的地磁学测

---

① 参见 Wilhelm Filchner, *Om mani padme hum: meine China- und Tibetexpedition 1925/28*, Leipzig: F. A. Brockhaus, 1929, S. 204-231.

② Rolf Peter Krauß, *Begegnungen mit Sven Hedin, Wilhelm Filchner, Hans Eduard Dettmann, Heinrich Harrer*, Stuttgart, 1987, S. 28-29.

量，这是西方其他探险者未曾做过的，其研究也是开拓性的。地磁学观察主要对磁偏角、磁倾角和地磁密度进行测量。利用地表磁异常可以勘查地下矿床，地磁也可用于飞行导航。

菲尔希讷出版了大量著作，主要作品是 11 卷的《菲尔希讷在中国科学考察的成果（1903—1905）》①，此外还有《骑马越过帕米尔》《塔尔寺》《穿越东部西藏》等。1909 年，《菲尔希讷在中国科学考察的成果（1903—1905）》第 7 卷出版，主要展示在内地收集的物品，共 95 件（组）。1910 年的第 8 卷展示在西藏收集的民族学物品。这些物品洋洋大观，包括各类西藏佛像、转经筒和法器、日常生活器皿、大量藏式衣物和饰品、马鞍、武器；各种藏帽，还有一顶格鲁派喇嘛所戴的黄帽，各类物品共计 114 件（组）。②

1926—1927 年，菲尔希讷在塔尔寺停留了 5 个月，全面深入地考察了塔尔寺。菲尔希讷除了拍照和摄像，还在塔尔寺及其周边地区搜集了大量的佛教文本、画像、唐卡和宗教物品。1933 年，专著《塔尔寺》出版，主要介绍和研究了塔尔寺的布局和建筑、塔尔寺僧人的生活、酥油花灯会和塔尔寺的羌姆，全书将近 600 页，资料和图片极为翔实。③ 此书对于研究 20 世纪初塔尔寺、青海地区和中国西北部的藏传佛教等仍有极大的参考价值。

菲尔希讷第一次西藏考察后，在老师李希霍芬推荐下，被调到当时的德军总参谋部地图部工作。在出色的制图员帮助下，他用 5 年时间制成了西藏考察的地图册。这本地图册比例尺为 1∶50000，共 400 页。菲尔希讷自己无力出版这本昂贵的地图册，德军总参谋长施里芬批准从总参谋部费用中分配一部分资金出版了此地图册。第二次考察

① Wilhelm Filchner, *Wissenschaftliche Ergebnisse der Expedition Filcher nach China und Tibet*, Berlin: E. S. Mittler & Sohn, 1910-1914.

② Wilhelm Filchner, *Wissenschaftliche Ergebnisse der Expedition Filcher nach China und Tibet 1903-1905. Katalog der Ausbeute an ethnographischen Gegenständen. Tibet*, Bd. VII, 1909, Bd. VIII, 1910.

③ Wilhelm Filchner, *Kumbum Daschamba Ling*, Leipzig: F. A. Brochhaus, 1933.

后，菲尔希讷制成了新的西藏地图集，同时完成了两卷本的《中亚地磁学研究考察地图集（1926—1928）》。①

每次结束考察回德后，菲尔希讷不仅出书和写文章，也大量作报告，展示照片、录像和收集的物品。第二次考察后，他在德国作了一次历时5个月的巡回演讲，几乎到了所有大一点的德国城市。他不仅到维也纳、伦敦作报告，还到德国的鲁尔区，在冶金工人的生产车间、矿山和机械厂，向工程师、工人、办事员、打字员介绍西藏考察。② 这种考察完毕后的巡回报告是当时德国也是欧洲了解西藏的重要途径。赫定、菲尔希讷、舍费尔、哈勒等从西藏归来后，都举行过无数次这样的报告会。

第三节　斯文·赫定的西藏考察及其对德国人的影响

斯文·赫定是20世纪西方最著名的探险者之一，他以在中亚尤其是中国新疆的探险而知名，发现了罗布泊和楼兰古城，其实他对西藏的考察和研究同样重要。赫定探险生涯的前半期围绕中亚尤其是中国的新疆地区展开，但是后半期的真正中心却是西藏，而他自己也承认未能进入过"圣城"拉萨是其探险生涯的最大遗憾。赫定一生未娶，他曾经解释道："我也曾恋爱多次，但亚洲却一直是我的新娘。我被俘获在她冰冷的怀抱中，出于嫉妒，她不容许我另有新爱，而我也一直忠实于她。"③ 赫定在1894—1897、1899—1902、1906—1907年进行了三次新疆和西藏地区探险，成果丰硕，影响巨大。赫定

① Wilhelm Filchner, *Kartenwerk der erdmagnetischen Forschungsexpedition nach Zentral-Asien 1926-1928*, Gotha: Perthes, 1937.

② Wilhelm Filchner, *Ein Forscherleben*, S. 276-285.

③ George Kish, *To the Heart of Asia: The life of Sven Hedin*, Ann Arbor: University of Michigan Press, 1984, p. 109.

1894—1897 年的新疆考察，主要沿青藏高原北部边缘进行。1896 年，他经喀什到和田，从和田向东到达了青海湖，考察了西藏东北部。① 1899—1902 年，赫定进行了第二次新疆和西藏考察，发现了罗布泊和楼兰古城。1900 年，他从新疆进入西藏北部，化装成商队的一员向西藏南部渗透。他到达拉萨附近，但在距离拉萨几公里的地方被发现并被强制离开。未能进入拉萨成了赫定探险生涯最大的遗憾。② 之后，他穿越西藏西部，经帕米尔到达了列城。

1905—1907 年，赫定再次进行西藏考察，他选择从印度入藏。他先进入西藏西部，到达有西藏“神山”之称的冈仁波齐峰和圣湖玛旁雍错。他是第一个进入这一地区的欧洲人。考察了印度河源头地区后，他继续向东旅行，于 1907 年 2 月幸运地到达日喀则，受到了九世班禅的友好接待。在扎什伦布寺，赫定见证了藏历新年的盛大庆祝活动。③ 与班禅的会面和在扎什伦布寺的活动，是赫定关于西藏的各类作品的重要内容。1926 年，赫定又在北京见到了九世班禅。④ 1927—1935 年，在瑞典、德国政府和汉莎航空公司资助下，赫定领导了在中国西北部地区的中瑞联合考察。德国汉莎航空想开辟一条从柏林经中亚、新疆到北京的航线，需要掌握中国西北部的气候资料。德国气象学家豪德（Waldemar Haude）、戴特曼（Hans Edudard Dettmann），汉学家和人类学家莱辛（Ferdinand Lessing）以及德国的两

---

① Sven Hedin, *Die geographisch-wissenschaftlichen Ergebnisse meiner Reisen in Zentralasien, 1894-1897*, Gotha: Justus Perthes, 1900.

② Sven Hedin, *Central Asia and Tibet: Towards the Holy City of Lassa*, Vol. 2, London: Hurst and Blackett, 1903, pp. 360-390. 关于此次西藏考察，亦可参见 Sven Hedin, *Adventures in Tibet*, Delhi: Manas Publ., 1985.

③ 赫定最著名的游记之一《穿越喜马拉雅》专门记述了此次考察，参见 Sven Hedin, *Transhimalaya: Entdeckung und Abenteue in Tibet*, Leipzig: Brochhaus, 1951; 亦可参见 Sven Hedin, *Eroberungszüge in Tibet*, Leipzig: Brockhaus, 1940.

④ 赫定与九世班禅的关系，参见 Gösta Montell, “Sven Hedin and the Panchen-Lama”, *Reports from the Scientific Expedition to the North-Western Provinces of China under the Leadership of Dr. Sven Hedin, the Sino-Swedish Expedition*, Vol. 46, Stockholm: The Sven Hedin Foundation, 1964, pp. 92-103.

名技术员和6名飞行员参加了这次大规模的考察。从1937年开始，这次考察的专门报告和研究陆续出版，迄今已有56卷之多。①

赫定对德国的西藏考察和研究影响很大，是德国西藏探险者们的偶像和“导师”。赫定的大学时光在柏林度过，导师是德国著名地理学家李希霍芬。他曾得到威廉二世5次接见，希特勒也接见过他4次。他德国情节浓厚，支持泛日耳曼主义。② 赫定一生出版了众多关于德国的著作，如《德国五十年》《对德意志民族的问候》《战斗中的民族》《德国与世界和平》《导师和学生》等。仅从这些书的名称就能看出赫定对德国感情之深厚。纳粹上台后，赫定与第三帝国的关系也很亲近。他欣赏民族社会主义的理念，他在《德国与世界和平》的前言中说：“民族社会主义已经把德国从政治和道德的朽坏中解救了出来。瑞典也梦想着，由我们自己来实现民族社会主义。”③ 不管是威廉二世时的德意志帝国，还是希特勒时期的纳粹德国，赫定一直都是德国和日耳曼文化的坚定支持者。这源于他长期在德国生活和受教育的经历。更重要的是，作为瑞典人，赫定始终担心俄国对瑞典的威胁。他认为只有德国才能真正对抗俄国。1914年6月，寇松给他的信中建议：“为何不组织一个斯堪的纳维亚联盟来对抗共同的威胁?”④ 赫定评论说：“共同的威胁！这就是俄国！俄国是寇松一生都在担忧的。就在大战爆发前两个月，他呼吁瑞典、挪威和丹麦缔结同

---

① *Reports from the Scientific Expedition to the North-Western Provinces of China under the Leadership of Dr. Sven Hedin, the Sino-Swedish Expedition*, Stockholm: The Sven Hedin Foundation, 1937-1997. 亦可参见中国新疆维吾尔自治区档案馆、日本佛教大学尼雅遗址学术研究机构编：《中瑞西北科学考察档案史料》，乌鲁木齐：新疆美术摄影出版社，2006年；罗桂环：《中国西北科学考察团综论》，北京：中国科学技术出版社，2009年；黄文弼遗著，黄烈整理：《黄文弼蒙新考察日记（1927—1930）》，北京：文物出版社，1990年；徐炳昶：《徐炳昶西游日记》，兰州：甘肃人民出版社，2002年。

② 赫定与“泛日耳曼主义”和“民族社会主义”之关系，参见 Danielsson S. K., *The Intellectual Unmasked: Sven Hedin's Political Life from Pan-Germanism to National Socialism*, Dissertation, Minnesota, 2005.

③ Sven Hedin, *Deutschland und der Weltfrieden*, BArch, NS/26/2248.

④ Curzon to Hedin, June 7, 1914, Sven Hedin, *Grosse Männer, denen ich begegnete*, S. 271.

盟以对抗斯堪的纳维亚共同的威胁。但是 1914 年 8 月 4 日，他自己的国家却与俄国结盟，来对抗日耳曼文化。”①

二战爆发后，苏联开始进攻芬兰。芬兰与瑞典唇齿相依，赫定把抵抗俄国的希望寄予德国。他受瑞典国王之托，几次到柏林面见希特勒和纳粹高层，希望德国支持芬兰。但德国已与苏联签订《苏德互不侵犯条约》，希特勒还不想与苏联决裂。赫定在面见戈培尔（Joseph Goebbels）时说：“从 1885 年开始，55 年来，我一直都是经俄国到中亚考察。……俄国为我的考察所做的一切我永不会忘记，这是永远让我感动的事情。另一方面是布尔什维克主义。我并不憎恨布尔什维克主义，我也无权对俄国人的世界观进行评论。……但我无法否认的是，俄国人的计划是世界革命，按照我的理解，这将是整个人类的不幸。希特勒在《我的奋斗》中也有类似的看法。”②

每次西藏考察后，赫定都会到德国演讲，并受到盛大欢迎。赫定曾经回忆：“1935 年 4 月 15 日，当我在亚洲进行了多年旅行回到斯德哥尔摩时，我收到了几乎所有德国地理协会的邀请，要我作报告，介绍在大陆中心考察的情况。……我在德国 91 个城市，作了 111 次关于亚洲的报告。每次都有市长出席并致辞。我也要在那些书籍的金色封面上签名，包括为威廉皇帝、兴登堡和希特勒签名。”③ 赫定在德国享有巨大声誉，第三帝国也给了他很多荣誉。作为特邀贵宾，赫定出席了 1936 年的柏林夏季奥运会。作为奥运会开幕前庆祝活动的一部分，他专门在普鲁士科学院作了一场关于中亚和西藏的报告。④赫定几乎所有的作品都有德文版，基本都由莱比锡的布罗克豪斯出版

---

① Sven Hedin, *Grosse Männer, denen ich begegnete*, Wiesbaden: Eberhard Brockhaus, Bd. 1, 1951, S. 272.

② Sven Hedin, *Ohe Auftrag in Berlin*, Tübingen: Internatonaler Universitätsverlag, 1950, S. 107.

③ Sven Hedin, *Deutschland und der Weltfrieden*, S. 6-10, BArch, NS/26/2248.

④ Vortrag von Sven Hedin in der preußischen Akademie der Wisssenschaften am 5. Aug. 1936, BArch, R8077/177.

社（Brockhaus）出版。[①] 赫定在德国的巡回报告和各类作品，是20世纪初德国人获取西藏信息的重要途径之一。他的西藏游记是德国探险者们的必读书，也是畅销书。例如，他1908年的西藏考察报告《穿越喜马拉雅》，1909年便被译成德文，由布罗克豪斯出版社出版，成为当时的畅销书。在此书德文第二版序言中，赫定自豪地说："1909年的第一版受到了所有德国人的欢迎。"[②] 就斯文·赫定与德国的密切关系及其西藏考察在德国的巨大影响而言，他完全可以被称为是一位德国的西藏探险者。

此外，英国和俄国都把赫定看作是中立的瑞典人，他在中亚和西藏的考察能为他们提供有用信息，又不会引起另一国的怀疑，所以都为赫定的考察提供帮助。赫定将自己在帕米尔、西藏和新疆考察时绘制的地图作为礼物送给了英、俄政府。1897年5月，赫定在帕米尔考察结束后，经俄国回瑞典，沙皇尼古拉二世接见了他。沙皇问他，根据他在帕米尔的实地考察，刚刚划定的俄国、阿富汗和英印边界是否对俄有利。赫定说，边界对三方都有利，但只有其中的一段他不太同意。此段边界在一个长而宽阔的山谷中，界桩位于北侧山脚下，与山脊的走向平行。他不理解，为何不将山脊作为天然的边界线，这段吉尔吉斯斯坦的界桩地势太低，很容易被暴雪摧毁。尼古拉二世非常高兴，认为这很值得注意，这段边界应该完全以山脊为分界线。[③] 赫定1899—1902年在新疆和西藏的考察始终有两个俄罗斯哥萨克骑兵伴随，既为他提供保护也为本国收集情报。

英印总督寇松也从赫定那里获得了很多西藏信息，赫定把寇松看作是自己的好友。他回忆，1902年在加尔各答，寇松经常叫他去自己的家中或办公室，"他一页一页地仔细查看我送给他的地图资料，并不时地询问一切：地理、自然、路线、居民；西藏政府对待外国人

---

① Sven Hedin, *Deutschland und der Weltfrieden*, S. 13, BArch, NS/26/2248.

② Sven Hedin, *Transhimalaya*, S. VII.

③ Sven Hedin, *Grosse Männer, denen ich begegnete*, S. 188-189.

的方式、我对西藏军队或民兵的印象，他们的武器以及运动能力。”赫定后来有些醒悟式地说：“难道他那时就有了武装考察的念头？第二年（1903 年），他就派遣荣赫鹏率领军队侵入了西藏的首府。”①

一战爆发后，强烈的德国情节和对俄国的担忧使赫定无法拒绝来自德国的“友谊”，因而最终在政治上选择了支持德皇威廉二世。一战初期英国人强烈控诉德国在西线使用化学武器的“残暴行径”。赫定“志愿”去西线参观，目的是作为“中立者”和德国军方的尊贵客人观察评估德国是否使用了化学武器的问题。他用 14 个月的时间访问了德国和奥匈帝国的所有前线，之后出版了《战斗中的民族》一书，认为西线不存在所谓的残暴行为。他着重论述了东线的重要性，认为这是日耳曼文化与俄国野蛮主义的较量。② 赫定的这一选择使他很快失去了俄国人和英国人的友谊。俄国地理学会和英国皇家地理学会都取消了他的会员资格。1915 年 3 月，英国皇家地理学会的主席通知赫定：“既然你一直如此积极地站在英王的敌人一面，我们决定把你的名字从皇家地理学会荣誉通信会员的名单中删除。”③ 赫定生气而又带讽刺的回信说：“我祝贺您这一高贵而又骑士般的行动。我也庆贺我自己因此获得了政治自由。请求你带我转达对委员会的衷心感谢，17 年来我一直有幸属于这个世界上最有声誉和最伟大的地理学会。我的名字已经被删除了，但是怀着深深的和温暖的祝福——这种祝福也是我一直从英国地理学家和英国地理著作中获得的——我将一直是皇家地理学会一名看不见的会员。”《泰晤士报》也刊登启事，宣布免去英王曾授予他的爵士头衔。

赫定虽然在政治上支持德国，但在中亚和西藏研究方面无法忽视英国的“霸权地位”，他在客观上需要英国人的帮助。英印总督寇松

---

① Sven Hedin, *Grosse Männer, denen ich begegnete*, S. 260.

② 参见 Sven Hedin, *Ein Volk in Waffen: den deutschen Soldaten gewidmet*, Leipzig: Brockhaus, 1915.

③ Charles Allen, *A Mountain in Tibet*, p. 236.

曾答应写信赞扬他在西藏考察中取得的成功，赫定认为这将是一封极为珍贵的信，如果以某种方式刊出，肯定能大大提高书的价格。[1] 1916 年开始，赫定陆续出版了《南部西藏》（*Southern Tibet*）丛书。他需要通过《皇家地理学会杂志》这一权威性刊物让科学界了解他的新研究，所以他依然把新著寄给该学会，并希望学会的刊物发表书评。但是皇家地理学会不能自作主张，他们需要听取英印政府的意见。学会的秘书辛克斯（Arthur Hinks）将赫定的两封信寄给了负责英印边界事务的贝尔（Charles Bell）。贝尔回信说："（赫定）简直是厚颜无耻。战争一开始他就站在德国一边。他一直反对英国，也是唯一因此被开除出学会的人。……（皇家地理学会）委员会认为，我们应该记住赫定的忘恩负义。他通过与我们的亲近获得了各种声誉和一个英国头衔。他一次次把新书——像《南部西藏》等寄给我们，在书皮封底上还有他的问候。委员会决定，在此书存入我们的图书馆之前，应去掉这张封底。我们只是简单地开除了他，却换来他对我们的消遣，就在 1918 年德国崩溃之时，他还准备出版一本题为《德国凯旋》的书。"[2] 英国人和俄国人把赫定列入不受欢迎的人物行列，他们此后再也没有帮助过他的中亚或西藏考察活动。

第四节　德国人在青藏高原东北部地区的活动

青藏高原东北部地区是 19 世纪末 20 世纪初德国人考察和探险的重点区域，核心是青海湖和黄河源头之间的地区。德国探险者都得到了当时中国政府的允许，一般都从西宁出发，先到青海湖，之后进入黄河源头地区，寻找机会向西藏南部渗透。此前，俄国的一些探险者如普热瓦利斯基、罗布洛夫斯基、库兹洛夫等都已到过青藏高原东北

① Karl Meyer and Shareen Blair Brysac, *Tournament of Shadows*, p. 327.

② Karl Meyer and Shareen Blair Brysac, *Tournament of Shadows*, p. 343.

部地区活动。这一地区生活着果洛等部落，以喜好劫掠而闻名。欧洲的旅行者对这些部落尤感兴趣，德国探险者也不例外。进入藏东北的德国人的旅行报告和游记，都有对这些部落的详细描述和研究，甚至专著。[①]

1898—1899 年，卡尔·福特尔（Karl Futter）与赫德勒（Holderer）进行了一次新疆和青藏高原东北部地区考察。福特尔是卡尔斯鲁厄技术大学的教授，主要研究矿物地理学。他们先在新疆沙漠戈壁地区活动，主要对哈密南北进行考察，从哈密到达肃州，之后进入青藏高原东北部。[②] 1898 年 8 月，他们从西宁出发，到达青海湖，在青海湖南岸地区进行了详细的地理学考察和测量。然后转向东南，进入黄河上游，经洮河到达岷州。考察过程中，他们还经过了拉卜楞寺和塔尔寺。[③] 他们进行了大量的地理学摄影，非常精确地绘制了西藏东北地区的地图。在其 1903 年出版的报告中，附有两幅考察地图，异常精确美观，沿途的山脉、湖泊、河流、草地、森林、寺庙和居民点皆有详尽标注。[④] 福特尔考证和修订了俄国探险者对青藏高原东北部的一些地理描述和测量上的错误。

1905—1908 年，德国地理学家塔弗尔（Albert Tafel）独自进行了一次中国西部考察。他从内蒙古出发，进入柴达木盆地，考察了塔尔寺，到达了青海湖，之后进入黄河源头地区。他主要在青藏高原东

---

① 例如 Karl Futter, *Lama und Leute in Nordost-Tibet*, Berlin: W. Pormetter, 1900; Wilhelm Filchner, *Das Rätsel des Matschu*; Ernst Schäfer, *Unter Räubern in Tibet*, Braunschweig: Vieweg, 1952.

② Karl Futter, *Geographische Skizze der Wüste Gobi: zwischen Hami and Sutschou*, Gotha: Justus Perthes, 1902.

③ Karl Futter, *Lama und Leute in Nordost-Tibet*, S. 298-299.

④ 福特尔绘制的西藏东北部地区地图，参见 Karl Futter, *Geographische Skizze von Nordost-Tibet*, Gotha: Justus Perthes, 1903, S. 67-68.

北部地区进行地貌学考察。[①] 1907 年，在日本人寺本婉雅[②]的介绍下，塔弗尔拜见了准备前往五台山而暂住塔尔寺的十三世达赖喇嘛，并为达赖喇嘛拍照。塔弗尔还带了一名叫宝德札（Bordja）的西藏人回德国。1920 年，这名西藏人与塔弗尔的女仆人结婚，在斯图加特附近的小城阿斯贝格（Asperg）居住了多年，后来不知所踪。1943 年，德国西藏考察者贝格尔（Bruno Beger）还专门写信给阿斯贝格的天主教机构，打听这名西藏人的德文名字和去向，说很想跟这位唯一生活在德国的西藏人建立联系，[③] 但是没有得到具体消息。

20 世纪 30 年代，德国的恩斯特·舍费尔也进行了两次青藏高原东部考察。舍费尔 1910 年生于科隆，青年时代在哥廷根、柏林学习动物学和植物学等。他在霍尔果兰岛考察时结识了德国动物学家魏古德（Hugo Weigold），魏古德对他的动植物学知识和旺盛的探索精神印象深刻。1930 年，美国人布鲁克·多兰（Brooke Dolan II）代表费城自然科学学院准备组织一次中国西部和青藏高原东北部考察，魏古德向多兰推荐了舍费尔参加。舍费尔接下来在 1931—1932 年和 1934—1936 年两次参加了多兰领导的西藏考察。两次考察均从重庆出发，主要在川藏边界和藏东北地区进行动物学、植物学、鸟类学和人类学研究。第一次探险的主要目标是寻找和研究大熊猫，舍费尔最终发现并猎杀了一只作为标本。1933 年舍费尔出版了《山、佛和熊：在神秘西藏的研究和狩猎》[④]，记述此次考察，这本书使他在德国声誉鹊起。第二次是研究青藏高原地区大型动物的生活习性，到达了长

---

① Albert Tafel, *Meine Tibetreise*, Stuttgart: Union Deutsche Verlagsgesellshaft, 1923.

② 寺本婉雅（1872—1940），19 世纪末 20 世纪初日本窥察西藏的代表人物，作为间谍，曾两次入藏，并进入拉萨。他与十三世达赖喇嘛多次接触，是日本对藏政策的重要实施者和中间人，也是“日本藏学发展的开拓者”。关于寺本婉雅及其涉藏活动，参见秦永章：《日本涉藏史》，第 20—31、94—138 页。

③ Bruno Beger an das Katholische Pfarramt, 7. Mai 1943, BArch, R135/51.

④ 参见 Ernst Schäfer, *Berge, Buddhas, Bären: Forschung und Jagd in geheimnisvollem Tibet*, Berlin: Parey, 1933.

江源头地区。第二次考察舍费尔共收集和捕获了 150 个大型动物、200 个小型哺乳动物和3000 个鸟类标本。[①] 1937 年他获得柏林大学博士学位，博士论文题目为《两次西藏研究旅行的鸟类学研究结果》。30 年代末，在希姆莱支持下，他领导了德国历史上最有影响的一次西藏考察——“恩斯特·舍费尔西藏考察 1938/1939”。

有的德国人也进入藏东南地区探险。1914—1915 年埃默利希（Ferdinand Emmerich）从缅甸越过中国边境进入云南、四川藏族地区。他在湄公河、长江和怒江之间的大河地区探险，到达了理塘、打箭炉等地区。他担负着为多家德国研究机构搜集资料的任务。他出版了两卷本的游记《从缅甸到西藏》。[②]

第五节　威廉二世时期德国政府的西藏政策

19 世纪末 20 世纪初，由于出兵镇压义和团和占领胶州湾，德国人对中国的关注大增。1900 年前后德国出版了大量中国游记，关注的重点是山东，尤其是胶州湾、中国边疆地区以及义和团运动。[③] 此

---

① Ernst Schäfer, „Ornithologische Ergebnisse zweier Forschungsreisen nach Tibet“, *Journal für Ornithologie*, 86. Jahrgang, Mai 1938, S. 8.

② Ferdinand Emmerich, *Kulis, Tiger, Krokodile. Von Birma nach Tibet*, Leipzig: Ernst Staneck, 1935.

③ 有关山东及胶州湾的游记，如 Ernst von Hesse-Wartegg, *Schantung und Deutsch-China. Von Kiautschou ins Heilige Land von China und vom Yangtsekiang nach Peking im Jahre 1898*, Leipzig: Weber, 1898; Georg Franzius, *Kiautschou. Deutschlands Erwerbung in Ostasien,* Berlin: Hofbuchhändler Schall und Grund, 1898; Walther Anz, *Durch die Halbinsel Schantung von Tschifu nach Tsingtau, 1. bis 6. März 1899*, Gotha: Justus Perthes, 1900. 有关义和团运动的著作，如 Georg Wegener, *Zur Kriegszeit durch China 1900/1901*, Berlin: Allgemeiner Verein für Deutsche Literatur, 1902; Eugen Wolf, *Meine Wanderungen. I. Im Innern Chinas*, Stuttgart und Leipzig: Deutsche Verlags-Anstalt, 1901; Freiherr Wilhelm von Richthofen, *Chrysanthemum und Drache. Vor und während der Kriegszeit in Ostasien*, Berlin: Ferd. Dümmlers Verlagsbuchhandlung, 1902. 其他一些游记，如 Moriz Winternitz, *Dr. M. A. Steins Forschungsreise in Ostturkestan und deren wissenschaftliche Ergebnisse*, Braunschweig: Friedrich Vieweg & Sohn, 1902; Erich von Salzmann, *Im Sattel durch Zentralasien*, Berlin: Dietrich Reimer, 1903; Pauline Gräfin Montgelas, *Ostasiatische Skizzen*, München: Theodor Ackermann, 1905.

时，清政府已是风雨飘摇，边疆危机日趋严重。部分德国人亲身见证了一些重大事件，比如蒙古的危机。德国人考斯藤（Hermann Consten）1906—1914年停留在蒙古地区，经历了“蒙古独立”事件和清帝国的崩溃。[①] 殖民扩张、开拓“阳光下的土地”成为德国对外的主导政策，在远东德国也积极争夺势力范围，但是由于进入殖民行列较晚，大大落后于其他列强。因此德国在中国奉行的政策与美国一致，即“门户开放”和“利益均沾”。德国反对任何列强独占中国或中国的某一部分，以保持中国的领土完整。这决定了德国政府对蒙古、西藏、新疆等所谓中国“外围地区”的政策和态度。德国人既表现出在中国积极扩张的热情，又力图保持中国领土完整，尤其是对那些还没有能力施加影响的地区，德国坚决承认它们是中国的一部分。

1901年11月，为了纪念德国“领导”的八国联军镇压义和团的胜利以及对胶州湾的占领，莱比锡的西格尔出版社编纂出版了一本《中国全书》，洋洋1500页。这本书的观点与当时德国政府的官方政策一致。在序言中，作者毫不掩饰德国要在中国攫取利益的野心。他宣称：“德国的军队和战争艺术在这次中国的骚乱中留下了光荣的一页。……骚乱的结束并不意味着我们同中国关系的结束。对此，在骚乱爆发前很久，威廉二世皇帝就早有筹划，卓有成效地发展了德意志帝国在中国的权力，德国的旗帜已经在胶州湾飘扬。……德国人已经在中国的土地上洒下了热血，也在这片土地上显示了力量，并且这种力量会愈加强大的显示出来。”[②] 在这种背景下，德国人迫切需要了解中国，因此编纂了这部有关中国的百科全书。在第一部分“土地和居民”中，作者明确认为，“西藏高原是中国的西南边界。”“在真正的汉族人和统治这个帝国的满洲人之外，还有另外三个民族：蒙古

---

① Hermann Consten, *Weideplätze der Mongolen*, Berlin: Dietrich Reimer A. G. , 1919/1920.

② „Vorwort“, Joseph Kürschner, *China: Schilderungen aus Leben und Geschichte, Krieg und Sieg*, Leipzig: Verlag von Hermann Sieger, 1901.

人、西藏人和苗人。”[①] 此书详细介绍了西藏的地理、植物和民族，提供了关于西藏的各种地理数据。

1902年5月27日，德国驻北京大使馆给帝国总理一份报告，报告中涉及中国管理西藏的情况，可以反映德国官方对当时西藏的认识。报告说：“中国在西藏驻有一名地位较高的满洲官员作为总督（Residenten），他负责监督西藏对中国的进贡义务。通过这位中国总督，信件将会被转交给拉萨的负责政府事务的决定性人物。英国军官鲍威尔（Bower）在几年前去过西藏，并担任英国使团的警卫军官，按照他的描述，达赖喇嘛还是一个未成年的孩子，他对这个‘国家’（Das Land）的政府事务还没有太大的影响。”[②] 1905年10月，德国驻北京大使馆又向帝国外交部提交了一份题为《英国人视角下的“西藏问题”》的特别报告，详细分析了英国的西藏政策。[③] 从这些报告来看，德国政府并非对西藏本身感兴趣，而是出于与英国对抗和防止英国在中国发展独占的势力范围考虑。就其掌握和了解的西藏信息而言，却是直接来自英国人，而且很多都不准确，例如他们认为，驻藏大臣的职责仅仅是监督西藏的进贡义务。

1904年的英国侵藏战争以及之后的《拉萨条约》签订问题引起了德国政府的关注。《拉萨条约》的内容最早由德国资助的《胶州报》披露。德国公使即向英国外务部询问是否属实，得到肯定答复之后，德国尤其指出该条约第九款将会使英国有别于其他列强而在中国内地享有特权，与利益均沾之原则相悖。英国人对德国人反对《拉萨条约》极为不满，认为德国在1900年与英国订立《英德协定》之后，为取悦俄国，向俄国表示协定不包括满洲在内，对俄国视蒙

① Joseph Kürschner, *China*, S. 7, 95-98.

② Emil Schlagintweit, „Bericht über eine Adresse an den Dalai Lama in Lhasa (1902)“, Der Königlich Bayerischen Akademie der Wissenschaften, *Abhandlungen der Philosophisch-Philologischen Classe*, Bd. 22, München: Verlag der K. Akademeie, 1905, S. 670.

③ Winterarbeit des Leutnants Kolschorn, „Die Tibet Frage vom Englischen Standpunkt“, 10. 2. 1905, BArch, RM 5/5439, II Tibet Bd: 1.

古、伊犁为保护地也不加指责，但是现在却极力反对毫无利益瓜葛的《拉萨条约》，显然是“强为干预”和双重政策。[1] 1907 年，英俄签订了《西藏协定》《波斯协定》和《阿富汗协约》三项条约，统称《英俄协约》。[2] 英俄在中亚的争夺达成妥协，目的是将主要力量放在欧洲，对抗德国。“可以确定，对德国的担忧是达成关于阿富汗、波斯及西藏条约的主要原因。”[3] 德国政府没有料到，他们的扩张居然间接地暂缓了英俄对中国西藏的争夺。

德皇威廉二世对中亚和西藏很感兴趣，信息主要来自斯文·赫定。赫定的中亚和西藏考察在德国极为知名，1903 年西藏考察后，威廉二世接见了他。他对赫定说：“你对我来说并不是外人。我一直对你的中亚考察怀有极大的兴趣。你每次寄给我的旅行报告，我都读过。我尤为感兴趣的是你发现的那个移动的湖（罗布泊）。你发现的那个文明（楼兰）大概有多古老?”威廉二世很关注中国，对“天子”和龙冠很感兴趣，他听完赫定的描述，看着屋顶的黑色雄鹰雕像说：“看，我们的黑色雄鹰！我一直怀疑，它简洁的风格完全是模仿了中国的龙。”1909 年，第三次西藏考察后，赫定到柏林专门为威廉二世及当时德国的重要人物做了一场“穿越喜马拉雅”的报告。威廉二世要赫定给他一份大幅的中亚地图，并说：“这样我就可以校正我的旧亚洲地图了。”[4]

从 1910 年开始，德国人对西藏、蒙古和东北地区等中国边疆问题的关注急剧增加。德国人通过各种渠道刺探和了解英俄在蒙古和西藏的行动以及中国的反应，核心是关注自身权利尤其是商业利益是否会受损。德国驻伦敦、北京、莫斯科和东京的大使馆频繁向外交大臣

---

① 参见《论德人对待藏英新约》，卢秀璋主编：《清末民初藏事资料选编（1877—1919）》，北京：中国藏学出版社，2005 年，第 556—561 页。

② 参见王远大：《近代俄国与中国西藏》，第 229—291 页。

③ Walter Persian, „Geheimes Tibet“, *Brüsseler Zeitung*, 10. 09. 1942, BArch, R901/58373.

④ 参见 Sven Hedin, *Grosse Männer, denen ich begegnete*, Bd. 2, S. 77-79.

和首相提交公文，报告和分析英俄等在中国边疆地区的活动。其中，《俄蒙协定》和西姆拉会议最让德国关注。1913 年 5 月，德国驻北京公使给帝国首相的公文中提道："关于蒙古问题，俄国公使告诉我，俄人固然肯许中国政府对蒙古有一种宗主权，但同时要承认后者的自治。"威廉二世在此句话的后面加了一个批注："这样就完了。"① 作为与俄皇一样有攫取领土欲望的威廉二世，一眼就看穿了俄国人的把戏。"宗主权"和"自治"不过是欧洲列强在瓜分土耳其或中国这样的东方国家时所用的障眼法，也是他们的拿手好戏。英国在西藏所用的政策与俄国在蒙古所用的手法毫无二致。都是承认所谓中国名义上的"宗主权"，同时换取中国承认这些地方有"自治权"，以此排除中国对西藏、外蒙古的实际控制，他们则乘虚而入。因此可以肯定，在威廉二世的头脑中，无论蒙古还是西藏都是中国的一部分，通过什么样的手段把别人的领土据为己有才是关键。第一次世界大战爆发后，威廉二世再次接见赫定，德皇说："西藏是世界上极少几个能躲过这次战争的'国家'之一。"②

中英西姆拉会议极大吸引了德国人的目光，他们尤其关注新条约会不会使西藏脱离中国。1914 年 4 月 15 日，外交大臣雅哥给驻伦敦大使李绪诺维斯基的公文透露："德国舆论对中国外围地区，特别是西藏与蒙古的下一步命运已经表示特别的兴趣。这在国会预算委员会讨论中曾屡次明显地表示了。虽然德国在蒙古只有极有限的名义上的利益存在，在西藏实际上没有利益可言，但是这些中国的外围地区发展成为某一个国家的独占利益范围，且在该范围内德国商业将来有参加的可能，似乎仍是不希望的。"可见，德国虽在蒙古和西藏地区没有重大利益，但是出于将来参与这些地区商业活动的考虑，反对英俄

① "驻北京公使哈豪森上帝国首相柏特曼何尔味公文 甲一〇六号 北京 一九一三年五月二十九日（六月十一日呈阅）"，孙瑞芹译：《德国外交文件有关中国交涉史料选译》（第三卷），北京：商务印书馆，1960 年，第 418—419 页。

② Sven Hedin, *Grosse Männer, denen ich begegnete*, Bd. 2, S. 82.

将它们变成独占的利益范围。雅哥还推测，将来英俄交涉的基础可能是：英国承认俄国在外蒙古及其他俄中边界地区有优越地位；俄国放弃不承认西藏是英国的利益范围的立场。他要李绪诺维斯基查明，英俄之间是否真有这样的协定，如果存在，德国必须要立刻向英国表明，这将会对德英关系的发展造成严重后果。①

之后，李绪诺维斯基多次会见英国外交部的尼顾逊和兰格来，希望获知西姆拉会议的确切情况。他向首相报告说，这两位先生不反对蒙古包括在中国的宪法关系中。当他偶然地列举中国外围地区提及西藏时，他们都声明，西藏不属于中国且从不是中国的一部分，达赖喇嘛认为自己完全独立，且中国办事大臣在革命的时候已被驱逐出去，因此西藏不可能作为中华民国的一个组成部分。李绪诺维斯基向他们强调，德国与中国商约的权利也适用于一切外围地区，包括西藏在内，且对俄国的立场也适用这件事。② 由于无法获知西姆拉会议的真正情况，德国人对英国使西藏脱离中国的企图日益担忧。因此，1914年6月，德国政府第一次明确表达了他们的西藏政策。6月5日德国驻英大使李绪诺维斯基就中英西姆拉会议事，向英国外交大臣葛雷提出："我们急需知道，这个条约是否有使西藏本部完全脱离中国的目的。如果是这样的话，我可以表示帝国政府的立场：我们一贯认为西藏，像其他中国外围地区一样，是中国的一部分，因此必须坚持，即中国通过一八六一年九月二日商约第四十条所给与我们无限制的最惠国待遇权利，现在像过去一样，也适用于西藏。关于蒙古，我们去年

---

① "外交大臣雅哥致驻伦敦大使李绪诺维斯基公爵　草稿　五四二号　柏林　一九一四年四月三日"，孙瑞芹译：《德国外交文件有关中国交涉史料选译》（第三卷），第421—422、423页。

② "驻伦敦大使李绪诺维斯基公爵上帝国首相柏特曼何尔味公文　一九八号　伦敦　一九一四年四月八日"，孙瑞芹译：《德国外交文件有关中国交涉史料选译》（第三卷），第424—425页。

十一月对俄国政府也采取了同样的立场。”[①] 可见，德国反对西藏和蒙古脱离中国，主要是出于与英俄对抗和实际利益考虑。

1914 年 4 月德国外交大臣向其驻伦敦大使明确阐述了德国的对华政策：“我们必须积极地工作反对回到在华利益范围政策的企图。……中国的情形不能与亚洲的土耳其相提并论。……很明显，如果日后中国被瓜分为新的国家和关税地区，我们实质上将一开始就比我们的竞争者处于比较不利的地位，因为我们不像他们是中国的邻居。因此，我们在华政策必须在任何情况之下以保持中国的完整及在全中国为我们的商业维持门户开放为原则。”[②] 实际上，当时的德国“在蒙古只有极有限的名义上的利益存在，在西藏实际上没有利益可言”，[③] 但是为了贯彻其在华的总体外交原则，德国始终承认蒙古和西藏是中国的一部分，反对英俄把这些中国的“外围地区”发展成独占的利益范围。

1918 年，德国政府一份关于中国政策的报告还提到了德国与蒙古、西藏关系的原则。报告认为，“中国在这两个地区依然能施加影响，鉴于我们在中亚的行动，应该允许在拉萨有一个德国代表作为前哨，以应对英国在印度的地位。”[④] 德国“在中亚的行动”是指，1915 年德国派遣外交官海恩梯希（Werner Otto von Hentig）率领使团到阿富汗，鼓动当时的阿富汗统治者阿米尔·哈比如拉（Amir Habi-

---

① “驻伦敦大使李绪诺维斯基公爵上帝国首相柏特曼何尔味公文　三三七号　伦敦　一九一四年六月五日”，孙瑞芹译：《德国外交文件有关中国交涉史料选译》（第三卷），第 428 页。

② “外交大臣雅哥致驻伦敦大使李绪诺维斯基公爵　参事蒙格拉斯伯爵草稿　六二〇号　柏林　一九一四年四月十九日（四月二十一日发）”，孙瑞芹译：《德国外交文件有关中国交涉史料选译》（第三卷），第 426 页。

③ “外交大臣雅哥致驻伦敦大使李绪诺维斯基公爵　草稿　五四二号　柏林　一九一四年四月三日”，孙瑞芹译：《德国外交文件有关中国交涉史料选译》（第三卷），第 422—433 页。

④ BArch, N/2311/46.

lullah）反对英国，尤其是挑动印度边界的部落起义。[①] 总体目标是让更多的英俄军队滞留中亚和印度，不能投入欧洲战场。德国政府计划在拉萨设置一个代表，作为他们在中亚行动的情报点和前哨，以对抗英国在印度的势力，但是这一计划未能实现。

第一次世界大战后德国丧失了所有的殖民地，在远东，德国也失去了实际的政治影响力。魏玛时期的德国在远东奉行"门户开放"和"不干涉"政策，不介入中国的内部事务，也不争夺在华势力范围，而是积极参与列强对华的"国际共同行动"。这种政策看似超脱，实际上是在当时德国所具有的国际地位和外交形势下，最有利的一种政策选择。1926 年，德国政府批准了《华盛顿协议》。德国外交部长施特莱斯曼在演说中认为，"德国参加关于中国的《华盛顿协议》，既符合德国的利益也是对中国的支持。这个协议是为了保护中国的独立，保证中国不会遭到第三方强权的干预。……让人高兴的是，世界又出现了这种方式的国际共同行动，德国又能参与这种共同的决定和致力于国际民族大家庭的共同利益。这将对我们在世界上的地位有利。……我们不想以任何方式介入中国的权力斗争。在这个意义上，我们不想在中国采取积极主动的政策。……我们的积极政策在于，确保我们在欧洲的利益。"[②] 此后，德国人放弃了存在争议的所谓"缔约优先权"，但却对缔约国的经济特权拥有重要的实际影响。德国对中国持不干涉政策，对中国发生的事件也基本不感兴趣。德国政府认为，这种政策方式对德国一直极为有利。在这一大的外交战略利益考量下，保持中国的领土完整和"独立"，成为德国对华政策的一大目标，因此德国在政策上依然坚持西藏和蒙古是中国的一部分。

---

① 关于德国在阿富汗的这一行动，参见 Werner Otto von Hentig, *Von Kabul nach Shanghai: Bericht über die Afghanistan-Mission 1915/16 und die Rückkehr über das Dach der Welt und durch die Wüsten Chinas*, Erstausg: Libelle, 2003; Werner Otto von Hentig, *Ins verschlossene Land: ein Kampf mit Mensch und Meile*, potsdam: Voggenreiter, 1928; Thomas Hughes, "The German Mission to Afghanistan: 1915-1916", *German Studies Review*, Vol. 25, No. 3, 2002.

② Stressmann, „Entwurf zu einer Rede des Reichsausenministers im Reichstag über den Wahschington-Vertrag", BArch, N/2311/6.

第六节　19 世纪末 20 世纪初德国人眼中的西藏形象

虽然德国政府在官方政策上承认西藏是中国的一部分，但是大多数德国的西藏探险者并不认同这一看法。他们都倾向于认为西藏是一个“独立王国”，中国在西藏最多享有某种“宗主权”。他们对出现在西藏的“中国人”非常反感甚至厌恶。他们把清末中国在西藏巩固统治和伸张主权的行为看作与英俄一样，是在争夺西藏。他们并不同情中国，仅仅把中国看作是在争夺西藏过程中失势的一方。

1906 年，赫定渗透到了日喀则附近，但是很快被一名从拉萨赶来的中国官员阻止。经过几天的软磨硬泡，赫定还是没有获得到日喀则的许可。无奈之下，赫定拿出了一本中国护照。中国官员看后，责备赫定说：“您要是早点出示这个证明，我们就用不着费这么多周折了！”赫定回答：“因为这个护照是在新疆而不是西藏签发的。”中国官员说：“在这儿也完全有效。您有一本有效的中国护照，因此您即刻起处于中国的保护之下。”他们允许他继续前进，到扎什伦布寺参观新年庆典。赫定满带感激而惊异地说：“真是应该感谢中国驻伦敦公使，是他让中国政府给我签发了这个护照。但是我从未相信，它会对我有一丁点用处，毕竟这个护照是完全在另一个国家而不是西藏签发的。”[①] 护照的签发是现代民族国家主权的体现之一。在赫定的观念中，中国根本就是不同于西藏的“另外一个国家”，中国的护照当然在西藏不起作用，而西藏作为一个“国家”应该有自己的护照签发权。当中国的护照“真的”在西藏也有效时，赫定当然会惊异于事情的“奇妙”。

菲尔希讷 1906 年出版的《玛沁之谜——一个德国人的西藏考

---

① Sven Hedin, *Transhimalaya*, S. 159-160.

察》，所附地图极为怪异。西藏地区被用国界线标出，但在西藏的边界内却又印上了“中华帝国”（Chinesisches Reich）的字样，更让人难以理解的是，东北地区也被画在中华帝国之外，成了俄国的一部分。[①] 1925年菲尔希讷出版了《崩溃前的中央帝国》，[②] 记述他1903—1904年从上海经汉口、兰州、西宁到青藏高原东北部的见闻和思考。虽然讲述的是“崩溃前”的中央帝国，但书中的地图却将西藏和内蒙古画在中国之外。他1925年的《穿越西藏东部》所附的两幅地图，也将西藏划在中国之外，新疆和青海却划在了“西藏国”之内，内蒙古、外蒙古和唐努乌梁海则都属于独立的蒙古国。1930年的《在中国，在亚洲高原，在永久的雪域》一书，所附地图又将西藏、新疆和蒙古划成了中华帝国的省份。[③] 1950年的自传《一个研究者的生活》中的三幅地图也将新疆、内蒙古和西藏等置于中国之内。[④] 在菲尔希讷众多作品所附的地图中，西藏、新疆、蒙古和东北地区时而属于中国，时而被划出中国之外，极不统一。这说明菲尔希讷对于这些地区与中国的关系也没有清楚的概念。这在其他早期德国西藏研究者的地图中是普遍现象，非专业的普通读者从这些地图中自然不会得到准确的信息。

旅行者施特拉瑟（Roland Strasser）1932年的游记《蒙古喇嘛和魔鬼：来自西藏和蒙古的旅行报告》，这样评论西藏的政治形势：“中国龙在东北边闪烁着灾祸的光芒，并盯着西藏这只野羊。对西藏来说，这就像蜗牛角上承载的沉重压力，英国虎则在喜马拉雅南部虎视眈眈。……1904年，英国虎向西藏这只野羊展示了它长满利齿的大嘴。……中国利用了西藏与世隔绝的特点，让西藏人相信南边的邻

---

① Wilhelm Filchner, *Das Rätsel des Matschu: Eine Deutsche Tibet-Expedition*, S. 65.

② Wilhelm Filchner, *Tschung-Kue. Das Reich der Mitter. Alt China vor dem Zusammenbruch*, Berlin: Deutsche Buch-Gemeinschaft, 1938, S. 10.

③ Wilhelm Filchner, *In China, Auf Asiens Hochsteppen, Im ewigen Eis*, Feiburg im Brisgau: Herder, 1930, S. 193.

④ Wilhelm Filchner, *Ein Forscherleben*, S. 29, 55, 181.

居是他们的宗教仇敌。西藏的宗教领袖逃亡在外，使中国有了可乘之机，把这只它一向垂涎的野羊置于了自己的利爪之下。”① 在施特拉瑟看来，中国反对英国侵略西藏，只不过是两个帝国在为争夺势力范围进行赤裸裸的政治斗争而已。

19 世纪末 20 世纪初，德国人愈加感觉到了西藏的封闭和难以进入。例如，藏学家埃米尔·施拉君特怀特试图与达赖喇嘛建立直接联系，但是未能成功。埃米尔认为，在西藏的各大寺庙中保存着众多早期的佛教经典，包括印度的原始文本，但是外界无人知晓这些文献的真正状况，这是藏传佛教史研究的缺陷。于是，1902 年他写给达赖喇嘛一封信，希望达赖喇嘛能给他一个西藏各大寺庙所藏佛教文本的目录。② 但他面临的首要问题是：如何让信到达拉萨？他知道，“要想把信发往拉萨只有一条途径：通过中国当局的斡旋。”③ 为了让信到达达赖喇嘛手中，埃米尔动用了一切关系和力量，包括帝国总理、德国驻北京公使、美国驻北京大使馆秘书柔克义、印度外交部、英印西藏探险者钱达拉·达斯等等。通过柔克义和美国驻北京公使，他甚至接通了李鸿章和庆亲王奕劻的关系。奕劻亲自给美国公使一封长信，答复埃米尔所请之事。他说，已将埃米尔的信交给在拉萨的驻藏大臣，驻藏大臣将会转交给达赖喇嘛。④ 虽然有了奕劻的保证，中间柔克义和美国公使也多次催促，但埃米尔给达赖喇嘛的信却如石沉大海，杳无音信。

1904 年，英国侵藏战争爆发，西藏的形势急转直下。2 月，柔克

---

① Roland Strasser, *Mongolen Lamas und Dämonen: Reisebericht aus Tibet und der Mongolei*, Berlin: Deutsche Buch-Gemeinschaft, 1932, S. 27-28.

② Emil Schlagintweit, „Bericht über eine Adresse an den Dalai Lama in Lhasa (1902) zur Erlangung von Bücherverzeichnissen aus den dortigen buddhistischen Klöstern“, *Abhandlungen der Philosophisch-Philologischen Classe*, Bd. 22, S. 665-666.

③ Emil Schlagintweit, „Bericht über eine Adresse an den Dalai Lama in Lhasa (1902)“, S. 659, 661.

④ “Prince Ching to Mr. Coner”, *Abhandlungen der Philosophisch-Philologischen Classe*, Bd. 22, S. 672.

义给埃米尔写信说："英国的考察恐怕会延迟——甚至阻止——我们渴望的答复。我会尽可能地不断提醒他们关于信件之事。我希望事情会好转，并很快能听到拉萨来的消息。"① 此事从此也就不了了之。动用了如此众多的关系，经过了近三年的努力，埃米尔却没得到来自拉萨的一丝回音。可见在英国 1904 年侵藏之前，欧洲与西藏之间的直接交流是不存在的。埃米尔通过此事也得出结论，认为达赖喇嘛的权力"少得可怜"，这种状况可以从英国议会关于西藏的报告中得到印证。英印总督寇松送给达赖喇嘛一封信，却被原封不动地退了回来。西藏地方政府的代表答复说，这不是达赖喇嘛能左右的事情，驻在拉萨的"中国代表"——驻藏大臣，禁止他与英印有直接的往来。埃米尔认为这是达赖喇嘛对自己拥有太少权力的"自我批评"。②

1899 年进入西藏东北部的福特尔同样感受到了西藏的封闭，评论道："人们一直称西藏为禁地，这是正确的。集宗教和世俗权力于一身的统治者想通过这种封闭来维持他们的地位。考察者发现，各处的边界都被封锁着，大部分人只有通过北部才能成功地向西藏中心渗透。广阔的草甸、无人区和不毛的沙漠使西藏对其政治边界的监控形同虚设。西藏南部边境与印度和南部中国之间的交通非常活跃，但是对于欧洲人来说，从南部是无法进入西藏的。"③ 20 世纪初，清政府在西藏实行了更为严格的封闭政策，实际上是禁止任何外国人进入西藏，对于西藏地方政府与欧洲人尤其是英国人的接触极为敏感，控制明显加强。1907 年，赫定在扎什伦布寺感受到了这一点。他记述说，在参加藏历新年活动时，两名负责接待他的西藏人告诉他，班禅不能陪他从住所到拉布让，"因为班禅喇嘛的所有活动都在中国人的监视

① Emil Schlagintweit, „Bericht über eine Adresse an den Dalai Lama in Lhasa (1902)“, S. 659.

② Emil Schlagintweit, „Bericht über eine Adresse an den Dalai Lama in Lhasa (1902)“, S. 660.

③ Karl Futter, *Lama und Leute in Nordost-Tibet*, S. 300.

之下，他们怀疑所有来到西藏的欧洲人。”班禅也告诉赫定，“由于自己到印度的旅行以及与印度总督明托的友好关系，拉萨的两名驻藏大臣已经对他很不信任，并开始监视他，对于赫定到扎什伦布寺，两位大人也很不高兴。”①

1902年8月，赫定试图化装成蒙古商人到拉萨，但在半途被发现。他评论负责遣返他的当地军队头领说：“总体上，他非常友好和礼貌。他是一个很擅长处理这类事情的人，他有自己的信念，也知道自己要做什么。”为何西藏人对他如此友好和礼貌，赫定推测说：“西藏人经常与中国保持着通信，实际上他们也是服从着那种权力，中国在拉萨设有一个代表（representative），在布达拉设有一个衙门或官方办事处。毫无疑问，拉萨当局已经听说了近来发生在中国的事件，在北京的（德国公使）克林德被谋杀，中国受到了严厉的惩罚和报复，因此西藏对待欧洲人现在也小心谨慎。”② 赫定在西藏感受到了欧洲人所拥有的“声望”和“强大”以及西藏人对欧洲人的“敬畏”。

一些非英国的西藏考察者对英国侵藏持激烈的批评态度。1904年6月，赫定在德国报纸上发表文章《英国对西藏的侵略》说：“英国在西藏的行动，是肆无忌惮的帝国主义的新证据，充分说明了我们时代的那些强权政治的企图。相反，那些弱小的国家则处境困难，朝不保夕。一个没有力量自卫的小国只能陷于毁灭，不管它是不是基督教国家。”③ 虽然这样批评，但是赫定认为英国入侵西藏的动机是为了抵御俄国，要把西藏变成保卫印度的缓冲区。他在回忆录《我遇到过的伟大人物》中评论英印总督寇松说：“在他整个生命过程中，俄国一直是他最担忧的，他认为俄国是印度的主要威胁。对西藏的军

① Gösta Montell, “Sven Hedin and the Panchen-Lama”, pp. 96, 98-99.

② Sven Hedin, *Central and Tibet: Towards the Holy City of Lassa*, Vol. 2, London: Hurst and Blackett, 1903, p. 380.

③ Sven Hedin, „Der englishe Angriff auf Tibet“, *Die Woche*, 18. Juni 1904.

事考察也仅是他与沙皇权力进行斗争的一个插曲而已。”关于英印政府与西藏的关系，他认为，“达赖喇嘛1912年返回拉萨，英印开始有机会对西藏进行渗透，在接下来的12年里取得了很大进展。他们铺设了一条到拉萨的电报线，派英国教习按英军模式组织了军队，从印度输送武器和钱币到西藏——一句话，为对抗中国而使西藏军事化，将其转变成确保印度安全的强大缓冲区。”[①] 赫定、菲尔希讷、施特拉瑟、舍费尔等人既批评英国对西藏的侵略，也厌恶中国对西藏的统治。他们乐于看到“西藏独立”，希望这个民族能发展自己的“现代民族国家结构”。1904年英国侵藏战争爆发后，赫定写信给英印总督寇松说：“我一直渴望能化装潜入圣城拉萨，现在这种感情已经荡然无存。（拉萨）所有因未知而产生的魅力也消散殆尽。”[②] 寇松写信向他“道歉”说：“我感到极为羞愧，我们玷污了你所渴慕的新娘——拉萨的贞洁。”[③] 赫定曾经化装向拉萨秘密渗透，却在离拉萨不远的地方被发现并被强制离开，他认为未能进入拉萨是其辉煌探险生涯中的最大遗憾。可见，赫定之所以激烈批评英国侵藏，主要是由于他心目中圣洁、神秘的拉萨被英国人所“玷污”，破坏了他窥探拉萨的欲望和心情。

1901年出版的《中国全书》认为，“西藏人属于蒙古人种，在许多方面与蒙古人和汉人（Chinesen）不同。西藏人说话做事坦率自由，社会活动也比汉人要自由得多。西藏被冰雪覆盖的群山所隐没，也由于被北部无法穿越的沙漠所阻隔，西藏人依然不为外部世界所了解。”[④] 菲尔希讷认为，“喇嘛教国家的文化与我们欧洲的文化有一个共同的特征，都是自身原始文化在外部因素影响下发展起来的混合

① Sven Hedin, *Grosse Männer, denen ich begegnete*, Vol. 1, S. 272, 312.

② Charles Allen, *A Mountain in Tibet: The Search for Mount Kailas and the Sources of the Great Rivers of India*, London: Andre Deutsch, 1982, p. 202.

③ Sven Hedin, *Grosse Männer, denen ich begegnete*, Bd. 1, S. 269.

④ Joseph Kürschner, *China*, S. 98.

体。毫无疑问，物理和地理上的独特性对西藏民族发展产生了重大影响。按照我们西方文化和精神发展的概念，西藏民族的智力和精神仅仅处于中等水平。”①

早期的欧洲传教士经常将藏传佛教与罗马天主教进行对比。这种对比一直没有中断。1912 年，德国学者加尔波（Richard Garbe）写了一篇题为《佛教的发展受到基督教的影响了吗?》的文章，他确信，藏传佛教的宗教仪式显然受到了基督教的影响。他认为，在喇嘛教的仪式中也使用面包和葡萄酒，虽然可能会以黄油的点心和一种叫“Chang”（青稞酒）的类似啤酒的东西代替。天主教一个基本思想是，神父拥有天堂和地狱的钥匙，而喇嘛教也相信，“不通过喇嘛，人也无法接近神灵。”② 赫定在《穿越喜马拉雅》中也对藏传佛教和天主教作过对比，认为两者的外在形式有着惊人的相似性。他说，自己在扎什伦布寺参加宗教仪式和新年庆典时，强烈地感觉到了这种相似性。这不是受到了前人的影响，而是自己的切身感受和判断。但是欧洲的很多天主教徒难以接受这种对比。德国南部和波兰的一些天主教徒给赫定写信说，这种对比伤害了他们的宗教感情，也会让人对天主教产生错误的印象，希望他删除书中相关的部分。③ 对于这些天主教徒来说，藏传佛教腐朽堕落，显然不能与天主教相提并论。

这一时期，一些德国考察者也对西藏社会尤其是藏传佛教制度提出了中肯的批评。例如 1898 年福特尔考察了拉卜楞寺和塔尔寺后评论：“这些寺庙是一种较高级的文化中心。有时这种较高的地位会被滥用。它们可以用来传经布道，年青僧侣们在这里学习读写，研修经文。寺庙对它势力范围内的族群和村民有很大影响，向他们征收赋税，用强力获取慷慨的捐赠。尤其在西藏南部，僧侣更是吸血鬼和放

① Wilhelm Filchner, *Kumbum Daschamba Ling*, S. 338.

② Sven Hedin, *Trans-Himalaya*, Vol. III, New Delhi: Glan Publishing House, 1990, pp. 314-315.

③ Sven Hedin, *Trans-Himalaya*, pp. 310-312.

高利贷者，他们甚至可以让欠债者变为农奴。寺庙里富有的喇嘛们要占有奢华的装饰、镀金的法器和纯金的神像，对这个民族来说，这是痛苦的折磨。”① “喇嘛们努力保有手中的权力，他们对于牧民的影响也很巨大；他们知道，应该将进步保持在最缓慢的速度上，任何外部文化的渗透和对现有状况的改变，都是他们最强大和最让他们恼怒的敌人。”②

19 世纪末 20 世纪初的德国西藏考察集中于川藏、甘青和藏西北地区。这些地区正是汉藏交汇、多民族混合杂居的区域。这种多民族的混合杂居留给德国人深刻的印象。持有现代民族国家观念的德国人很难理解这种多民族混合共生的现象。1931 年舍费尔到达了云南、四川和西藏交界的地区。他观察到：“部落民族与汉人（Chinesen）的混合、藏族人与其他民族的混合随处可见。藏族人显示出一种潜质，他们不太容易变为汉族人。原因可能是他们虔诚信奉喇嘛教，这种宗教文化与汉族文化有着巨大的差异。部落民族在新时代很愿意接受汉族人已经取得的欧洲式的现代文化成就。可以预见，这些部落将完全被中国人的大潮所淹没。今天，我们所遇到的那些部落民族，已经在很大程度上向外国人否认他们自己的民族属性。当我们问他们属于哪个部落时，他们用中文自豪地回答：‘我们是中国人。’对于人类学家来说，这种障碍是极为不利的。”③ 作为人类学家，舍费尔的目标是要明确区分和研究各个部落民族的特性，多民族的混合共生根本不是西方人类学研究的内容。那些否认了自己民族属性的部落尤其让他这位欧洲的人类学家感到不快。

1934 年，舍费尔来到川藏边界的理塘，这是一个汉藏混居的城市，同时也生活着回、彝、土家、纳西、苗、羌等民族。他观察评论

---

① Karl Futter, *Lama und Leute in Nordost-Tibet*, S. 325.

② Karl Futter, *Lama und Leute in Nordost-Tibet*, S. 340.

③ Ernst Schäfer, *Berge Buddhas und Bären: Forschung und Jagd in geheimnisvollem Tibet*, S. 9.

道："理塘是西藏高原上一个古老的居民点，也是西藏东部最重要的城市。……但我可以有把握地说，它也是这个星球上最肮脏的一个人类居住地。……在这里，西藏地方和中国以一种怪异荒诞的方式混杂在一起，两者好像都把各自文化中最不好的方面贡献了出来，融合成了一个令人作呕的大茅厕。草原上的西藏人在这个固定的居民点过着虚假的生活，也就牺牲了他们那种原始的自由。但是在这个由污秽和污泥构成的肮脏之处也有各种难以描述的、让人着迷的现象。大街上到处是令人作呕的野狗和蜂拥的人群，我们就像梦游者一样在这些大街上游荡。"① "这儿是草原上人们生活最文明的地方，也有着东亚地区的山城难以描绘的各种现象，到处都是令人作呕、肮脏不堪的居民点。"② 在理塘这个汉藏民族杂居的地方，除了肮脏让舍费尔印象深刻之外，最让他难以理解的是两个民族和两种文化的混合。在舍费尔看来，民族之间应当界限分明，一旦混杂，就失去了各自的特性。尤其是藏族人，一旦跟汉人一样过上定居生活，他们就牺牲了草原上那种无拘无束的"自由"。汉藏民族混合杂居的结果，除了肮脏，就是"各种难以描述"的、"怪异荒诞"的景象。

菲尔希讷主要在甘青考察，他对安多地区有较多观察。他认为，安多地区的原住民，既不是西藏人也不是蒙古人，也不是人数更少的汉人和回民，而是唐古特人（Tanguten），"政治上来看，唐古特是一个独立的部落，中国仅仅是在名义上拥有对其的宗主权（Oberhoche-it）。中国至今也没有涉入他们的内部生活，某些官员和士兵只在很少的情况下出现，以解决'中国人'和唐古特人的纠纷。中国文化的影响仅到达安多边界地区，中国的殖民者作为农民或小商人已在这些边界地区定居。如同其他广阔的西藏地区一样，由于地理条件和居民好战、热爱自由的个性，唐古特人很难形成强大的政治上的统一。

① Ernst Schäfer, *Unter Räubern in Tibet*, S. 130.

② Ernst Schäfer, *Unbekanntes Tibet*, Berlin: Parey, 1937, S. 107.

实际上，唐古特人没有共同效忠的政府权力，他们更多是以群体的形式归属于某个首领或寺庙。”[①] 曾进入青藏高原东北部的舍费尔也认为，“果洛人尽管既不臣服于中国也不臣服于达赖喇嘛，但他们尊重喇嘛教寺庙的教义和律法。”[②] 当欧洲人遇到像藏族这样有极强文化特性的民族时，按照欧洲现代民族国家的观念，他们首先要思考，这个民族有没有自己的“国家”。菲尔希讷试图在唐古特部落中找到一些现代民族国家和政治结构的因素，虽然结果让他失望，但是他也断定，唐古特部落与“中国”的关系也不符合欧洲现代民族国家的标准，因此只能把这种关系表述为“名义上隶属于中国的宗主权”。

大多数德国探险者把“中国人”（汉人）看作西藏人的“压迫者”，他们希望西藏人能真正地摆脱“中国人”的控制。对于 1911 年西藏发生的“驱汉事件”，赫定以很兴奋的笔调记述道：“1911 年中国爆发了革命，这也意味着中国对西藏权力的终结。擦绒领导下的西藏军队把中国人从西藏驱逐了出去，达赖喇嘛回到了拉萨，恢复了自己神一般的王位。”[③] 到了 1932 年，德国旅行者施特拉瑟则把这一事件提升到了“人种对立”的高度：“人种的亲缘关系在日益尖锐化的斗争面前已不起作用。这说明西藏人在精神特性方面与‘中国人’有着根本的不同。个性战胜了黄皮肤的大家庭观念。西藏人与‘中国人’如同欧洲人与白种人一样，是一种不合天性的对比。”[④]

20 世纪初，欧洲人开始对工业化和现代化的物质成果既爱又恨。很多人希望能寻找一种简单、质朴而精神上更充实的生活方式，这种生活方式“曾经”在欧洲存在过，但已被工业化和现代物质文明破坏殆尽。只有到像西藏这样未曾受到现代物质文明沾染的“原始地区”，才能重新体验失去的文明和质朴的生活，才能找回生命的真正

---

① Wilhelm Filchner, *Kumbum Daschamba Ling*, S. 378.

② Ernst Schäfer, *Unter Räubern in Tibet*, S. 165.

③ Sven Hedin, *Grosse Männer, denen ich begegnete*, Vol. 1, S. 312.

④ Roland Strasser, *Mongolen Lamas und Dämonen*, S. 31.

意义。欧洲是让人厌恶的，西藏则是美好的，这种感情和认知从20世纪初的欧洲探险者身上开始明显地流露出来。斯文·赫定在其1904年的《西藏探险》序言中，表达了当时欧洲人的这种心理状态："那片大陆上有着孤傲的高山和辽阔的荒原，我一直无法抵挡它们的诱惑。你可以想象，通过考察我们增进了人类的地理知识；你可以想象那些无尽的沙漠和把旅人吞没其中的沙丘；你可以想象，当你第一次站在16000米到17000米高的山巅上时的愉悦和自豪；你也可以想象，你第一次看到了西藏的高山，它们被永不融化的积雪覆盖着，而这些积雪从未被人一睹，只有太阳和暗夜的幽光照耀着它们。当你返回欧洲，回到家中，回到马路、蒸汽船、火车、报纸和电话的世界，你会回忆起在马鞍上和帐篷里那种自由的无拘无束的生活，想起肃穆而行的驼队和悠扬的驼铃声。你会渴望赶紧离开单调乏味的欧洲生活，重回散发着诗歌般魅力的亚洲。"①

当德国考察者舍费尔1934年到达青藏高原东部巴塘和理塘之间的高原上时，同样的感情也油然而生。坐在篝火旁，红色的火光映照在他的脸上。这一刻，他想到了自己为何要历尽艰辛来到西藏。"在这样一片原始的荒原中生活将是美丽而奇妙无比的。我们把所有的一切——家乡、家庭都置于身后，在那里我们还享有一点儿好公民的名声。我们来到这里只是为了享受与世隔绝的孤寂，承担一点儿责任。但是这种责任又是什么呢？发现几种新动物、搜集一点儿科学资料？最让人困惑的是，这些成就也许能给欧洲文明带来'进步'，也能带来毁灭。……通过不懈的努力我们能带回新的知识，同时也会打开不幸之路。……人要做的只能是进行纯粹的旅行和游荡，目的就是为了摆脱欧洲的不自由，摆脱已经僵化的文明，摆脱无数令人厌烦的风俗习惯。这里还保持着自由的、未被欧洲人玷污的原始状态。研究过程中最美妙的是：踏入一片新的、自由的、无边无际的生活空间，在这

① Sven Hedin, *Adventures in Tibet*, p. 3.

片空间里人不再仅仅是卑微的生命。”①

施特拉瑟在1932年说得更透彻：“西藏人一直反对打扰他们的精神世界。这种精神认为，西方人把人的权力提高到与神相等的地位，在此基础上，西方民族的文明取得了暂时的成就。所有的启蒙方式都会毁灭这个民族的灵魂，没有这种灵魂，就不要指望会有自我理解的进一步发展。但是欧洲人大机器生产的过剩产品要求对人们进行肆无忌惮的消费主义教育，地球上这块被遗忘的最后的角落也不会被放过。……西藏是精神的，欧洲是物质的。西藏的精神要求看轻和毁灭物质，我们的物质则是通过毁灭精神来取得的。”② 施特拉瑟的内心对欧洲文明充满了“自卑”和“厌恶”，对西藏人的“精神主义”赞叹不已。欧洲人已经开始把西藏人描绘和想象得不食人间烟火、无欲无求，因而快乐自在。所以，欧洲人此时开始产生出一种强烈的愿望甚至是“使命感”：绝不允许欧洲的“物质主义”玷污这块“精神之地”。赫定、舍费尔和施特拉瑟等人对西藏的评论和想象是他们自己所处时代和社会境遇的体现。他们并非故意将西藏形象虚拟化和神话化，他们只是想寻找一个自己所处的“丑陋”社会的反面，把他们渴望的美好社会景象寄托于西藏。但是这种并非恶意的想象和虚幻，却能在很多普通欧洲读者那里获得强烈的共鸣。未去过西藏的欧洲人一般都会相信这些真正去过西藏的考察者们描绘的那幅美好的西藏形象。

瑞士心理学家荣格（Carl Jung）在其1928年的论文《现代人的精神问题》中指出，一战后欧洲人的普遍感受是“生活在为战争做准备的和平时期（in time of peace prepare for war）……现代人也意识到，物质的每一次进步都只不过是向灾难又走近了一步。”“现代西方人在动荡的年代渴望安宁，在不安全的时代渴望安全。新的精神形

① Ernst Schäfer, *Unter Räubern in Tibet*, S. 136-137.

② Roland Strasser, *Mongolen Lamas und Dämonen*, S. 52-53.

式产生于实际的需要和苦难，而不是产生于空想或单纯的愿望。”①一战后欧洲人的这种心理状态，使他们看待西藏的方式发生了根本性的变化。西藏成了他们摆脱欧洲“单调乏味的生活”“不自由”和“令人厌恶的风俗习惯”，寻求“安宁”和“非物质主义”生活的理想之地。由于 1910 年代以后英国对西藏政策的改变，英国人开始大力宣传和塑造西藏的“正面”和“积极”形象。英国主导着当时整个西方与西藏之间的关系，也主导着“西藏知识”的生产，西方人的西藏认知受到了英国所传播的西藏信息的深刻影响。1933 年，英国作家詹姆斯·希尔顿（James Hilton）的小说《消失的地平线》（*The Lost Horizon*）出版，英国人神话化西藏的活动达到了高峰。这本小说无疑对整个西方看待和理解西藏的方式产生了巨大影响。西藏从一片封闭荒凉的高原开始逐渐变成一块自由、文明、保持着原始智慧和风情的神话之地。西藏人则从一个风俗怪异、道德堕落、愚昧无知的民族，逐渐变成了无忧无虑、幸福快乐、享受着无尽自由和高度精神生活的一群“高贵的野蛮人”。

① Carl Jung, “The Spiritual Problem of Modern Man”, *The Colleted Works of C. G. Jung*, Vol. 10, New York: Pantheon Books, 1964, pp. 81-82, 92.

第三章 纳粹时期德国在西藏的全面考察

20 世纪 30 年代德国人在中国西藏地区的活动达到了高峰。他们不仅在喜马拉雅南麓、川藏边界、青藏高原东北部等边缘地区开展考察、传教和登山等活动，也进入了其梦寐以求的拉萨等西藏核心地区，建立了所谓德国与中国西藏之间的“直接联系”。这段时期，德国在西藏研究方面也取得了巨大的成绩，涉及西藏地理学、动植物学、人类学等方方面面，出版的有关西藏的专业性书籍和通俗性的游记、回忆录以及拍摄发行的西藏纪录片、摄影等都有大幅增长。其中的原因主要有两点：一是经过不断积累和努力，德国培养出一批出色的对西藏感兴趣的专业研究者和探险家，借助英国人的外交协调和帮助，有更多的德国人有机会到达中国西藏及其周边地区。二是德国政府的大力推动。1933 年纳粹上台后，体育运动和海外考察活动都逐步转变为国家事业，组织原则和指导思想逐渐被纳粹思想所主导。体育运动和海外考察被看作是增进民族声誉和德国的世界影响的重要途径。1934 年德国运动局颁布命令，规定大型探险和登山计划都要由登山和旅行局领导，以“从总体上推动探险和考察，推进德国登山运动员的声誉和德国的世界影响”。[1] 在这种背景下第三帝国对西藏

① Peter Mierau, *Die Deutsche Himalaja-Stiftung von 1936 bis 1998*, S. 65.

的兴趣显著增加，德国组织的西藏考察探险和登山活动的规模、次数以及政府的支持力度都大大增加。实际上，喜马拉雅地区是第三帝国时期德国海外考察和探险的中心。纳粹时期德国人在中亚和西藏的活动还具有以前不曾有过的强烈政治目的，主要是广泛搜集西藏情报，为进入中亚做准备，计划与这一地区的传统势力英国和苏联进行争夺。尤其是第二次世界大战爆发后，德国政府制定了详细的针对中亚和西藏的军事行动计划，目的是引起中亚和印度边界地区的动乱。30年代德国人到西藏考察探险的动因，除了政治因素，有些学者认为是纳粹试图寻找雅利安人祖先，因此对西藏的人种学考察和研究构成纳粹德国涉藏活动的重要内容。

第一节　威廉·菲尔希讷的第三次西藏考察

纳粹上台后，西藏考察被纳入政府的总体计划。1935—1937 年，在政府资助下，菲尔希讷进行了第三次中亚考察，主要区域是青藏高原北部和西部边缘。1935 年他到南京办理在中国西部的旅行签证。军事委员会代总参谋长杨杰接见他时说，国民政府没有西北地区的精确地图，正准备通过航空拍摄绘制新地图。杨杰希望他提供帮助。菲尔希讷说，他计划从兰州到帕米尔，在 2700 公里的考察沿线建立 300 个到 400 个地磁观测点，可为飞行员提供导航。通过地磁异常可以发现有用矿床尤其是铁矿，杨杰问他是否发现西藏有地磁异常现象。他回答，西藏的地磁异常要比中国其他地方弱得多，西藏有较强地磁辐射的原始山脉都埋藏得极深。①

1935 年 9 月，国民政府中央研究院授予菲尔希讷荣誉会员资格。9 月 16 日，菲尔希讷从南京乘火车前往西安。南京的报纸报道说，

① Erhard Rühle, *Im Herzen des Schweigens*, S. 154-155.

他有35个包裹和8箱仪器，所有的包裹上都加盖了中央研究院的印章。之后他乘飞机从西安到兰州，从兰州到西宁。菲尔希讷还是选择在丹葛尔做最后的准备。1936年4月，他从丹葛尔出发，沿青海湖北缘向西，于6月中旬进入柴达木盆地，沿柴达木盆地南缘穿越整个盆地，到达莎车。菲尔希讷的签证允许他只能在甘肃旅行。莎车的当地官员要求他到和田办理在新疆旅行的签证。他们经过古丝绸之路的一部分，沿塔里木盆地南缘，于12月到达和田。当时的南疆统治者将菲尔希讷扣留在和田近7个月。德国驻斯里纳格尔（Srinagar）和英国驻克什米尔代办共同写给新疆地方政府一封抗议信，要求释放菲尔希讷。1937年6月，他被释放。之后他从和田向南，翻越昆仑山和喀喇昆仑山，于9月到达列城。①

德国驻印度总领事专门到列城祝贺他考察成功。他被授予“德国国家艺术和科学奖”，这是第三帝国的最高奖项，奖金十万马克。1938年5月，德国财政部长签署的一份文件提到，“帝国领袖、总理已经答应著名的学者菲尔希讷，帝国将资助他到中国包括西藏考察，共五万马克。外交部长答应从他们的经费中支付两万马克，其余三万马克，领袖打算从他个人的特别资金中支取。”② 1939年，第三帝国又出资建立了威廉·菲尔希讷基金。主要资助菲尔希讷进行中亚和西藏考察，同时对他所获取的各种资料进行研究和利用。③

1939年3月到1940年12月，菲尔希讷在尼泊尔进行地质物理学和地磁学考察。1939年9月，英国对德宣战，英国驻尼泊尔代表要求尼泊尔政府将菲尔希讷交给英印政府，尼泊尔政府拒绝了这一要求。但是菲尔希讷患上了严重的肾结石，必须到孟买的医院才能解决。1940年12月，他不得不自投罗网，前往印度。一到孟买，他立刻被捕并关入赛特拉（Satara）战俘营。纳粹政府做了很大努力，要

---

① Erhard Rühle, *Im Herzen des Schweigens*, S. 156, S. 158-165.

② Tibetexpedition von Prof. Wilhelm Filchner, 1938, BArch, R2/17722.

③ Wilhelm Filchner-Stiftung, Beitrag zur Errcihtung, 1939, BArch, R55/357.

求英印政府释放菲尔希讷，但未成功。① 一位印度医生为他做了肾脏手术，取出一块樱桃大的结石——这已经折磨了他 30 年。英国人知道菲尔希讷是著名的地磁学家和西藏考察者，因此允许他可以在印度“自由”活动，但不能回德国。

第二节　喜马拉雅基金会与德国人的“命运之山”

希特勒上台以后，德国努力寻找各种能够摆脱一战失败阴影、恢复民族声誉的机会。一方面，德国拥有悠久的登山历史以及出色的登山运动专业人员和机构，另一方面当时的帝国高层在遥远的喜马拉雅看到了机遇，在喜马拉雅的登山和考察活动被赋予了更为强烈的“国家事业”的色彩。正是在这种政治和思想背景下，第三帝国才把巨大的热情、精力和资源投入到在喜马拉雅的登山、考察和研究中。保罗·鲍尔与他的“德国喜马拉雅基金会”（Die Deutsche Himalaja-Stiftung）就是 20 世纪 30 年代德国在喜马拉雅登山活动的代表。鲍尔在德国近代登山运动史上赫赫有名，也是纳粹时期德国体育运动的重要领导者之一。他领导了德国第一次（1929 年）和第二次（1931 年）喜马拉雅考察，主要目标是攀登和考察干城章嘉峰，此峰位于尼泊尔和锡金之间，是世界第三高峰。他攀登到了 7400 米的高度，成为当时著名的登山运动员。② 1932 年，他的报告《为喜马拉雅而奋斗》被洛杉矶奥运会评为最佳体育文章，并因此获得了一枚金牌。

作为纳粹支持者和第三帝国体育事业的重要领导人，鲍尔的“登山哲学”认为，不管是手拿武器的士兵还是手拿冰镐的登山运动

---

① Prof. Dr. Wilhelm Filchner: Internierung in Indien, März 1939-Feb. 1942, BArch, R43/4095.

② 参见 Paul Bauer, *Im Kampf um den Himalaja: Der erste deutsche Angriff auf den Kangchendzönga 1929*, München, 1931; Paul Bauer, *Kampf um den Himalaja: Das Ringen der Deutschenumden Kantsch, den zweithöchsten Berg der Erde*, München: Verlag Knorr & Hirth, 1933.

员，都是在为德意志民族和祖国服务。1933 年之后，鲍尔和他领导的登山协会的大部分成员都加入了纳粹党。希特勒宣布扩充国防军后，他进一步提出，“这是更加美好未来的曙光，德国登山运动员坚定支持这一计划。”[①] 1936 年，鲍尔在慕尼黑组织成立了德国喜马拉雅基金会，由当时的帝国运动局局长兼任基金会的领导人。基金会的宗旨是汇集迄今和将来所有喜马拉雅考察的成果，推进喜马拉雅地区的探险和考察，用登山运动员的巨大牺牲换取德国人民的幸福体验。具体任务是募集资金，训练登山队员，主要目标是组织和资助在喜马拉雅地区的登山和科学考察活动。

20 世纪二三十年代，喜马拉雅的一些重要山峰的攀登和考察被欧洲主要大国所“垄断”，英国人的重点是珠穆朗玛峰，法国人的主要目标是攀登乔戈里峰，意大利人聚焦于安纳布尔纳峰。其中，英国占据着主导地位，尤其是英国珠穆朗玛峰协会垄断了对珠峰的攀登，其他国家的登山运动员几乎没有任何涉足珠峰的机会。然而，到 1929 年还没有一个德国人到喜马拉雅进行过专门的登山活动，主要原因是“德国人在战败和经济危机之后，空有雄心却没有金钱”。[②] 德国人承认英国在喜马拉雅登山和考察中占据的主导地位，并希望德国能效法英国。鲍尔认为，“攀登珠穆朗玛峰已经成了整个大英帝国的国家目标和荣誉，成了所有英国人发自内心关注的事业。荣赫鹏就是这一大群人的代表。所有人都愿意为这一目标贡献力量。”鲍尔希望德国人把“国家目标”锁定在南迦帕尔巴特峰。他认为，“这并不是要与英国人进行竞争。虽然在世界大战中，英国人和德国人为了一片墓地、森林或一座建筑而拼死争夺，也为了体育奖杯而相互竞争。但是在征服世界最高峰这件事上，人们面对的是巨大无比的自然力量，人们必须要结成联盟，要想在那个高度进行竞争是愚蠢的。人们

---

① Peter Mierau, *Die Deutsche Himalaja-Stiftung von 1936 bis 1998*, S. 11, 64.

② Rälf-Peter Märtin, „DerLetzte Berg“, *Die Zeit*, Ausgabe 27, 2000.

要有同志式的友谊和无私的精神，要超越民族，才能征服珠峰、乔戈里峰或干城章嘉峰。”① 但是鲍尔实际上也非常清楚，英国在喜马拉雅考察探险、登山和研究方面的霸权地位对于当时英帝国在科学文化和国家声誉方面具有巨大意义，为“征服喜马拉雅”而进行的登山活动和科学研究也是欧洲各大国间激烈竞争的一种重要表现形式。对于德国登山运动员和考察者来说，“德国是希特勒的国家，而南迦帕尔巴特峰则屹立在英国管辖的疆土上。”②

南迦帕尔巴特峰位于今巴控克什米尔地区，海拔 8125 米，是世界第九高峰，在喜马拉雅山脉西段，靠近西藏最西端。1856 年施拉君特怀特兄弟已经到达过南迦帕尔巴特峰地区，主要考察和测量了其东侧的气候、冰川、地磁、动植物等情况，③ 他们也是最早考察南迦帕尔巴特峰的欧洲人。1895 年英国登山运动员马默里（Albert Mummery）第一次攀登到南迦帕尔巴特峰 6000 米的高度，但是却与两名廓尔喀同伴一起失踪，遗体一直未被找到。20 世纪 20 年代德国登山运动的先锋维尔岑巴赫（Willo Welzenbach）就已经准备攀登南迦帕尔巴特峰，但是由于外交上的原因迟迟没有成行，直到 1932 年德国外交部才同意了攀登南迦帕尔巴特峰的计划。由于不像英国有地缘政治上的优势，可以较为容易地获得在喜马拉雅任何区域考察、登山的许可并有当地殖民机构的帮助，德国人进入西藏腹地极其困难，他们只能徘徊于西藏边界地带，聚焦于南迦帕尔巴特峰也是迫不得已的选择。正如鲍尔所言：“（南迦帕尔巴特峰）就像一个窗口，通过它，人们可以向那些被隐藏在深处的山区投去一瞥。”④

20 世纪 30 年代，德国人攀登和考察南迦帕尔巴特峰的次数、规

---

① Paul Bauer, *Kampf um den Himalaja*, S. 8-9.

② Horst Höfler, *Nanga Parbat: Expeditionen zum Schicksalsberg der Deutschen 1934-1962*, Zürich: AS Verlag, 2002, S. 31.

③ 参见 Wilhelm Kick, *Schlagintweits Vermessungsarbeiten am Nanga Parbat 1856*.

④ Paul Bauer, *Das Ringen um den Nanga Parbat 1856-1953*, S. 187.

模和影响都是空前的。1932—1939 年德国针对南迦帕尔巴特峰有组织的科学考察和登山活动共达 6 次，约有 81 人次参加，核心目标是攀登南迦帕尔巴特峰，同时对其周边及克什米尔地区进行地质物理、气候学、植物学和冰川学考察。在一个较短的时间段内对喜马拉雅的某个地区进行如此集中、频繁和大规模的考察，是其他西方国家不曾组织过的。同时，德国共有 11 名登山队员在南迦帕尔巴特峰丧生，这也是同时代在喜马拉雅活动的其他西方国家不曾付出的代价。攀登南迦帕尔巴特峰既体现了德国人的坚韧和执着，也折射出德国人在 20 世纪 30 年代对于喜马拉雅地区的强烈兴趣和热情。

德国在南迦帕尔巴特峰的活动还有许多奥地利登山运动员和科学家参加，有些奥地利人还成了南迦帕尔巴特峰考察的骨干，例如后来与哈勒一起逃亡到西藏的奥夫施奈特。他是鲍尔一生的好友，很早就加入了纳粹党，也是德国历次南迦帕尔巴特峰考察的重要幕后组织者。纳粹高层特别注意在奥地利吸收、培养具有纳粹意识和日耳曼思想的优秀青年人，哈勒和奥夫施奈特只是其中的代表。在政治象征的层面，德国和奥地利登山运动员携手征服喜马拉雅高峰的壮举被纳粹领导者想象和描绘为整个日耳曼民族的胜利，为两国建立更为密切的关系提供了一种科学文化和体育运动方面的合作契机。

1932 年，在麦克尔（Willy Merkl）领导下德国登山队进行了第一次南迦帕尔巴特峰考察，又称“德国—美国喜马拉雅考察 1932”，除了 5 名德国和奥地利登山队员，还有 3 位美国人参加。其中，随行的美国女记者柯诺顿（Elizabeth Knowlton）也成了世界上首位攀登到 6100 米高度的女性。登山队到达近 7400 米的高度，由于遭遇了长达三周的暴风雪而不得不结束攀登。虽然未能登顶，但是也没有人员损失，德国人认为这是一次极其成功的考察活动。1934 年，德国组织了更大规模的第二次南迦帕尔巴特峰考察，包括登山运动员、随队医生、后勤保障人员和专业科学家等共 13 人，领导者是麦克尔。他们花了近两个月时间将七吨装备物资运送到南迦帕尔巴特峰脚下，在当地雇用了600名苦力搬运物资，还雇用了35名经验丰富的夏尔巴人作为高级搬运工，随同他们一起登山。英国官方委派了两名军官陪同考察队一起行动，为他们提供外交和人员组织方面的帮助。6月1日，队员德雷克塞尔（Alfred Drexel）因肺炎去世。7月初他们攀登到了7900米的高度，由于天气原因被迫撤回到7400米的营地，随后遭遇了更为猛烈的暴风雪，维兰德（Uli Wieland）、维尔岑巴赫、麦克尔和6名夏尔巴人因为物资耗尽，又无法得到及时救援而遇难，此次考察以失败告终。由于这次不幸，第三帝国的媒体开始将南迦帕尔巴特峰称为“德国人的命运之山”（Schicksalsberg der Deutschen）。

经过几年准备，喜马拉雅基金会在1937年组织了第三次南迦帕尔巴特峰考察，领导者是卡尔·维恩（Carl Wien），共有7名登山运动员参加，还有生理学家鲁夫特（Ulrich Cameron Luft）和地理学家特罗尔（Carl Troll）随行。6月14日夜晚，考察队在南迦帕尔巴特峰的宿营地遭遇巨大雪崩，7名登山运动员和9名夏尔巴人全部被冰雪掩埋而遇难。鲁夫特和特罗尔因在附近其他山谷考察而幸免。[①] 这次更为灾难性的失败使德国人进一步感到南迦帕尔巴特峰与德国命运的某种神秘而悲壮的联系。鲍尔后来写道：“1934年南迦帕尔巴特峰的不幸之后，死神的遗嘱要求此次考察的目标必须是：再一次接受命运的打击。”[②] 灾难发生后，鲍尔、拜希陶德（Fritz Bechtold）、克劳斯（Karl von Kraus）等立即组织了前往南迦帕尔巴特峰的搜救探险，最终，除了两位德国登山队员的遗体外，他们找到了其他所有遇难者的遗体。德国媒体把这两次不幸归因于“喜马拉雅恶魔”或“上帝之手”。德国登山队员的奋斗和牺牲精神让德国人极为振奋，而喜马拉雅变化莫测，让登山者屡遭不幸，为德国人征服喜马拉雅的事业增添了浓重的悲壮色彩。在德国官方媒体的报道和登山运动的主要领导

① 关于此次考察和不幸，参见 Paul Bauer, *Auf Kundfahrt im Himalaja*, Berlin: Verlag für vaterlandische Literatur, 1937。

② Paul Bauer, *Das Ringen um den Nanga Parbat 1856-1953*, S.104.

者的表述中，德国运动员的牺牲不仅是德国登山群体的损失，而且是整个民族和国家遭受的打击，是为了帝国的荣誉和科学事业而付出的代价。纳粹领导层也极为赞赏并大力宣传德国登山运动员身上所体现的“死亡与荣誉的哲学”。喜马拉雅基金会的领导者拜希陶德、鲍尔等都宣称，德国登山运动员的牺牲精神和为征服喜马拉雅而进行的“奋斗”（Kampf）应该成为德国年轻人具备的品质。[①] 各种感情的交织使德国人对南迦帕尔巴特峰的迷恋始终不断。

1938 年，喜马拉雅基金会再次组织大规模的南迦帕尔巴特峰考察，由鲍尔亲自领导，共有十名成员。一方面是为继续寻找 1937 年失踪的两位德国登山运动员遗体，二是希望能一举登顶，实现突破。德国空军提供了一架大型运输机，运送给养和设备。“一架德国飞机在喜马拉雅地区为高山考察队提供运输服务，在当时是轰动性的。”[②] 考察中他们意外发现了 1934 年失踪的登山运动员麦克尔的遗体。1939 年，在希姆莱支持下，喜马拉雅基金会又组织了一次四人参加的小型登山活动，为 1940 年的大型考察做准备。这次活动由奥夫施奈特领导，成员包括哈勒、奇肯（Lutz Chicken）、罗本豪弗尔（Hans Lobenhoffer）。[③] 不幸的是，他们完成任务后还未来得及回国，二战就爆发了，他们立刻被英印政府逮捕，关入战俘营。这成为德国二战前最后一次喜马拉雅考察。哈勒和奥夫施奈特后来逃脱监禁，逃亡到了拉萨，在西藏停留了七年。哈勒在 20 世纪 50 年代以后成了西方最知名的西藏探险者和有关西藏的作家之一，成了令无数奥地利人敬仰的国家英雄，可谓“因祸得福”。

除了登山活动，德国人也对南迦帕尔巴特峰及其周边地区进行地

---

① Peter Mierau, *Nationalsozialistische Expeditionspolitik: Deutsche Asien-Expeditionen 1933-1945*, S. 195-196.

② Peter Mierau, *Die Deutsche Himalaja-Stiftung von 1936 bis 1998*, S. 126.

③ Peter Mierau, *Nationalsozialistische Expeditionspolitik: Deutsche Asien-Expeditionen 1933-1945*, S. 166-192.

理学、地质学、动植物学和气候学方面的考察和研究。1934 年有三位科学家随同德国登山队到达南迦帕尔巴特峰，包括制图师芬斯特瓦尔德（Richard Finsterwalder）、地理学家莱希尔（Walter Raechl）和地质学家米施（Peter Misch）。他们围绕南迦帕尔巴特峰做了详细的地理、地质、气候、植被等方面的测量和考察，最终绘制了一幅 1∶50000的地图，被认为是当时最精美和准确的南迦帕尔巴特峰地图。1937 年，植物学家特罗尔又制成南迦帕尔巴特峰的植被图。这使南迦帕尔巴特峰成为 20 世纪 30 年代被探查和研究最为全面深入的喜马拉雅高山山脉。

喜马拉雅基金会在喜马拉雅地区登山和考察所取得的成绩引起纳粹领导人的重视，出于个人兴趣或政治目的，希姆莱、海斯（Rudolf Hess）以及纳粹党殖民政策局（Das Kolonialpolitische Amt）的领导人等都或多或少对基金会有所关注和影响，基金会获得的资助大为增加，其海外探险也有了来自帝国政府更为强有力的政治和外交支持。二战爆发后基金会的所有登山队员包括鲍尔都成为德军山地部队的一部分，以发挥他们的特长。德军推进到高加索地区后，他们被派遣到高加索山区作战，鲍尔负责一所山地部队学校的训练。二战后西德政府对基金会进行了一系列调查，虽然最后没有认定它是纳粹组织，但是因为与纳粹关系密切，基金会饱受批评，难以为继，不得不与德国登山协会合并。

除了媒体和广播节目高强度地报道德国人在喜马拉雅的登山和考察活动之外，每当登山队回国，德国各地尤其是慕尼黑和柏林都会举行大规模的欢迎会和庆祝会，组织各种报告会以及悼念遇难者的纪念会等。德国登山运动员也出版了大量记述为征服喜马拉雅尤其是南迦帕尔巴特峰而进行奋斗的文学性作品，例如参加了四次南迦帕尔巴特峰考察的拜希陶德撰写的《德国人在南迦帕尔巴特》，直到二战结束都是德国体育文学的畅销书。[1] 这些活动强烈吸引了德国公众的目光，培养了他们对遥远的喜马拉雅地区的兴趣。即使是在二战以后，德国人对南迦帕尔巴特峰始终保持着高度的热情。20 世纪 50 年代，德国人继续组织了多次南迦帕尔巴特峰考察。最引人注目的是 1953 年的考察，队员海尔曼·布尔（Hermann Buhl）成功登上了南迦帕尔巴特峰顶，这是德国人为南迦帕尔巴特峰“奋斗”了整整 20 年后才第一次成功登顶。[2] 布尔也成了当时的德国英雄，联邦德国政府专门为此发行了印有布尔头像的纪念邮票。

第三节　党卫军恩斯特·舍费尔的西藏考察

恩斯特·舍费尔是纳粹时期德国西藏考察和研究的代表。他 1934 年加入党卫军，1936 年第二次西藏考察后被提升为军官。在党卫军和盖世太保首领希姆莱支持下，他领导了“德国党卫军恩斯特·舍费尔西藏考察 1938/1939”（Deutsche SS-Tibet-Expedition Ernst Schäfer 1938/1939）。这是德国早期西藏考察探险中最富成果和影响的一次。考察队的五名成员进入拉萨，停留了近两个月，他们成为最早实现“拉萨之梦”的德国人。他们也是近代唯一被西藏地方政府允许进入西藏文明发源地山南雅砻河谷的西方科学考察队。

一、考察的起因以及与希姆莱的关系

舍费尔 1932 年和 1934—1936 年两次参加了美国人多兰领导的西藏考察，均在川藏边界，未能深入西藏腹地。因此，他计划进行一次西藏中心地区考察。他把自己看作党卫军先锋，立志要对西藏高原作

① Fritz Bechtold, *Deutsche am Nanga Parbat*, München: Bruckmann, 1935.

② 参见 Hermann Buhl, *Achttausend, drüber und drunter*, München: Nymphenburger Verlagshandl, 1961.

一“全面的生物学理解”。他认为，“在地理大发现的年代，人们探查了世界的总体面貌。这一时代结束后，各国的探险者开始探查大陆内部，并要最终消灭地图上的‘空白点’。这一目标在各个大陆都已基本获得了满意的结果。只有南美和中亚的某些部分，对于研究者来说依然迷雾重重。原因是这些巨大的地区依然完全封闭，无法进入。”① 但是“科学作为强大的德意志民族的体现，应该消除地图上最后的‘空白点’”。② 舍费尔计划仍由四川入藏，但是由于日本侵华战争爆发，中国西部已无法进入，他不得不从印度入藏。由印入藏首先面临的是与英国的交涉，舍费尔需要在政治和外交上依靠希姆莱。两次西藏东部考察使舍费尔在德国获得了很大声誉。1937 年他又获得了柏林大学的动物学博士学位。希姆莱很早就开始注意这位年轻的动物学家，读过其西藏探险作品，况且 1934 年舍费尔就已加入了党卫军。希姆莱对西藏很感兴趣，也希望利用舍费尔的考察活动提高党卫军的声誉。当舍费尔提出新的考察计划时，希姆莱表示大力支持。③

按照希姆莱的本意，考察应该由德意志祖先遗产研究会组织和领导，指导思想也应是学会推崇的“冰河世界理论”。这一学会由希姆莱建立于 1935 年，隶属于党卫军，网罗了当时德国的各色人物。主要研究日耳曼史、历史遗迹和一些神秘主义的课题，如亚特兰蒂斯传说、雅利安人起源、冰河世界理论等。④ 学会的主要目的是通过自然和社会科学的研究，论证新日耳曼的精神和信仰，使它们在世界观上

---

① Ernst Schäfer, *Geheimnis Tibet: Erster Bericht der Deutschen Tibet-Expedition Ernst Schäfer 1938/1939*, München: Verlag F. Bruckmann KG., 1943, S. 7.

② Reinhard Greve, „Das Tibet-Bild der Nationalsozialisten“, S. 105.

③ 舍费尔与希姆莱的关系及此次考察的起因，参见 Heather Pringle, *The Master Plan*, pp. 147-155. 在战后出版的记述这次考察的回忆录《越过喜马拉雅进入神的土地》中，舍费尔丝毫没有提及希姆莱，只提到英国西藏探险的“传奇人物”荣赫鹏为他向英印总督和外交部长写了推荐信，Ernst Schäfer, *Über den Himalaya ins Land der* Götter, S. 7-8.

④ 对德意志祖先遗产研究会完整深入的研究，参见 Michael Karter, *Das „Ahnenerbe“ der SS 1935-1945: Ein Beitrag zur kulturpolitik des Dritten Reiches*.

更具合法性。战后在纽伦堡，舍费尔对美国审问者供认，希姆莱（Heinrich Himmler）“有很古怪的观点，认为北欧人（Nordic）直接来自天堂”。希姆莱领导的德意志祖先遗产研究会的成员，“全都相信宇宙演化学说的冰河理论。当然，这根本就是不科学的。但是这些先生们根本不读其他的书。这是一件很疯狂的事情，让人难以置信。他们全都倾向于神秘主义。”① 希姆莱及其人类学顾问们相信一个关于西藏的神秘学理论，即西藏是亚特兰蒂斯雅利安原始民族的避难之地。亚特兰蒂斯王国的幸存者移居到了中亚，并在那里创立了神秘的“香巴拉王国”（Schambala），那里保存着北方雅利安种族的原始秘密。② 因此，探查和研究中亚尤其是西藏人的人种学特征，寻找雅利安人在相关地区的历史遗迹成为希姆莱设想的西藏考察的重要目的。

但是舍费尔并不想完全按希姆莱的冰河世界理论组织考察，他对神秘主义和人种学并没有太大的兴趣。他计划围绕自己的专业动植物学，对西藏进行综合性的科学考察。舍费尔认为：“西藏高原这块地球上最巨大的山地，迄今还未被彻底研究过，对它进行科学的理解才刚刚开始。我的第三次西藏考察的首要目标是，在最广泛的意义上，对这片谜一样的土地的生物学状况进行总体考察。”③ 1938 年 1 月，学会的领导人西弗斯（Wolfram Sievers）说：“这次考察的任务偏离党卫军帝国领导人（希姆莱）的目标太远，对他的文化研究理念帮助不大。”④ 因此学会最终没有提供资助。考察的经费主要来自德国经济广告委员会（Werberat der deutschen Wirtschaft，两万马克）、德

① “The Activities of Dr. Ernst Schäfer”, Tibet Explorer & Scientist with SS-Sponsored Scientific Institutes (Including Answers to USFET Special Interrogation Brief No. 104). United States Forces-European Theater, Military Intelligence Service Center, APO 757 Final Interrogation Report (OI-FIR) No. 32 Feb. 12, 1946, National Archives and Records Administration (NARA).

② Reinhard Greve, „Tibetforschung im SS-Ahnenerbe“, S. 169-170; Heather Pringle, *The Master Plan: Himmler's Scholars and the Holocaust*, London: Harper Perenial, 2006, pp. 145-150.

③ Ernst Schäfer, *Geheimnis Tibet*, S. 9.

④ Sievers an Wolff, 23. Jannuar 1938, BArch, NS 21/685.

国科学紧急救助协会（Notgemeinschaft d. Dtsch. Wissensch，三万马克）和民族社会主义工人党中央出版社（Zentral-Verlag der NSDAP，两万马克）。[①] 美国人布鲁克·多兰也提供了一部分资金。

希姆莱最后同意，考察可以不由德意志祖先遗产研究会组织和领导，但前提是考察队成员都必须加入党卫军。希姆莱命令，考察队使用的信笺题头应该是"德国恩斯特·舍费尔西藏考察"（大写），小标题是"由帝国领导人希姆莱支持并与德意志祖先遗产研究会联系"（小写）。[②] 到达印度后，这些信笺为考察队带来了困难。英印政府认为考察队有强烈的纳粹和官方色彩，拒绝为他们入藏提供帮助。舍费尔不得不使用原来印制的仅带有"德国恩斯特·舍费尔西藏考察"题头的信笺。

希姆莱是这次考察的"庇护者"，在政治和外交上给予了鼎力支持。舍费尔等人对希姆莱都心存敬慕和感激。1938 年 12 月，在距西藏边界几英里的地方，他们燃起篝火庆祝冬至节。最重要的内容是通过收音机倾听希姆莱的演说。此时，德国已经占领了捷克的苏台德区，希姆莱为此发表演说。舍费尔在 1943 年出版的考察报告《神秘的西藏》中回忆："我们围绕着小收音机静静地坐成一圈，仔细倾听着党卫军领导人海因里希·希姆莱——我们考察队的庇护者——的演说。他那镇定的声音从苏台德区的某个地方通过电波传到这里。"[③]

考察队共由五名成员组成，除了动植物学家舍费尔，还包括地质物理学和地磁学家维耐特（Karl Wienert）、人类学和民俗学家贝格尔（Bruno Beger）、昆虫学家兼摄影师克劳泽（Ernst Krause）、技术负责人和向导盖尔（Edmund Geer）。在希姆莱的要求下，他们都加入了党卫军。

---

① Gegenüberstellung aller Einnahmen und Ausgaben der 3. Tibet-Expedition, München, 15. Novermber 1940, BArch, R135/5.

② Memo Sievers, 9 März 1938, BArch, NS 21/165.

③ Ernst Schäfer, *Geheimnis Tibet*, S. 164.

二、考察的主要过程和在拉萨的活动

（一）在锡金的考察

1938年5月，考察队到达印度。负责西藏事务的英印官员古德先安排他们在锡金考察。1938年7月，他们经大吉岭到锡金首都甘托克。他们在锡金做了广泛彻底的考察，一直向西北进入了西藏境内的岗巴宗（大致在今西藏自治区定结县一带）。在锡金北部的干城章嘉山，舍费尔发现了一种珍稀动物——喜马拉雅塔尔羊。舍费尔命名为“Schapi”，这是当地莱布查人所说“黑色山鬼”的音译。舍费尔射杀了一只成年雄性喜马拉雅塔尔羊，并捕获了一只幼羊。从照片上看，他们射杀的这只雄性喜马拉雅塔尔羊极为庞大，皮毛呈深黑色，颌下及颈部长有白色的鬣毛，长而浓密。这是他们遇到的那群喜马拉雅塔尔羊的“首领”，重达230公斤。[①] 这是西方人第一次亲眼见证并捕获这种动物。进入锡金前，英国人告诫他们，没有“官方许可”，不能进入西藏。他们向印度总督和英国驻甘托克的政务官保证，不会跨过西藏边界。舍费尔抱怨：“作为一个德国人，我当然信守承诺，但什么又是官方许可?”[②] 但他们最终违背诺言，进入了西藏。

管理西藏与锡金交界地区岗巴宗的是来自锡金王室的车仁家族。1938年8月，车仁家的总管到了德国人在锡金北部的驻地，他们趁机提出了入藏考察的申请。为了获得成功，他们保证一定带去车仁家希望的蔬菜，如80磅土豆，以及其他在西藏比较珍贵的奢侈品。他们给车仁一家许多礼物，如巧克力、饼干、干豆、糖、大米等，还有其他紧缺的物品，如药物、皮革和羊毛手套、羊毛袜子、肥皂、橡胶皮靴等，仅剩的一条看起来还是白色的手巾和一管未用的妮维雅护手

---

① Tibetexpedition, Erlegtes Schapi mit Jäger, BArch, Bild 135-S-08-05-16, Bild 135-S-08-11-18.

② Ernst Schäfer, *Geheimnis Tibet*, S. 85.

膏也送作了礼物。舍费尔给当时正在多布扎（今西藏自治区定结县多布扎乡）的车仁家大公子车仁晋美（Taring Jime）写了一封申请信。不久，他们获得了到多布扎访问的邀请。车仁晋美曾在印度大吉岭的圣保罗学校接受西式教育，1938 年起担任噶厦的财务官员。他热衷于摄影，思想相对开放。车仁晋美的父亲噶玛顿珠朗嘉原是锡金王国的王子，1893 年十三世达赖喇嘛赐予他江孜附近车仁地方的土地和财产，锡金国王又赐予他多布扎的土地。车仁晋美是由西藏地方政府选送到英国接受教育的四名贵族子弟之一，曾在英国的卢格比学校（Rugby）学习。车仁家族定居拉萨，位于错姆折林湖畔的多布扎是他们夏天居住的地方。英印政府获悉了此事，说他们在“冒险”。舍费尔也未将此事告知德国驻英印总领事，“此前总领事给我的信称，与西藏有关的事宜不属于他的管辖范围。”为了不引起英国人的过度反应，他们决定只派两个人——舍费尔和摄影师克劳泽去多布扎。他们经岗巴到达多布扎，并停留了三天。在多布扎，车仁一家用精美的中国食物招待他们，讲述此事时，舍费尔在报告中加了一条注释：“西藏上流家庭已经全部接受了中国人的饮食文化。尤其是在拉萨、江孜和日喀则的上流家庭都有自己的汉族厨师。贵族家庭之间经常交换厨师。”①

车仁晋美为他们到拉萨的申请写了推荐信。车仁晋美的父亲噶玛顿珠朗嘉在西藏有很高的地位，舍费尔等人能获得到拉萨的许可，他起了很大作用。1938 年 10 月，在锡金北部的考察地，他们收到西藏地方政府的一封邀请信。

德国的舍费尔博士：

衷心感谢您英历 9 月 12 日的来信以及两箱礼物——内有一架留声机、唱片和两副望远镜。您及您的德国同伴维奈

① Ernst Schäfer, *Geheimnis Tibet*, S. 89, 92, 120.

特、盖尔、克劳泽和贝格尔（最多不超过五人）提出，想作为最早访问拉萨的德国人并打算参观神圣的西藏寺庙。我们想让您知道，原则上我们禁止任何外国人进入西藏，也将永远如此。从你们的陈述来看，我们相信，你们访问的目的仅是建立友谊、参观圣地和了解宗教建筑。我们同意你们进入拉萨并停留14天。当然，前提条件是，你们不能丝毫伤害西藏居民，你们也已声明，不会杀害鸟类和动物，因为这会极大伤害西藏人民——不仅是僧侣，而且是每一个居民——的宗教感情。衷心祝你们顺利！

噶厦代表
西藏“内阁”
火虎年十月三日①

舍费尔激动地认为，“这一邀请是历史性的事件。自满洲统治开始到本世纪（20世纪），任何人想向西藏渗透，想靠近圣城，都要冒死亡的危险。1904年荣赫鹏进入拉萨，但是违背了西藏人的意愿。他们使用了强大的军队，战胜了只有中世纪武器的西藏军队。之后，英国把自己的力量延伸到了西藏，要把西藏保持为‘禁地’。英国在印度次大陆的殖民政治官员在他们的任期内可以有一两次机会进入拉萨。从这些事实可以看出，我是多么幸运，我是第一个获得西藏政府官方的正式友好邀请的欧洲人。”② 舍费尔决定立即结束在锡金北部的活动，返回甘托克准备这次“伟大的考察”。此时欧洲局势已日渐紧张。1938年3月吞并奥地利后，9月的慕尼黑会议，德国又实现了占领捷克斯洛伐克苏台德区的愿望。英法虽仍采取“绥靖政策”，但也无法再对德妥协。因此舍费尔判断，邀请信“虽未设定具体入藏

① Ernst Schäfer, *Geheimnis Tibet*, S. 163-164.

② Ernst Schäfer, *Über den Himalaya ins Land der Götter*, S. 150.

日期，但鉴于德英关系不可避免地日渐紧张，我们必须立刻启程，经最短和最快的道路去拉萨。”①

（二）在西藏及拉萨的活动

他们从甘托克出发，经帕里于 1938 年 12 月 22 日到达乃堆山口。之后经春丕谷进入西藏亚东。从亚东他们直接向北，经多庆错和嘎拉前往江孜。舍费尔提到，“英国人在甘托克和江孜之间建立了驿站系统，我们也利用了这一系统。”在到达江孜前，他们考察了江孜古堡。1904 年，西藏军民在这里英勇抵抗了英国侵略军。考察古堡时，当地一些藏族人告诉他，“这是一场极不平等的较量，就像是一个小孩与一个全副武装的战士搏斗，注定会失败。”②

江孜是当时西藏贸易的“连接点”。在前往江孜的路上，他们经常遇到贩运羊毛的庞大商队。舍费尔在报告中特别提到了江孜的地毯编制业，认为江孜是西藏地毯编制业的中心。“但这里的地毯业还不是工厂式生产，只是富人和大家族的产业，是在平地或女仆们房前进行的手工劳动。”③ 在江孜他们补充了牲畜和物资，继续向拉萨前进。他们翻越了 5000 多米高的卡如拉山口，到达了羊卓雍湖，又经冈巴拉山口，到达雅鲁藏布江。用了两天的时间，将所有物资和牲畜运过河。在河北岸的曲水，一名当地官员接待了他们。西藏地方政府专门派一名官员从拉萨到曲水，询问德国人准备几点钟进入拉萨，他们好做一个恰当的迎接安排。

1939 年 1 月 19 日，他们进入拉萨。从他们拍摄的纪录片《神秘的西藏》来看，欢迎仪式非常隆重，噶厦官员全部到场，并赠送给德国人极为丰厚的见面礼。④ 舍费尔一行见到了当时西藏的噶厦成员、高级官员、高僧和贵族。他们还送给当时的西藏摄政热振活佛一

---

① Ernst Schäfer, *Geheimnis Tibet*, S. 164.

② Ernst Schäfer, *Geheimnis Tibet*, S. 168-170.

③ Ernst Schäfer, *Geheimnis Tibet*, S. 173.

④ *Geheimnis Tibet* (Film), Ufa-Palast, München, Januar 1943.

把德国手枪作为见面礼，热振活佛多次接见了他们。舍费尔在日记中说，所有想见热振摄政的人都要提前三天通报，即使是很高级的官员也要等很长时间，但是他获得了特许，什么时候见都可以。他的印象是，虽然热振对现代技术很感兴趣但对外部世界知道的很少。热振还建议，让一位很有学问的西藏格西去德国介绍佛教。舍费尔邀请热振去德国，当时一些西藏贵族家庭的年轻人也想去德国旅行。舍费尔与热振认真研究了行程计划，准备先去加尔各答，再飞德国。① 但噶厦不支持这次旅行。一开始，德国人对热振活佛印象很好，但逐渐有些失望，他们感觉到，热振活佛总想从与他们的关系中得到一些个人好处。

舍费尔等人结识了几乎当时拉萨的所有西藏贵族和上层人物，给他们印象最深刻的是曾经的藏军“总司令”、已卸任噶伦的擦绒。他们认为，擦绒是西藏最出色也是“唯一真正的政治家”，称他为“西藏的俾斯麦”。② 他们还让藏语翻译写了一本简短的擦绒传记。③ 建立与西藏的直接联系是德国人在拉萨期间极为重要的活动。他们大部分时间都用来拜访和结交僧俗权贵及参加宴会。他们不失时机地进行政治宣传，例如舍费尔记述，擦绒有一次来探访他们，他向擦绒谈到了以下事情：“德国，我们的领袖，我们的帝国领导人，我们的政策，德国与西藏的世界政治地位的比较，我们德国人的伟大发明。俄国是我们最大的敌人，与日本的同盟，中国和英国在西藏的地位。英国想让西藏成为保护印度、抵御俄国的一块缓冲区。”④ 对于世界政治形势和德国的介绍，显然是舍费尔希望借此影响西藏上层人物，使他们对德国产生好感，以此建立德国和西藏之间的某种外交联系。

贝格尔粗懂医术，这使他在拉萨很受欢迎，尤其是许多贵族家庭

① Isrun Engelhardt, *Tibet in 1938-1939*, pp. 30-31.

② Beschreiben bei Exzellenz Tsarong, dem tibetischen Bismarck, BArch, R135/58.

③ Berichte, Beiträge, Artikel und Aufsätze von Dr. Schäfer, BArch, R135/30.

④ Beschreiben bei Exzellenz Tsarong, dem tibetischen Bismarck, BArch, R135/58.

都请他去看病。贝格尔在日记中写道："大多数西藏人都向他们索要德国药品，他们认为，这是世界上最好的，德国医生也有超自然的力量。虽然我不是专家，但也总是小心谨慎，以免毁坏了这个好名声。我们反复告诉西藏的噶伦和摄政，派遣聪颖的少年去德国学习医学将有莫大的好处。我们也答应，回德国后会寄给他们很多好药品。"①

贝格尔在日记中还生动记述了龙夏家族的故事。龙夏的妻子也请贝格尔为他母亲看病，贝格尔认为他的母亲心事沉重，忧虑过度，因此患有严重的肠胃疾病。贝格尔"很想了解更多的原因，但一无所获。这个女人心中显然隐藏着一个很大的秘密。"龙夏的妻子向德国人讲述了龙夏家族的故事。贝格尔在日记中写道："（十三世）达赖喇嘛活着的时候，龙夏是西藏最有权势和受尊敬的孜本。当时的西藏有两派政治力量，一派以龙夏为首，另一派以噶雪巴为首。达赖喇嘛死后，形势巨变，噶雪巴上台，龙夏失势。龙夏的妻子做了个噩梦，于是建议丈夫赶紧逃亡印度，但为时已晚。他当天就被逮捕并囚禁起来。他们在他的太阳穴上套上枷锁，再用绳索用力勒紧他的头部，绳索愈紧，龙夏的眼珠便鼓胀了出来，他们挖掉了他的双眼，又用滚烫的热油浇在他眼窝里。之后，他们将他囚禁了两年。龙夏家族仍然很富有并受人尊敬。龙夏的长子已过继给别的家庭，他无疑是西藏比较年轻的革命者之一。他父亲遭受的耻辱显然已经烙入他的心灵。他对噶雪巴有很深的怨恨，是噶雪巴下令逮捕、囚禁和折磨了他的父亲。即使不知道这个故事，我也能觉察到噶雪巴家族在拉萨是最让人厌恶的家族之一。"② 德国人由此也隐约感受到了当时西藏上层政治斗争的激烈和残酷。

他们也拜访了当时国民政府驻藏办事处。当时负责驻藏办事处工作的张威白热情招待了他们，擦绒等重要人物也一同参加。舍费尔记

---

① Tagsbuch von Bruno Beger, BArch, R135/57.

② Tagsbuch von Bruno Beger, BArch, R135/57.

述："中国代表处位于城市中心，在靠近哲蚌寺的大街上，离入口仅两百米。中国的国旗在代表处的房顶上飘扬。每天早晨它都会伴着中国国歌升起，傍晚又在庄严肃穆中降下。房子是纯西藏式的。在张及工作人员的住处，新中国的精神极为明显。客厅中最好的位置悬挂着蒋介石的肖像。墙上镶嵌着很大的中文，这是宣传蒋介石时代的中国语录。"① 晚宴极为精美，交谈也甚为欢畅。但舍费尔后来从一位噶伦那里了解到："中国人很受蔑视，因为他们劫掠寺院，熔化金银佛像，用经书的硬皮做鞋底等等。"② 这应当属实，这是对 1911 年在藏川军哗变、劫掠寺庙事件的反映。

除了参观研究拉萨的寺庙和建筑，他们也参加了藏历新年的庆祝活动，并拍摄了大量照片和录像。舍费尔的《白哈达的节典》详细记录和描述了这个西藏最重要、最隆重的节日庆典。③ 克劳泽还对拉萨寺庙中的羌姆、祭祀、庆典、上层人物的聚会、拉萨人的日常生活等进行了拍摄，这些录像是他们后来制成的纪录片《神秘的西藏》（*Geheimnis Tibet*）的重要部分。舍费尔等人赢得了当时众多西藏上层人物的好感，所以他们在拉萨的居留时间一延再延。西藏地方政府给他们的邀请信允许他们在拉萨停留两周，最终他们却在拉萨停留了两个月。

（三）在山南雅砻河谷的考察

两个月以后，西藏地方政府允许他们考察山南雅砻河谷，舍费尔把雅砻河谷称为雍布拉康谷地。舍费尔为了获得西藏政府的许可，编造了一个谎言，说纳粹党的标志万字符（卐）是 5000 年前从雅砻河谷传到德国去的。④ 当然，纳粹的万字符与西藏随处可见的雍仲符号在

---

① Tagsbuch von Ernst Schäfer, BArch, R135/56.

② BArch, R135/39, fol. 31c.

③ Ernst Schäfer, *Fest der weissen Schleier: Eine Forscheerfahrt durch Tibet nach Lhasa, der heiligen Stadt des Gottkönigtums*, Braunschweig: Vieweg, 1952.

④ BArch, R135/39, fol. 6a.

形态和含义上都没有任何实际关系。他们成了西藏近代历史上，唯一获准到拉萨并在雅砻河谷进行考察的西方考察队。当时英国驻拉萨的代表黎吉生抱怨，“连英国人都未曾被允许考察雅砻河谷地区”。[①]

从拉萨向东南，他们首先考察了桑耶寺。舍费尔认为，桑耶寺极为整洁，是西藏最美丽的地方之一。他们沿雅鲁藏布江到达名城泽当并进行了细致考察。舍费尔观察说，“泽当应该是西藏最大的城市之一，其居民很有可能超过3000人。”[②] 他们从泽当向南进入雅砻河谷，到达西藏历史上第一座宫殿雍布拉康所在的地区（今西藏山南泽当街道一带）。他们详细考察了早期吐蕃王国在雅砻河谷遗留下来的各处废墟。舍费尔认为，雍布拉康周边地区的文化最让他们感兴趣，这是佛教传入前西藏都城影响的范围。他们见到的大多是一些遗迹，但说明这一地区很久以前人口稠密。舍费尔认为，“雅砻的颇章谷地大概有3万居民，毫无疑问，直到今天这里依然是西藏人口最稠密的地区之一。拉萨的上层贵族尤其是王族家庭，依然在从泽当到老都城之间的颇章谷地保留着他们土地中较好的部分以及家庭财产。”[③] 舍费尔带回了大量关于雅砻河谷的资料，据此藏学家霍夫曼（Helmut Hoffman）于1942年10月写成一篇论文，题为《雅砻河谷：传说中西藏文化的摇篮》。[④]

他们从颇章返回泽当，之后沿雅鲁藏布江西行到日喀则。在日喀则停留了一周，考察了扎什伦布寺。此时，二战即将爆发，他们也感觉到政治形势紧张，于是很不情愿地离开了日喀则，返回江孜。1939年7月，他们从江孜按原路回到甘托克。1939年8月，二战爆发前一个月，他们从加尔各答乘飞机回到德国。

---

① Karl Meyer and Shareen Blair Brysac, *Tournament of Shadows*, p. 518.

② Ernst Schäfer, *Geheimnis Tibet*, S. 178.

③ Isrun Engelhardt, *Tibet in 1938-1939*, p. 47.

④ Helmut Hoffman, „Das Jarlung-Tal, die sagenumwobene Wiege der tibetischen Kultur“, BArch, R135/65.

三、考察取得的主要成果和影响

（一）主要成果

尽管有较强的纳粹色彩，但不可否认的是，这次考察在科学研究方面取得了很大成功。德国人考察活动的专业性和技术性都极高。考察队的成员都是专业科学家，舍费尔是动植物学家，维耐特是地质物理学家，贝格尔是人类学、民族学和地理学家，摄影师克劳泽是昆虫学家。舍费尔在报告中提到，每当发现一种稀有植物，除了观察和研究植物本身，他们还对此种植物周围的气温、气压、空气湿度、降水量、其他植物群落甚至云层厚度、风向和风力进行测量。[①] 在给印度政府的报告中，连当时英国驻锡金政务官古德也承认，德国人确实是在从事“真正的科学工作”。[②]

考察结束后，舍费尔在给印度的喜马拉雅俱乐部所作的演讲中，系统总结了所取得的成果，包括地理学、人类学、植物学、动物学、摄影等方面。在西藏他们共建立了650个地磁学观察点，尤其是对西藏南部做了详细的地磁学测量，包括磁偏角、地磁强度等。之前菲尔希讷的地磁学测量只限于西藏北部和西部。他们对西藏及其周边地区，尤其是对拉萨、日喀则和江孜等大一点的城市做了精确的摄影测量，用于制图。他们对所经地区的温度、气压、云量、湿度、风向、湖泊、通道、岩石和矿物等都有详细考察。

他们采集了2000种野生植物的种子，收集了西藏所有谷物、水果、蔬菜等的种子和5000—6000个开花植物的标本。动物学方面，他们收集了3500个鸟类标本、2000枚鸟卵、400具哺乳动物的标本和150具家畜的骨骼，也包括一定数量的爬行动物、两栖动物等的标本，还有上千种蝴蝶，并带了一些活的动物回德国。共拍摄了2万张

① Ernst Schäfer, *Geheimnis Tibet*, S. 13.

② Gould in file from H. A. F. Rumbold of the India Office to G. E. Hubbard, political Intelligence Dept., FO, Whitehall, January 13, 1943, OIOC L/P&S 12/4343.

质量很好的黑白照片，包括土地、人物、动植物等，还有 2000 张彩色照片；拍摄了 4 万英寸的录像，其中 90% 效果良好，还有 4000 英寸的彩色录像。[①] 利用这些资料，制成了纪录片《神秘的西藏》。

凭借考察收集的资料和研究成果，舍费尔后来取得了慕尼黑大学的执教资格，并成为斯文·赫定研究所（Sven-Hedin-Institut）第一任领导者。斯文·赫定也对舍费尔寄予了厚望，希望他成为自己的"继承人"。赫定对他说："你是应该而且必须继续我的研究的那个人。"战后费舍尔被美军短暂逮捕并在纽伦堡受审。美军情报中心形成了一个题为"恩斯特·舍费尔博士的活动"的审讯和调查报告。[②] 战争期间他并未犯下严重罪行，因此被释放。之后作为动植物学家去委内瑞拉工作，1991 年去世。德国联邦档案馆（柏林）已公布了与此次考察相关的档案，主要是编号 R 135、标题为"斯文·赫定研究所的中亚和西藏研究"的一个全宗，包括考察队员的手稿、日记、书信、媒体报道等共 91 卷，还有大量零散的其他档案。在科布伦茨的联邦档案馆保存着 17000 多张考察期间拍摄的照片，档案号为 BArch，Bild R 135。参加这次考察的队员后来也陆续公开出版了五份考察报告和游记。[③]

（二）热振活佛写给希特勒的信

德国考察者认为，考察的重大成果之一是建立了所谓德国与西藏的"外交接触"。最引人注目的是，当时的西藏摄政热振活佛代表噶厦写给希特勒的信。此信以藏文写成，原件现收藏于慕尼黑巴伐利亚

① Lecture to be given on the 25. 7. 1939 by Dr. Ernst Schäfer at the Himalaya Club, BArch, R135/30.

② 参见"The Activities of Dr. Ernst Schäfer".

③ Ernst Schäfer, *Geheimnis Tibet*; Ernst Schäfer, *Das Fest der weißen Schleie: Begegnungen mit Menschen, Mönchen und Magiern in Tibet*, Durach: Windpferd, 1988; Ernst Schäfer, *Über den Himalaya ins Land der Götter*; Edmund Geer/Bruno Beger, *Wir ritten nach Lhasa*, Murnau und München: Verlag S. Lux, 1950; Bruno Beger, *Mit der deutschen Tibetexpedition Ernst Schäfer 1938/1939 nach Lhasa*, Wiesbaden: Dieter Schwarz, 1998.

国家图书馆（Bayerische Staatsbibilothek München）。

尊敬的元首阿道夫·希特勒，柏林，德国
热振，西藏
土兔年一月十八日
尊敬的阁下：

我相信阁下一定会身体安康，您伟大的事业也会不断前进。

我一切皆好并在尽我所能致力于我们的宗教和政府事务。

我高兴地想让阁下知悉，舍费尔博士和他的同伴是首次被允许访问西藏的德国人，他们到达以后我们也提供了各种必需的帮助。此外，我也很愿意尽一切努力来增进双方的友好关系，我相信，阁下也肯定会认为这些都极为重要。

请多保重，如果阁下有何要求请让我知悉。

附赠一个带有银质盖子和茶托的红色茶杯及一只本地的犬作为小小的纪念。

谨致问候
热振呼图克图①

这封信被带回德国后，由当时的藏学家舒伯特（Johannes Schubert）译成德文，呈交给希特勒。1995 年，德国学者格雷弗在其文章《德意志祖先遗产研究会的西藏研究》中公布了舒伯特所译信的全文。② 2004 年，瓦尔拉文思（Hartmut Walravens）编辑了《约翰纳斯·舒伯特与布鲁诺·贝格尔和恩斯特·舍费尔通信集》，其中的几

① 本文依据恩格尔哈特所译英文译出，参见 Isrun Engelhardt, “The Nazis of Tibet: A Twentieth Century Myth”, p. 79.

② Reinhard Greve, „Tibetforschung im SS-Ahnenerbe“.

封信件都直接涉及此信翻译前后的一系列问题。[①] 德国学者恩格尔哈特对照了藏文原件与呈交给希特勒的译文发现，舒伯特为了迎合“元首”的口味，按纳粹风格进行了翻译，没有忠实于原文。最明显的是，舒伯特增加了原件中没有的一句话：“目前，您（希特勒）正在全力缔造一个建立于种族基础上的、持久的、和平繁荣的帝国。”[②] 尽管如此，希特勒并没有对西藏产生多大兴趣，倒是纳粹的媒体尤其是党卫军控制的宣传机构对此大加渲染。

在当代，这封信成了一些人论证当时的西藏地方政府支持纳粹的证据。舍费尔考察确实带有纳粹色彩，并有政治目的。舍费尔对于所谓建立的德国与西藏之间的外交接触和精神文化联系更大程度上是一种单方面的自我宣传和想象。舍费尔认为：“万字符对于德国人来说也是至高无上和神圣的符号，因此我们的访问也应验了一句箴言，西方的和东方的万字符在和平与友谊中相遇。这种真心的友谊第一次在历史上被建立起来，他对于双方都会带来巨大的利益。”[③] 但是不能将当时西藏地方政府对他们的热情接待和给希特勒的信看成是他们偏爱纳粹或想与纳粹“结盟”。这封信并非由热振活佛主动提出，而是在舍费尔极力劝说下写成的，目的是想增加考察取得的成绩。[④] 从信的内容以及车仁晋美、擦绒与舍费尔等人的对话来看，当时的西藏上层对于德国的强大和当时欧洲的政治形势是有所了解的，尤其是当时在西藏地方政府任职的几位曾经在英国或在印度受教育的贵族青年对于德国和欧洲的情况应该有较多的认识。不过对于更为具体的一些问题，例如纳粹党和希特勒，他们可能根本就不知为何物，对于纳粹更不可能有政治上的判断，也就不存在什么“结盟”的想法。所以对

---

① Hartmut Walravens, Hrsg., „Briefwechsel Johannes Schuberts mit Bruno Beger und Ernst Schäfer“, *Nachrichten der Gesellschaft für Natur-und Völkerkunde Ostasiens E. V.*, Jahrgang 2004, S. 185-187.

② Isrun Engelhardt, “The Nazis of Tibet: A Twentieth Century Myth”, p. 79.

③ „Gespräch bei der Geschenkübergabe“, BArch, R135/30.

④ Isrun Engelhardt, *Tibet in 1938-1939*, p. 31.

于德国党卫军考察队的热情接待以及后来对纳粹分子哈勒和奥夫施奈特的收留，不能说是当时的某些西藏上层人物、十四世达赖喇嘛及其家庭同情纳粹。此外，哈勒和奥夫施奈特在藏期间也精心掩盖了自己的纳粹身份，战后很长时间都无人知晓，直到1997年才被揭露。

贝格尔后来在一篇“见证西藏独立”的文章中认为，“很明显，（在西藏）任何事情都是通过外交技巧来保持他们的独立。甚至对我们的邀请也很有可能是西藏人希望与当时正在崛起的德意志帝国建立第一次接触——德国有可能会支持西藏的独立地位。”① 热振在信中也将西藏地方政府与德国的关系称为“两个国家”的关系。因此，西藏地方政府对德国人的热情接待及给希特勒的信，也在一定程度上说明当时的某些西藏上层人物具有一种“朦胧的意识”，希图借助各种机会，结交外力，尤其是对于当时强大的德国，他们更希望建立某种友好的联系。

（三）奥地利的“自然之家”博物馆

在风景如画的奥地利名城萨尔茨堡，有一座享誉欧洲的博物馆——自然之家（Haus der Natur），它是欧洲最受欢迎的自然地理博物馆之一。在一层展室，有其镇馆之宝——西藏展馆（Tibetschau），以其对西藏社会和自然环境的逼真仿制而闻名。这一展馆共有五组巨大的立体布景：布达拉宫、天葬台、西藏牧民和贵族的生活、红河谷、秃鹫。每组立体布景都制作得惟妙惟肖，大气磅礴。笔者参观过这个博物馆，因此有切身体会。其中，最大、最重要的一组是西藏牧民和贵族的生活。它完全仿制了雍布拉康所在的雅砻河谷地区的自然地理风貌，辽远湛蓝的天空、深阔的山谷、悠长的河流、远处的雪山、山崖上的寺庙、高原草地上的牦牛都得到逼真体现。在辽阔逼真的高原背景下，设置了普通牧民和西藏贵族两组帐篷。帐篷前都有按

① Bruno Beger, “The Status of Independence of Tibet in 1938/39 according to the travel reports (memoirs)”, www. tibet. ca/en/ wtnarchive/1994/11/24-2_ 1. html

照西藏真实人物制作的蜡像，表现了西藏牧民和贵族日常生活、招待客人等的场景。西藏人日常生活的各种器具和摆设也都一一俱全，且全部是实物。即使是没到过西藏的人也必定会有身临其境之感。

西藏展馆由德国党卫军建立于1943年，主要负责人物是人类学家贝格尔。他后来在给奥地利记者雷纳尔的信中自豪地说，自己当时为了安排这个展览付出了巨大努力。1943年2月，斯文·赫定出席了“伟大的德意志西藏展”开幕式。贝格尔回忆，“人们给赫定一把带扶手的沙发椅。坐在巨大的立体布景前，他不禁热泪盈眶，说：‘这是我与西藏的最后告别！’”开幕式还首映了他们制成的纪录片《神秘的西藏》。贝格尔说，这个纪录片共2个小时，但是战后德国政府将它剪辑成了90分钟，名字也改为《神的胜利》（*Lhasa Lo*）。[①] 希姆莱参观后，也大为赞誉。1943年2月7日的《法兰克福汇报》用了一个版面报道西藏展开幕的盛况。[②]

现在的自然之家专门制造了一个说明牌，介绍西藏展馆的历史，承认“它是希姆莱庇护下党卫军1938—1939年舍费尔西藏考察的产物。贝格尔作为人类学家，二战期间曾在奥斯威辛进行人种学实验，1970年因为战争期间杀害犹太人而被判刑。……尽管有这样一段背景，但西藏展馆从人类学的角度，为旧西藏的文化提供了独一无二的记录。因此，我们今天继续展出它。自然之家当然与那些参与纳粹犯罪的人物没有关系。”[③] 这个展馆的西藏展品，大部分来自舍费尔1938—1939年考察收集的物品。舍费尔与自然之家博物馆馆长特拉茨（Edward Paul Tratz）都参加了德意志祖先遗产研究会，特拉茨还是党卫军军官。舍费尔将自己在西藏收集的大部分植物学标本和资料送给了自然之家，以供研究利用。1938年，舍费尔在喜马拉雅山猎

---

① Gerald Lehner, *Zwischen Hitler und Himalaya*, S. 185.

② „Tibet in Salzburg: Ergebnisse der Dr. Schäferschen Expedition im Haus der Natur“, *Deutsche Allgemeinezeitung*, 7. Februar 1943, R135/80.

③ Zur Geschichte des Tibet-Dioramas, Haus der Natur, Salzburg.

杀了一只巨大的白熊，他认为人们长期传说的喜马拉雅雪人（Yeti），很有可能就是这种巨大的白熊。[①] 舍费尔将白熊的标本带回了欧洲。1943 年，他将这个白熊标本作为礼物送给了特拉茨。直到今天，这个白熊标本依然存放在自然之家的地下储藏室中。

1992 年 6 月，达赖喇嘛到访萨尔茨堡，与哈勒一同参观了自然之家。在立体布景区，达赖喇嘛“认出了其中的每个人物，如擦绒札萨”。[②] 贝格尔在西藏期间为许多贵族和上层人物进行了人种学测量，制作了面部模型，因此塑像自然都栩栩如生。展馆附带有西藏介绍，包括西藏地图、民族、气候和植物分布等。最重要的是介绍西藏的“政治形势”“中国占领西藏的情况”“达赖喇嘛的非暴力斗争”“达赖喇嘛参观自然之家”等。现在每年将近有 20 万人参观自然之家，大部分是家长带着孩子前去，西藏展馆俨然成了欧洲人了解西藏的“教育基地”。这些立体布景可能是党卫军西藏考察留给当代欧洲的最知名的遗产了。

四、舍费尔 1938—1939 年的西藏考察与英国的关系

1938 年 3 月，舍费尔去伦敦，希望获得经阿萨姆入藏的许可。英国外交部没有同意，理由是当地的部落目前很不安定。英国外交部让舍费尔首先通过正常渠道直接向西藏地方当局申请。5 月份，西藏地方政府拒绝了他的申请。他确信，如果没有英国的支持，他不可能获得入藏许可。[③] 在舍费尔去伦敦前，英国驻柏林大使给英国外交部的报告称，德国的报纸报道，此次考察获得了希姆莱的支持，成员全部是党卫军，其工作将完全按照党卫军的原则来进行。[④] 因此英国外交部拒绝了舍费尔的申请。德国驻加尔各答总领事给德国外交部的信

---

① 参见 Ernst Schäfer, *Über den Himalaya ins Land der Götter*.

② Gerald Lehner, *Zwischen Hitler und Himalaya*, S. 205.

③ Karl Meyer and Shareen Blair Brysac, *Tournament of Shadows*, p. 514.

④ Henderson telegram, 19 April, 1938, OIOC, L/P&S 12/4343.

说："考察之所以被拒绝，我认为主要是由于这次考察完全被表述成了党卫军的一项活动。英国人把党卫军看作是一个警察和间谍组织，在这种背景下，科学考察被认为是怀有政治目的。4 月 20 日的《民族观察家》报道说，'考察队将进入地图没有标明的西藏，考察获得了帝国领导人的支持'。在当前的环境下，这种报道与有这样标题的信笺——德国恩斯特·舍费尔考察，在党卫军帝国领导人希姆莱的庇护下并与德意志祖先遗产研究会相联系——都对事情毫无益处。英国人很快了解到一切并产生了怀疑，不仅《泰晤士报》，而且（印度）当地报纸也都认为这次考察与党卫军有联系。"①

舍费尔并未放弃，他从希姆莱那里获得了强力支持。1938 年 5 月 30 日，希姆莱的英国朋友多姆威尔爵士（Barry Domvile）给首相张伯伦写了一封信，解释说："希姆莱先生——德国情报机构的领导者，建立了祖先遗产研究会，这是一个科学考察协会，与政治毫无关系，只是研究历史、民俗、生物学、冰河世纪和自然史。"多姆威尔还附上了希姆莱写给他的一封信，信中说：

"您知道，迄今为止我对任何来德的英国人一直都是非常友好的。让我吃惊的是，英国人却以如此粗鲁、不友好和伤害性的方式来对待我们的人。我无法想象，英国当局竟会愚蠢到把我们官方派遣的科学家舍费尔先生当作间谍。英国情报机构也应该知道，如果我真要进行间谍活动，我不会愚蠢到以官方方式和我的名义派遣这样一个人。就个人来说，这件事让我极为失望。这也让人产生了这样一种看法：如果对方没有一丝回应的话，德国对在德的英国公民那种同志式的热情似乎毫无意义。"②

这封信显然起了很大作用。张伯伦让外交部重新考虑此事。英国外交部的政治情报处要求印度事务部火速提供相关的情报。最后英国

① Podewils to Foreign Office, 11 June 1938, BArch, ZM 145 A5.

② Barry Domvile to Neville Chamberlain, May 30, 1938, OIOC, L/P&S 12/4343.

政府认为，让德国人通过锡金进入西藏，在政治上是可行的。[①] 英国外交部提醒驻锡金政务官古德，在政治上应该尽可能消除德国人的不好印象，即英国在为德国人去拉萨设置障碍。古德向西藏地方政府提出了德国人想参观拉萨的愿望。他还询问自己的政府：是完全由西藏政府自由决定，还是让在拉萨的英国代办处施加影响以获得批准——如果需要的话。[②] 舍费尔也获得了不少英国朋友的帮助。荣赫鹏和皇家地理学会的秘书贝利（Colonel Bailey）都为他向印度总督写了推荐信。英国人在政治上依然对德国考察者保持着警惕和不信任。1938年，古德在舍费尔去拉萨之前接见了他。古德是负责安排舍费尔考察的主要人物，在印度事务部的秘密文件中，有古德对舍费尔的判断："他让人感兴趣，强有力而反复无常，有学者派头，固执而有孩子气，漠视社会习惯和他人的感情，首先一直是一个纳粹和政客。……他经常表现得歇斯底里，毫无疑问，这是由于已在高海拔地区生活了几个月的缘故。"[③]

英国外交部和印度政府虽做出了准许德国人入藏的决定，但有些具体负责西藏事务的官员却不同意。如英国驻拉萨的代表黎吉生极力反对德国人到拉萨。为此，印度总督专门给他一封电报说，印度政府非常理解他的立场，但事情的发展已超出了他们的控制范围。由于担心黎吉生的强烈情绪，印度总督不得不以命令的口气告诫他："我不得不要求你按照原有的计划行事。希姆莱已经同外交部接上了关系，（德国）考察队的活动应该继续下去，这是他的特别愿望。"[④] 在拉萨英国人与德国人处于紧张状态。黎吉生对德国人很冷淡，只是在路上遇到时说了声"你好"。黎吉生严密监视着德国人的一举一动，他也

① Karl Meyer and Shareen Blair Brysac, *Tournament of Shadows*, p. 515.

② Alex McKay, *Tibet and the British Raj*, p. 175.

③ Gould contained in H. A. F. Rumbold, India Office, to G. E. Hubbard, political Intelligence Dept., FO (Foreign Office), Whitehall, January 13, 1943, OIOC L/P&S 12/4343.

④ Alex McKay, *Tibet and the British Raj*, p. 176.

可以监控所有发往德国的邮件，因为德国人要使用英印的邮政系统。[①] 黎吉生认为，德国人在中国驻藏办事处那里找到了“天然的盟友”。他们被允许使用中国驻藏办事处的无线电设备。舍费尔后来承认，他对希特勒纳粹党的热情激怒了黎吉生，而黎吉生也不止一次激怒过他。

贝格尔1939年3月19日的日记题为“与在拉萨的黎吉生告别”。他写道：“同所有高层人物、熟人和朋友告别后，我们将离开拉萨。与英国的‘好心代表’（Good-Will-mssioner）黎吉生的告别，再次说明他是多么憎恨我们。我们跟他相处地有些紧张。他告知我们，德国军队占领了波希米亚和摩拉维亚。他打开收音机，英国人正在广播，发出了真正的战争吼叫，一句句传来：‘战争贩子希特勒’、德国背弃了诺言、德国不可信任、德国迫使英国和苏联缔结了协定等等。我们给了这个放肆、狂妄的人沉重一击——我们的考察取得了巨大成功。当最终走出英国人的屋子时，我们是多么高兴！同英国人的友谊或者仅仅是理解都是不可能的。……英国会比我们的民族死得‘更难看！’”[②] 英国人和德国人在拉萨的这种竞争和紧张关系，让西藏地方政府的一些上层人物大惑不解，甚至感到左右为难。擦绒有一次问采访他的德国考察队翻译：“英国和德国之间的关系是否真是那么好？”当听到肯定的答复后，他双手合十，说道：“这两个伟大的国家必须要保持和平，如果他们之间再有另一场战争，世界将会因此而毁灭。”[③]

德国人从西藏返印时，想从尼泊尔经过，于是赠送给尼泊尔王公一架蔡司牌望远镜，称这是希特勒的礼物。此时英德关系已出现重大变化，德国占领了整个捷克斯洛伐克，英国对德“绥靖政策”失败。英国人认为没有必要继续向德国考察队提供帮助。黎吉生亲自到加德

---

① Ernst Schäfer, „Die ersten Deutschen in Lhasa“, BArch, R135/58.

② Tagsbuch von Bruno Beger, 19. 3. 1939, BArch, R135/58.

③ BArch, R135/39, fol. 74b.

满都，极力阻止了尼泊尔政府允许德国人过境。①

黎吉生之所以强烈反对德国人入藏，主要担心考察会为德国涉足西藏提供机会。德国人在拉萨受到了热情招待，尤其与西藏上层建立了良好关系，这让英国人更为担忧。身为英国驻拉萨代办处的负责人、英国对藏政策的重要执行者，黎吉生时时都要考虑他肩负的主要政治任务，即维持英国对西藏政府的影响力，保持西藏作为印度的可靠屏障。任何非英国势力介入西藏都会威胁到这一战略目标，更何况是英国的主要竞争对手德国。黎吉生向古德报告说，舍费尔等人正在损毁英国的声誉，他们告诉西藏人，德国是世界上最强大的国家。②这正是英国人最担忧的。

此外，英国人认为德国人在西藏的种种表现，如衣着打扮和形象等损毁了欧洲人在西藏的声誉。维持欧洲人的良好形象和声誉也是英国对藏政策的重要一环。在拉萨见过舍费尔一行的西藏人泽旺边巴（Tsewang Pemba）回忆："一天，我们看到一群非常古怪的人骑马进入了德吉林卡。马和马鞍都是西藏当地的，但马鞍质量很差。骑马的人显然不是西藏人。他们长着金黄色的头发，蓝眼睛，胡子脏兮兮、乱蓬蓬的。这三个人佝偻着身子坐在马鞍上，跟一个西藏人进入了拉萨。我们了解到，他们是德国人。我想他们可能是人类学或昆虫学家。英国人总是精心维护着他们在西藏的威望和声誉，不管去哪儿，他们好像都是为了炫耀和参加典礼一般，绝不会像这些德国人那样穿得破烂不堪。很快，关于这些人的故事成了拉萨人街谈巷议的话题——这些德国人收集虱子！据说一个虱子值 6 便士。我会说，要是这样的话，那些天天与虱子为伍的西藏乞丐一夜之间都会变成百万富翁了。"③ 如果翻阅英国负责西藏事务的官员拍摄的西藏照片，出现

① Karl Meyer and Shareen Blair Brysac, *Tournament of Shadows*, p. 519.

② Alex McKay, *Tibet and the British Raj*, p. 176.

③ Tsewang Pemba, *Young Days in Tibet*, London: Cape, 1957, pp. 125-126, 引自 Isrun Engelhardt, *Tibet in 1938-1939*, p. 59.

在照片中的英国人确实都是着装整齐，仪表威严，尽显大英帝国的风范。这些德国人不仅形如乞丐，而且对待当地雇佣人员极为粗鲁，又在寺庙附近宰杀动物，大大损毁了欧洲人在西藏人心目中的“良好形象”，黎吉生对此大为不满。

德国人自己当然认为这次考察极为成功，英国人对此则基本上是负面评价。从中可以看出当时英德的政治关系。古德的报告称，德国人对待雇佣人员的方式是“给他们报酬很高，但经常殴打他们”。[①]古德也提到，德国人在西藏很不受欢迎。他们按低于当前汇率的价格购买当地物品；还容许他们的夏尔巴仆人们吸毒并打人。尽管德国人确实是在从事真正的科学研究工作，但无疑他们也收集军事和政治情报。“考察是宣传德国和纳粹主义的一次政治表演。在人种学测量方面，当地人也有很多抱怨。”[②]

除了给古德的报告，黎吉生在其各类著作中也对此次考察多有贬损。舍费尔一行在藏历新年拍照时，僧侣们朝他们扔石头。黎吉生在《拉萨的新年庆祝》中评论说，“参加西藏的各种典礼时应尽可能小心谨慎，因为西藏的僧侣们非常不喜欢外国人。查理斯·贝尔先生在1921年就已发现这一现象，舍费尔和他的同伴们则由于自己的轻率而受到了这种不受欢迎的待遇。”[③]当代西方的著作都基本延续了英印边界官员对德国人和这次考察的评价，显示出英国在控制和传播西藏信息方面的主导性地位。

1997年，90岁的黎吉生在接受采访时依然念念不忘德国人在西藏的糟糕表现。他对记者说，从德国来的党卫军科学家们并不尊重当地人的宗教感情。他们为了鸟类学和动物学研究杀死了许多动物。他

---

① Gould to Savidge, June 26, 1939, OIOC L/P&S 12/4343.

② Gould in file from H. A. F. Rumbold of the India Office to G. E. Hubbard, political Intelligence Dept., FO (Foreign Office), Whitehall, January 13, 1943, OIOC L/P&S 12/4343.

③ Hugh Richardson, *Ceremones of the Lahsa*, London: Serindia Pubications, 1993, p. 8.

们对当地人的佛教感情毫不在意。① 黎吉生所说应该可信。舍费尔作为动物学家，在西藏捕获和猎杀了极多的鸟类和动物，他们收集了3500个鸟类标本、2000枚鸟卵、400具哺乳动物的标本和150具家畜的骨骼。② 舍费尔在报告中提到，他们在锡金北部的干城章嘉峰考察时，曾经有两天就捕获了60只鸟。一般他们会立刻剥下鸟皮，浸上药水，并用脱脂棉花填充起来，制成标本。③ 他们拍摄的纪录片和照片中也有许多制作鸟类标本和宰杀动物的镜头。④

有意思的是，当代的德国学者恩格尔哈特致力于廓清此次考察的神秘主义和纳粹色彩，强调其科学性质，反驳了英国人尤其是黎吉生的批评。她认为，毫无疑问，舍费尔的行为，尤其是在寺庙附近宰杀动物伤害了西藏人的宗教感情。但并不是只有舍费尔才如此，英国人和西藏人自己（尤其是西藏东部的藏族人）都猎杀动物。英国的贝利（F. M. Baily）曾经下令在尼泊尔收集3000只鸟用于科学研究。美国人洛克（Joseph Rock）在1923年猎杀了1600只鸟，安德鲁斯（Roy Chapman Andrews）在蒙古猎杀了800只鸟。车仁晋美在拉萨尤其喜欢打猎，这是他接受英式教育的结果。⑤

第四节　纳粹的西藏人种学考察和研究

由于特殊的地理条件和民族特点，西藏很早就吸引了西方人类学家的注意，但是只有极少的西方人能够进入西藏，而从事人类学研究的更是少之又少，因此直到20世纪初西方真正专业系统的西藏人类

① Ed Douglas, "Dalai Lama's Nazi friends", *The Observer*, November 1997.

② Lecture to be given on the 25. 7. 1939 by Dr. Ernst Schäfer at the Himalaya Club, BArch, R135/30.

③ Ernst Schäfer, *Geheimnis Tibet*, S. 134.

④ *Geheimnis Tibet* (Film), Ufa-Palast, München, Januar 1943.

⑤ Isrun Engelhardt, *Tibet in 1938-1939*, p. 60.

学田野调查和研究并不存在。[①] 19 世纪中期德国人开始直接接触西藏，实地的西藏人类学观察和研究也随之出现，重点是体质人类学和民族学观察，但还只是作为地理学考察和传教活动的“副产品”。德国的西藏人类学研究真正获得重视并取得长足进展是在纳粹时期。主要动因是人类学者试图配合纳粹的人种学说，在西藏寻找所谓的“雅利安人因素”。

德国的人类学从一开始就保持着不同于其他欧洲国家的传统。英法等国的人类学注重社会、文化和民俗学，先后出现了结构主义、功能主义等学派。但德国的人类学一直保持着侧重于体质人类学或人种学的研究传统。这种研究关注的是人类的体质学特征，通过研究人的骨骼、头骨或大脑等，区别不同的种族，进而研究其社会和文化。纳粹时期，德国的人种学研究对人的体质特征的强调更是登峰造极。这种传统也极大影响了德国考察者对西藏的研究。作为“西藏生物学综合研究”的重要一环，人种学考察是舍费尔西藏考察的重要任务，他们对西藏的人类学研究明显地偏重于人种学，在购买各类仪器和装备的支出中，用于人种学研究的占了一半。[②]

舍费尔在 1943 年出版的《神秘的西藏》中称，人类学研究的主要目标是对喜马拉雅地区的居民做人种学分类和民族学观察，研究不同群体的相互渗透以及在外貌特征和文化上的相互碰撞，清楚勾画出从其他生活空间渗透到这里的人种学成分。他尤其感兴趣的是，能否证明随着海拔高度的变化，人类也表现出有规律的差异性，相似的问题已在动植物学上得到了证明。[③] 但是这份公开出版的报告并未如实

---

① 韩康信先生详细梳理和比较过西方早期的西藏人类学尤其是体质人类学研究，参见韩康信、张君：《藏族体质人类学特征及其种族源》，《文博》1991 年第 6 期。亦可参见 James Fisher, “The Historical Development of Himalayan Anthropology”, *Mountain Research and Development*, Vol. 5, No. 1, 1985.

② Gegenüberstellung aller Einnahmen und Ausgaben der 3. Tibet-Expedition, München, 15. Novermber 1940, BArch, R135/5.

③ Ernst Schäfer, *Geheimnis Tibet*, München: Bruckmann, 1943, S. 9.

说明他们的西藏人类学研究的真正目的和内容。实质上，他们主要进行人种学考察和研究，并试图在西藏寻找雅利安人因素。1937 年 10 月制定的研究任务已明确规定："通过测量、特征研究、摄影和制模，研究当代（西藏地区）的人种学关系，尤其要收集与雅利安人种在这一地区的来源、意义和发展有关的材料。"①

舍费尔西藏考察过程中的人种学研究主要由年青的人类学家贝格尔负责，他是纳粹人种学说在学术上的主要代表汉斯·君特（Hans Friedrich Karl Günther）的学生，也是纳粹德国西藏人类学研究最重要的人物。1938 年，在考察队出发前贝格尔就已经拟定了一份西藏人类学工作计划，全面反映了他的研究思路、内容、方法和手段。该计划共分十四大项：(1)身体情况；(2)历史；(3)地理路线摄影和描述；(4)居民点；(5)经济；(6)技术和手工艺；(7)交通和贸易；(8)食物；(9)服饰；(10)社会秩序；(11)宗教形式和风俗习惯；(12)艺术、科学、语言和文字；(13)医药；(14)精神特征。每一大项又分若干细致的小项，如第一大项又分：a. 精确的人类学测量；b. 身体总体特征描述；c. 人种学摄影；d. 测定眼睛、头发和皮肤的颜色(收集头发)；e. 血型；f. 手指或手掌测量；g. 对单一族群的石膏制模；h. 当代的骨骼资料处理（只有收集的骨骼数目达到可用的程度方可进行此项)；i. 整具骨架的收集；j. 特别注意事项：左撇子现象和头部形状；k. 生命过程：性成熟期、结婚年龄、更年期、年龄。② 可见，贝格尔的计划极其缜密和全面，以体质人类学为主，兼顾社会人类学和民俗学。同时该计划也体现了一种"总体研究"的理念，即把西藏的种族、历史、文化、宗教、语言、心理和民族精神的研究与地理、景观、气候、动植物等的研究相结合，并探究其相互关系。他们在锡金和西藏的考察就是按这一计划和理念实施的。

---

① Das Ahnenerbe e. V. : Ziel und Pläne der unter Leitung des SS-Obersturmführers Dr. Schäfer stehenden Tibet-Expedition der Gemeinschaft, 14. 10. 1937, BArch, R 73 14198.

② Bruno Beger, „Arbeitsplan", BArch, R 135/57 151364-151367.

他们认为，考察过程中一共遇到了 7 个不同的人种群体。[①] 他们对每个群体的代表都进行了测量和观察，制作了头部、面部、手和脚的石膏模型，复制指纹和检验血型。他们对 376 名藏人进行了人种学测量，收集了 350 多人的指纹、手印及一些头骨。[②] 在谈及自己西藏考察的收获时，贝格尔说："一方面，我收集了 2000 件与牧民日常生活有关的物品，带回了欧洲；另一方面我也对 400 多名西藏人做了人种学测量，制作了 1000 个模型。"[③] 在拉萨时，他们还对西藏的一些贵族等上层人物进行了人种学测量，详细记录了他们身体的人种学数据。他们收集的 2000 件人类学物品大部分保存于慕尼黑的民族学国家博物馆。

他们对西藏地区的人种学考察也体现了纳粹的人种学理论。他们试图配合纳粹的人种学说，寻找藏族人身上的雅利安人因素，将喜马拉地区的居民与典型的雅利安人种进行了对比研究。结论是沿喜马拉雅南坡逐级往上，"通过各个山谷和通道，来源于印度雅利安种群的人与锡金高山部分和整个西藏的居民不断相遇和融合，后者是具有魁梧强壮的骨骼特征的蒙古人种。""所有的藏族人都是蒙古人种。西藏地区的各个部落在人种学特征上并非完全一致，印度雅利安人和早期亚洲人对各部落的影响也是无可辩驳的，在他们的文化和宗教中都可以发现这种显著影响。"[④]

贝格尔在一份未公开的手稿中写道："人种学测量显示，藏族人同欧洲人种有密切的联系。西藏人身材高大，头部较长，面部较窄，颧骨下陷，鼻梁高而直，头发柔滑，极为自信。除了藏族人，我们也在西藏东北部的果洛人、其他来拉萨朝圣的与藏族人有同源关系的部

---

① Ernst Schäfer, *Geheimnis Tibet*, S. 9.

② Lecture to be given on the 25. 7. 1939 by Dr. Ernst Schäfer at the Himalaya Club, BArch, R135/30.

③ Gerald Lehner, *Zwischen Hitler und Himalaya*, S. 183.

④ Ernst Schäfer, *Geheimnis Tibet*, S. 14, 82.

落、锡金和不丹人中发现，很多人有黄色的眼睛，儿童有褐色的头发，以及其他一些明显的雅利安人种的特征。”① 他认为，“西藏贵族与欧洲人的血统最为相近，藏族人与欧洲人血统的相似性，越往西藏东部和东北部就越弱。”② 贝格尔最终的结论是：“藏族人无疑也是多种民族融合的产物。尽管极为封闭，高原和山脉也不能阻止其他民族进入西藏。在西藏边缘的山谷，当地人与其他外来民族都有所混合。在这种混合中，有欧洲人，即雅利安人，也有东方人和早期亚洲人。最后，我们能觉察出，有可能从新石器时代开始，来自中欧的印欧日耳曼人在中亚与西藏人相遇。因此，今天的西藏人种特征介于蒙古人和欧洲人之间，蒙古人种的特征当然居于主导地位。最原初的居民是古老的蒙古人种，他们在冰河时期以后开始在西藏扩散开来。”③

二战期间，贝格尔又制定和参与了一系列西藏人种学研究计划。1941 年 3 月，他拟定了一份题为“战胜英国后党卫军考察计划备忘录”，准备组织一次完全在民族社会主义世界观指导下的中亚和西藏人种学考察，明确目标是寻找北方雅利安种族在亚洲的证据，证明雅利安人与西藏人有着共同的起源。具体研究内容包括：“当前西藏居民的人种状况和人种变迁；中亚各种族和景观之间的相互关系；寻找早期雅利安人移民的化石和骨架；寻找雅利安人血统在中亚的遗存。”他认为，如果雅利安人与西藏人之间真有亲缘关系，那么从欧洲经俄国南部到中亚应该存在一条亲缘关系的纽带。因此他设计的考察路线是，经乌克兰、里海北岸、撒马尔罕、塔什干、新疆到西藏；回程经西伯利亚、斯大林格勒（今俄罗斯伏尔加格勒）、巴库到德

---

① Bruno Berger, „Das Rassenbild des Tibeters in seiner Stellung zum mogoliden und europiden Rassenkreis“, BArch, R135/58.

② Das Rassenbild des Tibeters in seiner Stellung zum mogoliden und europiden Rassenkreis-Rede Begers. Zur Eröffnung des S. H. Instituts, Jan. 1943, BArch, R135/65.

③ Bruno Berger, „Rassen in Tibet“, München, den 19. Februar 1943, BArch, R135/58.

国。[①] 1941 年 3 月，贝格尔向希姆莱写了一封感谢信说："我应该为第一次党卫军西藏考察而感谢您，同时也为新的筹划中的西藏科学考察计划向您表示感谢，计划将在战胜英国之后实施，并以我们第一次党卫军西藏考察的经验为基础。"[②] 由于苏德战争爆发，贝格尔的计划未能实现。贝格尔的西藏人种学研究完全是在为希姆莱的雅利安人学说服务，研究目标并不是西藏人本身，而是通过研究雅利安人与西藏人之间的关系来确定古代雅利安人向欧洲以外地区的迁徙、分布与影响。

需要指出的是，舍费尔和贝格尔的西藏人种学研究是建立在实地考察和细致严谨的体质人类学测量基础之上的，因而他们关于藏人的体质人类学特征的大部分结论是合理的。当代国内外关于藏族体质人类学研究的基本共识是，现代藏族中至少存在可以辨别的两个基本人类学类型，一种在形态学上头型较长，面型高而较宽，分布地区偏于西藏东部；另一种类型的头型较短，面低而狭，分布偏于西藏南部。[③] 西藏西部和南部边缘地带的一些居民中具有一定的印欧人种基因成分也是可以肯定的。但是贝格尔所说的西藏人中的欧洲人或雅利安人种特征具体是指来自中欧的印欧日耳曼人种特征，这缺乏明确的证据。

贝格尔留有 300 多页的西藏人类学（人种学）研究手稿，因为战争原因没有出版。其内容洋洋大观，极为专业、详尽。例如，他提到，当时的摄政热振活佛和擦绒都蓄有男宠，对此也有详细记录。这不由不让人叹服德国学者一丝不苟的专业精神。虽然研究方法和理念

① Bruno Berger, „Denkschrift Planung einer Forschungsreise einer SS-Manschaft nach dem Sieg über England“, BArch, R 135/47; Bruno Berger, „Denkschrift 1. über die erste SS-Tibetexpedition als Gemeinschaftsexpedition, 2. über Neugestaltung künftiger wissenschaftlicher Gemeinschaftsexpeditionen und 3. Planung einer Forschungsreise einer SS-Manschaft nach dem Sieg über England“, BArch, R 135/66.

② Bruno Beger an den Reichsführer-SS, 3. Mai 1941, BArch, R135/44.

③ 参见韩康信、张君：《藏族体质人类学特征及其种族源》，第 14—15 页。

体现了纳粹的人种学理论，但从专业研究的角度看，其中的某些内容和资料有很强的参考价值，例如有关藏人的体质人类学测量数据、关于藏人体质人类学特征的观察记录以及 20 世纪 30 年代末拉萨人的社会、文化和宗教生活的人类学观察、记述和影像等。他们提出的西藏人类学“总体研究”理念，在当时西方学界属于首创，即使从现在来看也是比较先进、科学的研究方法。在当代，纳粹人类学家的诸多游记和考察报告是有一定价值的西藏民族志记录。

西藏人类学研究只能算是整个纳粹人种学理论和实践中极为边缘的一部分，对遥远的西藏的研究显然对纳粹的政治议程无足轻重，也无法迅速带来实际的用处。因此贝格尔在完成了西藏人类学研究手稿后，很快就把全副精力投入到对集中营里的苏联和东欧战俘的人种学研究上。战后德国学界对于纳粹人类学（人种学）进行了深刻的批判，这一在理论和实践上都带来巨大灾难的学说已经被彻底抛弃。贝格尔也因战争期间在奥斯威辛集中营进行人种学实验并参与杀害 86 名犹太人，于 1970 年被判刑 3 年。

第五节　二战期间德国人对西藏的考察与研究计划

如果说第二次世界大战爆发前德国的西藏考察活动主要是出于科学研究的兴趣和目的，那么二战爆发后德国对西藏的关注性质则出现了变化。服务于打败英国和苏联的战略目标，西藏及中亚的地缘政治地位在纳粹领导者的心目中大幅上升，以科学考察为幌子和工具、以西藏及中亚为棋子和跳板的战争计划便应运而生。例如，1940 年和 1941 年出版的德国书籍和文章便公开鼓吹：“为在图拉、东突厥斯坦和西藏的真空地带而斗争，通过建立新秩序，解决英国、苏联和中国在中亚的势力范围问题。”[①] 为了实现攻击英属印度的战略目标，德国制定了两个进入中亚的秘密行动计划，即西藏武装考察计划和阿富汗阿玛努拉计划（Amanullah Plan）。德军推进到高加索地区后，党卫军领导下的科学机构开始对中亚地区进行全面研究，并制定了大规模考察和研究高加索和伊朗地区的“K”计划。

一、西藏武装考察计划和阿富汗阿玛努拉计划

1939 年 5 月，德国驻土耳其大使巴本（Franz von Papen）提出，“要打败英国，德国必须要攻击英国最致命的部位：印度。”[②] 这一建议很快被采纳。西藏和阿富汗成了德国首选的两个攻击印度的通道。1939 年 9 月，外交部部长里宾特洛浦召集舍费尔、海恩梯希、格罗巴（Grobba）等开会，议题是如何削弱英国在印度的统治。这次会议制定了两个计划：西藏武装考察计划和阿玛努拉计划。西藏计划的提出者是舍费尔。他们准备派遣 30 名党卫军军官和 1000 到 2000 人的武装，通过苏联进入西藏，煽动那里的人民反对英印边界部队和英国在西藏的据点，许诺将西藏人从英国剥削者那里解放出来。由于 1938—1939 年对西藏的成功考察，舍费尔认为，“德意志帝国的权力今天又变得如此强大，以至于能到达亚洲内陆最与世隔绝的部分。让我们自豪的是，西藏政府迄今和将来都对白人国家关闭大门，但是恰恰是我们德国人得到允许，进入了他们神秘和魔幻般的首府，并愿意向我们展示那些巨大的寺庙。”[③] 纳粹领导层也认为西藏能与德国合作，成为抵抗英国的“盟友”。

舍费尔在 1940 年 1 月给希姆莱的报告中强调，计划的实施应该按照“阿拉伯的劳伦斯精神”进行：使用少而精干的德国军官，同时携带大量的金钱。他预计需要二百万到三百万帝国马克，虽然费用

① Reinhard Greve, „Das Tibet-Bild der Nationalsozialisten“, S. 107.

② Milan Hauner, *India in Axis Strategy*, p. 159.

③ Sachbericht, Lahsa/Tibet, am 23. Januar 1939, BArch, R135/30.

很高，但是这对于计划的成功极为重要。作为备选路线，舍费尔也想寻求日本政府帮助，从日本到中国，经北京到兰州进入西藏。[①] 他们设计了两条经苏联到西藏的路线。一条经阿拉木图到哈密进入西藏，另一条沿丝绸之路经喀什、和田到拉萨。按照计划，进入西藏后舍费尔等人要与西藏的部落首领联系，付给他们金钱，并说服他们反对在西藏南部、锡金和不丹的英国人。他们准备为西藏人带去大量的军事物资。整个计划所需的物资大概需要三千头牲畜来运输。[②]

这项计划极为绝密，只有少数人知情。1939 年 9 月 7 日，希姆莱命令舍费尔与同伴立刻去布拉格，进行为期 8 周的秘密军事训练，以适应武装考察的需要。他特别要求，由于存在间谍，对于这项任务要绝对保密，不要与任何人谈起。[③] 1939 年 12 月，希姆莱对来访的斯文·赫定说："舍费尔应该在未来两年中好好研究和利用获得的资料，并必须取得一些成果，才能考虑新的考察计划。"赫定附和说，如果没有深入研究原有资料，新的考察就不会取得更大的成果。实际上，新的考察计划早已制定出来，希姆莱的谈话显然是在施放烟幕，连希特勒和第三帝国的"朋友"赫定也被蒙蔽了。

但是里宾特洛浦认为，舍费尔的计划太耗费时间，因此偏爱另一项更实际的阿玛努拉计划。该计划准备在苏联支持下，通过阿富汗攻击印度。从 20 世纪初开始，德国在阿富汗就一直有很大影响力，是除英国和苏联之外的"第三大国"。到 1938 年，共有 150 名德国人在阿富汗活动，阿富汗军队的装备和训练也都依靠德国。[④] 阿玛努拉

---

① Ernst Schäfer: Bericht über den Stand des Tibet-Unternehmens an den Reichsführere-SS, 10. 1. 1940, BArch, NS 19 2244.

② Bericht Kleists über den Stand der Tibet-Planungen, an Habicht vom 20. 21940, BArch, R 901 61179 68.

③ Schreiben Himmlers an Schäfer, 7. 9. 1939, BArch, NS 2709.

④ Milan Hauner, *India in Axis Strategy: Germany, Japan, and India Nationlists in the Second World War*, Stuttgart: Klett-Cotta, 1981, p. 159. 二战期间德国与阿富汗的关系，亦可参见 Johannes Glasneck und Inge Kircheisen, *Türkei und Afghanistan-Brennpunkte der Orientpolitik im Zweiten Weltkrieg*, Berlin: Dt. Verl. der Wiss. , 1968.

汗是阿富汗国王（1919—1929），领导了阿富汗第三次抗英战争，迫使英国承认阿富汗独立，1929 年因发生暴动被迫退位，流亡欧洲。[①] 德国计划帮助他重返阿富汗，恢复王位。这项计划的负责人是曾经的德国驻阿富汗外交官海恩梯希。提出和推动这项计划的是阿玛努拉汗的弟弟、曾经的阿富汗外交部部长古拉姆·西迪克（Ghulam Siddiq）。他 1930 年定居柏林，与德国外交部有着密切的接触。

按照西迪克的设想，他将在苏联与阿富汗边界地区召集 1000 人到 2000 人的阿富汗部落人员，在德国军事顾问帮助下对他们进行军事训练。之后进入阿富汗，占领北部边境的马扎里沙里夫（Mazar-i-Sharif）作为总部，利用阿玛努拉汗的声望，煽动部落起义反对喀布尔政府，造成混乱。德国将随后派出全副武装的山地部队，通过苏联进入阿富汗，支持西迪克的行动。[②] 实际上，一战期间德国也在阿富汗实施过相似的计划。二战期间德国也暗中支持印度民族独立运动，以此引起印度的混乱。[③] 总体目标是让更多的英俄军队滞留中亚和印度，不能投入欧洲战场。阿玛努拉计划显然是一战期间计划的翻版。

由于《苏德互不侵犯条约》刚刚签订，德苏关系正处在“蜜月期”，德国领导层认为苏联会提供帮助。1939 年 9 月 13 日，德国外交部要求其驻莫斯科大使舒伦堡（Count Schulenburg）询问苏联政府，是否愿意支持德国的计划。舒伦保向苏联外长莫洛托夫提出，德国准备派遣武装考察队到中亚，目的是削弱英国在那里的地位。莫洛托夫回答，苏联已经加强了高加索和中亚地区的军队，苏联方面在原

---

① 参见 Roland Wild, *Amanullah: Ex-King of Afghanistan*, London: Hurst and Blackett, 1932; Leon Poullada, *Reform and Rebellion in Afghanistan, 1919-1929: King Amanullah's Failure to Modernize a Tribalsociety*, Ithaca: Cornell University Press, 1973.

② Milan Hauner, *India in Axis Strategy*, pp. 162-163.

③ 对二战期间德国与印度民族独立运动关系的详尽研究，参见 Milan Hauner, *India in Axis Strategy*.

则上不反对德国派阿玛努拉去阿富汗以及派党卫军考察队去西藏。[①]但是莫洛托夫同时表示，只有得到了计划的具体细节后，苏联才能做出最终决定。里宾特洛浦的代表克莱斯特（Kleist）就计划的具体安排与苏联方面进行了长期谈判。1940 年 12 月，苏联同意了德国的西藏计划，允许德国人经苏联领土进入西藏，但是拒绝了阿玛努拉计划。[②] 但是半年后苏德战争爆发，舍费尔的西藏武装考察计划也就此夭折。

二、斯文·赫定研究所及其中亚和西藏研究

1942 年，德国军队推进到高加索，德国开始更加重视中亚这个“世界政治的真空地区”，希姆莱下令要全面推进中亚地区的研究。于是在慕尼黑建立了专门研究中亚和西藏的斯文·赫定研究所，由舍费尔领导，隶属于慕尼黑大学。研究所的主要人员来自德意志祖先遗产研究会下属的中亚科学考察和理论研究组。研究所成立之初主要是整理和研究 1938—1939 年舍费尔西藏考察所带回的资料，后来又接收了中亚考察者菲尔希讷和里克迈尔斯（Rickmer Rickmers）的一些遗产。研究所实际上接受党卫军和希姆莱直接领导。舍费尔在一次演讲中讲道：“我不止一次跟外国朋友和客人解释过，我们的研究所为何不仅对大学、国家和帝国负责，而且为何也受党卫军和党卫军帝国领导人（希姆莱）领导。党卫军的思想与其研究理念是一致的，都负有先锋的使命，都体现了日耳曼遗产在物质、精神和灵魂方面馈赠给我们的特征和价值。”[③]

1942 年 6 月，舍费尔在给帝国总理拉莫斯（Heinrich Lammers）

---

① Documents on Germany Foreign Policy, DGFP/D/VIII, Nos. 353, 369, 376, 引自 Milan Hauner, *India in Axis Strategy*, p. 163.

② Johannes Glasneck und Inge Kircheisen, *Türkei und Afghanistan*, S. 215.

③ Vortrag von Herrn Dr. Schäfer im Pahmen der Tagung der Reichsdoyentenführung Salzburg, Vom10. -11. 8. 1944, BArch, R135/31.

的信中，详细阐述了研究所的宗旨和理念："我们的任务是推进真正的、全面的、整体的科学研究。……伟大的亚历山大·洪堡在一百年前就提出了这一理念，但是迄今没有得到发展。"[①] 他认为，研究所尤其应该全面地对有关西藏的自然科学和人文科学领域进行综合性的整体研究，因此设立了十三个分组，分别进行西藏的地磁学、地质物理学、地理学、植物学、淡水学、人类学、人种学和宗教学等的研究。[②] 虽然雄心勃勃，但是由于处于战争时期，舍费尔的研究计划当然不可能实现。

除了纯粹的学术研究，斯文·赫定研究所也接受党卫军的一些秘密任务。希姆莱命令他们培育一种能抵御严寒的新战马品种，以应用于苏联战场。他们选取了来自中亚的普氏野马和欧洲的塔凡野马（Tarpan）杂交，培育出一种新品种的马。[③] 1943 年，希姆莱直接给研究所布置任务，让他们研究西藏人和蒙古人的婚姻形式，即一妻多夫制和一夫多妻制各自对人口的影响。希姆莱此时正在考虑是否要在德国推行这种婚姻形式，以迅速弥补因战争而导致的人口下降。[④] 青藏高原地势奇高，灰霉病菌无法繁殖，因此青藏高原的植物没有天然的抗病菌能力，但是能抗御严寒。研究所把从西藏带回的青稞与欧洲的一种抗灰霉病的大麦杂交，培育出一种抗灰霉病、早熟并且抗寒的山区大麦新品种。[⑤]

德国的中亚和西藏研究在二战期间得到迅速发展，与斯文·赫定研究所等专门机构的推动密不可分。1944 年 2 月，菲尔希讷基金会

---

① Schäfer an Dr. Lammers, 2. 6. 1942, BArch, R43II/844.

② Pickro, „Vorbemerkung", Das BundesArchiv, *R 135 Sven-Hedin-Institut für Innerasienforschung*, Berlin, 1998, S. I-II.

③ Ernst Schäfer, „Tierzuchtsektor Auswirkung der Ergebnisse", BArch, R135/31.

④ Hans-Wilm Schütte, *Die Asienwissenschaften in Deutschland*, Hamburg: IFA, 2005, S. 132.

⑤ Ernst Schäfer, „Ergebnisse meiner dritten Tibetexpedition(Schirmherr Reichsfüher-SS) für die unmittebare Prax", BArch, R135/31.

的主席凡泽劳（Gerhard Fanselau）撰写了两份关于斯文·赫定研究所与计划建立的菲尔希纳研究所进行合作的备忘录。备忘录记载："菲尔希纳先生一直把自己（在中亚）的考察局限于地理学，其他一些领域，如植物学、动物学、人类学、民族学、语言学等都不曾涉及。相反，舍费尔博士的考察却侧重于这些方面。这两个方面的研究长期分离，应该有一个综合的、全面的合作。两个机构应合作出版已有的研究成果，对所有可以利用的科学资料——包括以前国家和个人考察收集的资料——进行系统地收集和整理。"[①] 1944 年 6 月，凡泽劳向帝国总理府提出了建立威廉·菲尔希纳研究所的申请，希望在这个研究所的基础上，进一步推进西藏和中亚的地理研究。[②] 斯文·赫定研究所还汇集和培养了一批出色的西藏研究者，战后知名的德国藏学家霍夫曼和舒伯特等都曾是其中的一员。

三、"K" 计划

二战爆发后，德国外交部、党卫军组织了各种"特别行动"，主要是攫取和搜集占领地区的文化机构如博物馆、档案馆和大学等所收藏的文物和艺术品，同时对占领区内的民族、社会和文化进行研究，以利于控制，参加者主要是一些科学家和党卫军成员。高加索地区以其战略地位和在民族、宗教构成上的特殊性，成为党卫军极感兴趣的地区。为了配合德军在高加索的行动，党卫军也特别制定了"K"计划（Sonderkommanto "K"），这是为专门研究高加索和伊朗地区而制定的秘密研究项目。首要目标是研究这些地区人口的种族学特征，为将来进入和控制这些地区做准备。希姆莱认为，"K"计划在科学和世界观上的意义和影响将是无法估量的，于 1942 年 8 月 10 日下令开

---

① Gründung beider Einrichtungen sowie Fragen ihrer Zusammenarbeit, 2. 1944, BArch, R43II/844.

② Antrag für Gründung eines Wilhelm-Filchner-Instituts, 6. 1944, BArch, R43II/844.

始实施这项计划。[①]

斯文·赫定研究所全面负责“K”计划的准备和实施，主要负责人是舍费尔和贝格尔。贝格尔通过对西藏的人种学考察，认为有可能从新石器时代开始，来自中欧的印欧日耳曼人在中亚与西藏人相遇。[②] 因此他们推测，从欧洲经俄罗斯南部到遥远的中亚存在一条雅利安人亲缘关系的血统纽带。高加索地区则是欧洲和中亚之间的种族生物学上的“桥头堡”。[③] 档案显示，这是个极其庞大的项目。按照舍费尔拟定的计划，对高加索地区的人种学研究将有十四名人种学家参加。舍费尔的计划规定，“每位人种学家都应亲自测量、记录和摄影。每个人的工作计划都应事先予以审查。每个人种学家除有测量、记录和摄影的助手外，还应配备翻译。……首先拍摄头部正面、半面和侧面的照片。此外，应将部分人体摄影（最好是裸体状态的）制成录像。每个少数民族和人种的典型代表或整个家族的头部都应制作立体模型。”[④]

舍费尔提出，该计划的核心成员是参加1938—1939年西藏考察的科学家，此外至少还应由50名成员组成。因为要深入东线，必须要由武装党卫军（Waffen-SS）领导和提供保护。为了保密，考察所需的翻译和武装人员应该由匈牙利人或有匈牙利血统的德国人担任。战争期间挑选合适的科学家和武装党卫军成员有很大困难，但是希姆莱准许他们可以自由挑选。

考察计划具有极强的军事色彩。舍费尔及相关人员都接受了专门的军事训练，已经和准备采购的物资、武器更是洋洋大观。舍费尔在计划中列出了所需的物资：护卫部队所需的装备包括缴获的俄罗斯步

---

① Michael Karter, *Das „Ahnenerbe“ der SS 1935-1945*, S. 214-215.

② Bruno Berger, „Rassen in Tibet“, München, den 19. Februar 1943, BArch, R135/58.

③ Peter Mierau, *Nationalsozialistische Expeditionspolitik*, S. 459.

④ Plan zu einer Kaukasus-Expedition von Ernst Schäfer, 18. 8. 1942, BArch, R135/44 164287f.

枪、手枪、手榴弹、冬季和热带军服等；需要一架侦察机和大批的车辆（包括四十辆汽车、十辆载重汽车、大量带有拖车的摩托车、一辆救护车和配备野战厨房的载重卡车等），用以提高工作的机动性；自行车、交流发电机等[①]。考察的出发地和总部设在顿河岸边的罗斯托夫（Rostow）。

1942 年秋，东线形势开始恶化，尤其是德军在斯大林格勒（今俄罗斯伏尔加格勒）的失败使考察失去了可能性。1943 年 2 月 4 日，希姆莱给舍费尔写信说："您应该已经从国防军的报告或其他新闻中知道了此刻（!）的军事形势。因此，您计划于下个月开始的行动已经完全不可能了。党卫军总部已经命令，停止高加索特别行动，已经挑选的党卫军人员另有所用。但是将保留他们的名字，一旦计划重新启动，您就能迅速征召他们。"[②] 实际上，这项计划从此也就成了泡影。

第六节　纳粹时期德国人眼中的西藏形象

20 世纪 30 年代，德国人对西藏的了解和兴趣的增加，一个重要原因是纳粹控制下的德国媒体和宣传工具的空前加强。德国人的业余时间大多花在了纳粹的报纸、收音机、电影和大规模的群众集会上。纳粹宣传机构大多把德国人在西藏和喜马拉雅地区的考察宣传成"国家成就"，考察者和登山运动员的"奋斗精神"是德国人的榜样。考察活动通过报纸、收音机和报告会的形式被大规模报道和宣传。到 1945 年，德国百分之七十的家庭拥有收音机，千百万人收听了对各类德国考察者的采访和报道。[③] 德国报纸对西藏的报道也大幅增加。

---

① Plan zu einer Kaukasus-Expedition von Ernst Schäfer, 18. 8. 1942, BArch, R135/44 164296.

② Schreiben Himmlers an Schäfer vom 4. 2. 1943, BArch NS 19 2681 2.

③ Helmuth Zebhauser, *Alpinismus im Hitlerstaat: Gedanken, Erinnerungen, Dokumente*, München: Bergverlag Rother, 1998, S. 104-105.

从1931年到1944年，德国报纸仅关于舍费尔西藏考察的报道就有大约790篇之多，[①] 这是20世纪30年代以前无法比拟的。德国人获取的西藏信息的数量和质量都得到大幅提升。遥远神秘的西藏与纳粹科学家们的科学探索兴趣、某些纳粹领导人的政治野心和第三帝国的世界声誉密不可分地结合在了一起。

纳粹德国的领导者，如希特勒、格林（Hermann Göring）、戈培尔（Joseph Goebbels）、希姆莱和里宾特洛浦等对西藏都有所了解，他们的信息主要来自斯文·赫定和舍费尔等人。希特勒说，斯文·赫定是他年轻时最感兴趣的人物之一，他很喜欢赫定的中亚和西藏探险作品。成为"领袖"以后，他与赫定的关系更为密切，对赫定非常尊敬。1933年10月16日，希特勒给赫定一封电报，祝贺他第一次中亚和西藏考察40周年。赫定有些激动地说："我自己甚至都没有要进行庆祝的念头。"[②] 1935年2月，希特勒接见赫定时询问了中国和中亚的形势。赫定回忆："他（希特勒）魁梧而有阳刚之气。他讲述了帝国内部的情况，讲述他如何在人民尤其是工人的支持下接管了权力，他如何为了整个民族的福利而工作。他说话有力而雄辩，好像面前有上千听众。只是到最后，我们谈到亚洲问题时，他的声音才有些缓和，也不再那么欢悦。"[③] 可见，在政治上亚洲只是希特勒不太感兴趣的次要问题。

希特勒在1940年3月4日接见赫定时，询问了赫定中亚和西藏考察的路线及地图。希特勒问："一个生活在如此高海拔、条件如此恶劣、如此寒冷地区的民族，是不是必须要吃很多肉和脂肪?"赫定告诉他："那些富裕的牧民和有很多羊的牧人会吃很多肉，但也补充

① 此数据系作者根据德国联邦档案馆所收德文报纸的相关报道统计而出。参见 Die Tibet-Expeditionen Ernst Schäfers(1931-1943), Berichte über die SS-Tibetexpedition in deutschen Zeitungen, BArch, R135/80, R135/81, R135/82, R135/83, R135/84, R135/85, R135/86, R135/87.

② 参见 Sven Hedin, *Ohe Auftrag in Berlin*, Tübingen: Internationaler Universitätsverlag, 1950.

③ Sven Hedin, *Deutschland und der Weltfrieden*, S. 11, BArch, NS/26/2248.

以各种奶制品和谷物。在中部西藏有一个较小的游猎部落，以捕猎野牦牛和羚羊为生，因此大部分食物是肉食。”希特勒有些好奇地问：“这些部落长期以肉食为主，难道就不会生病吗？”赫定说：“这些猎人都很强健，极能抵御寒冷和风雪。显然，我在西藏也吃肉，喝牦牛奶和吃面包。”赫定认为，希特勒问这些问题，只不过是想缓解一下气氛。因为当时他正在追问希特勒，能否帮助芬兰抵抗苏联。① 这些说明希特勒虽然对西藏并没有直接的强烈兴趣，但是也有一些关于西藏的基本知识。

二战爆发后，赫定于 1939 年 10 月拜访了格林，格林告诉他：“我们将同日本保持牢固的友谊，我们希望这个国家能在东亚与英国开战，这样可以大大减轻我们在欧洲的压力。我们对蒋介石的中国没有丝毫兴趣。我们已经赠送给他很多战争物资，现在要终止这种馈赠。”② 纳粹控制的媒体开始称西藏是一个“国家”，但是在外交政策层面上，德国政府没有明确承认过西藏是一个“独立国家”。与日本结盟后，德国在外交上更倾向日本，报纸和媒体加大了对所谓日本和西藏“友好关系”的美化和赞扬。最有代表性的是科林·罗斯（Colin Ross）1940 年出版的《新亚洲》一书。此书在当时的德国广受关注，希姆莱在接见赫定时与他长时间谈论这本书。③ 此书详细介绍了日本的“东亚新秩序”构想，日本领导下建立的“新亚洲”将与德国领导下建立的“新欧洲”共同构成新的世界秩序。日本被描绘成抵抗英、俄、美对亚洲侵略的英雄。此书认为，中亚是世界政治的真空地带，还没有哪个大国能真正填充这个真空，尤其是西藏地区。日本在处理与蒙古和西藏关系时有精神上的优势，因为他们都信仰佛教；在外蒙古，苏联有着政治上的影响，但是日本享有精神和宗教上的优势；蒋介石和他的夫人、国民政府中的要人大多是世俗的或受到

① Sven Hedin, *Ohe Auftrag in Berlin*, S. 87.

② Sven Hedin, *Ohe Auftrag in Berlin*, S. 47.

③ Sven Hedin, *Ohe Auftrag in Berlin*, S. 7.

美国传教士精神的影响，他们很难理解西藏喇嘛教的神秘[①]。

1942年6月1日，《科隆报》一篇文章称："日本与西藏有相似的宗教信仰——佛教。西藏人担心邻国苏联，因为它敌视宗教。日本不仅抵抗苏联扩张，也抵制英美在亚洲的势力。拉萨对日本极为支持。直到（1942年）5月16日，亚洲的枪炮声还未打破西藏死一般的宁静。这一天，日本军队把太阳旗插在了'西藏、缅甸和重庆中国'的边界。现在，亚洲的觉醒也在叩打布达拉的大门，在布达拉厚重的喇嘛教屋顶下不知生活了多少世纪的西藏，开始获得新鲜的空气。""亚洲的重大事件已经使西藏醒来，它将成为世界政治的真空。历史一直把这个国家当作重要角色，它作为'连接的一环'也发展缓慢。新的大日本秩序有了一个轮廓，在这个秩序中西藏将被确定为一个重要的支柱。"[②] 可见，德国媒体公开承认西藏是日本的势力范围，同时西藏在很多德国人眼中依然是极端封闭、愚昧落后之地，而日本人正是解救停滞的西藏、为其带来"新鲜空气"的国家。

纳粹领导者眼中的西藏形象从根本上而言取决于其战略需要和政治目的，西藏的形象在纳粹领导者心目中是多重的和复杂的。二战爆发前，西藏还是主要被作为一个需要被探查和研究的"神秘之地"，有着重要的科学价值，对于增进党卫军的声誉和第三帝国科学家的世界影响有重要意义。在希姆莱等某些人看来，西藏人还是与雅利安人有着某种神秘联系的种族。二战爆发后西藏的地缘政治意义和形象在纳粹领导者心目中开始占据主导地位。西藏被纳粹看作是"权力的真空地带"，在纳粹媒体宣传中西藏被划为将来日本的势力范围，西藏人是与日本人在精神和信仰上具有亲近感的民族。但是，虽然德日结成了同盟，在柏林和东京却都有一部分人相信，在战胜盟军和中国之后，德日之间会有一场冲突，白色人种和黄色人种的领袖之间会为

① Colin Ross, *Das Neue Asien*, Leipzig: Brockhaus, 1940, S. 246-263.

② Walter Persian, „Umbrandetes Tibet", *Kölnische Zeitung*, 28. Juli 1942, BArch, R/901/58373.

争夺世界领导权爆发第三次世界大战，即“最后的战争”。这些显然是乌托邦式的妄想，但是纳粹领导层产生这些想法也有其“合理性”。尤其是1942年德军推进到高加索地区，即将进入中亚，而日本也占领了缅甸北部，到达了西藏边界，当时纳粹上层部分人认为，德日两国的军队会在西藏相遇，两国势力范围的重合点和有可能发生冲突的地方是中亚和西藏。此外，从1943年开始希姆莱从对日本战争文化的欣赏者转变成为对日本扩张持警惕态度的人。他认为西藏正是德日两国“最后战争”的潜在战场，希望能对日本的扩张以及德日两国在中亚可能的冲突采取预防性的措施。① 实际上，从二战一爆发西藏就被纳粹领导者看作是可以用来攻击英属印度的重要地缘政治棋子和跳板，西藏被当作了纳粹德国潜在的政治盟友。1943年，在希姆莱大力支持下建立了专门研究中亚和西藏的斯文·赫定研究所，研究所的成立庆典经过了精心策划。在电影、展览和媒体文章中，德国人在心理上又把西藏当作了“德国的势力范围”。②

西藏在一些纳粹科学家和希姆莱眼中具有非常重要的“科学形象”，即西藏是具有重大科学研究价值的远古生命和动植物的发源地和保存地。如果能揭开这一西方地图上“空白点”的秘密，无论对于科学家自身还是第三帝国都将是巨大的荣誉。例如舍费尔认为，“西藏高原是一系列古老生命形式的保存地，而这些生命形式在地球其他地区早已灭绝。”由于西藏高原的完全“孤立”，从生物学上看，它具有完全特殊的地位和价值。“西藏及其周边的高山地区，不仅是许多古老的生命形式的保存地，更重要的它也是一系列动植物类型的发源地，从这里逐步扩散到其他地区。这里的某些动物，虽然我们不会错误地把它们称为‘活化石’，但是它们也只有在完全封闭的西藏高原才能幸存下来。”③ 党卫军考察队进入拉萨被舍费尔等人看作是

---

① Wolfgang Kaufmann, *Das Dritte Reich und Tibet*, S. 696-719.

② Reinhard Greve, „Das Tibet-Bild der Nationalsozialisten“, S. 108.

③ Ernst Schäfer, *Geheimnis Tibet*, S. 10-11, 81.

德意志帝国权力重新崛起和强大的象征，因为这个一直对白人关闭大门的地方却唯独向德国人敞开。[①] 西藏人对德国人的这种“另眼相待”也是希姆莱和纳粹媒体进行宣传的重要内容。例如1943年2月2日，慕尼黑的《民族观察家》刊登的题为“在达赖喇嘛的国家：舍费尔博士党卫军考察带回关于神秘西藏的新知识”的报道评论说：“当满洲王朝在中国取得政权后，拉萨的‘主教’们又处于中国人的统治之下，并且禁止任何非西藏人进入这个位于昆仑山和喜马拉雅山之间的高原之国。虽然有这一禁令，斯文·赫定、威廉·菲尔希纳以及舍费尔博士的党卫军考察队却因为研究工作的理由获得了进入西藏的许可。”[②]

1939年12月赫定见到希姆莱，一开始希姆莱与他谈话的主题是西藏和舍费尔的考察。希姆莱说：“我不打算现在就出版他的成果，包括各种通俗性的书籍、彩色摄影和出色的彩色电影。他以此引起的轰动，很有可能会被淹没在大家对战争的兴趣中。”[③] 此次考察的大部分成果都在战后出版，数量极少，与获取的丰富资料不成比例。一方面，二战爆发后考察队的成员已经无法专心研究带回的资料。另一方面，希姆莱设想在适当时机集中出版和公布这次考察的成果，制造出真正的轰动效应，宣传党卫军及其在科学研究方面的成绩。但是第三帝国战败，希姆莱自杀，这一计划也就成为泡影。因此，科学研究的兴趣、希姆莱的个人野心和第三帝国的权力等因素都隐藏和折射于纳粹分子的西藏形象中。

在一些纳粹科学家眼中，西藏人还具有某些“雅利安人种的形象”。贝格尔在西藏考察结束以后，曾经在斯文·赫定研究所等学术机构做过几次有关西藏人种学研究的公开报告，宣称西藏人身上有诸

① Sachbericht, Lahsa/Tibet, am 23. Januar 1939, BArch, R135/30.

② „Im Land des Dalai-Lama: SS-Expedition Dr. Schäfer brauchte neues Wissen um das geheimnisreiche Tibet“, in *Dölkischer Beobachter*, 2.2.1943, BArch, R901/58373.

③ Sven Hedin, *Ohe Auftrag in Berlin*, S.186-187.

多雅利安人种的因素，尤其是西藏贵族们的欧洲人血统特征更为明显，西藏人种介于蒙古人种和欧洲人种之间。他的这些论断显然增加了德国人对西藏人的某些好感甚至“亲近感”。同时，纳粹对犹太人的厌恶，也影响了德国人对西藏人的评价。1942 年，一篇题为《西藏：列强的玩物》的文章评论道：“西藏人的行为方式和骗人的手法是无法与我们所熟悉的狡猾异常的犹太商人和骗子相比的。我早就发现，他们根本上来说极为幼稚甚至愚蠢。这恰恰是西藏人或中亚人作为一个人种所表现出来的总体特征，这也绝不是早期亚洲东方的犹太人特性。”① 在纳粹眼中，西藏人既有雅利安人种的因素，又“幼稚单纯”，绝不是犹太人这种“劣等民族”可比。在汉藏关系方面，纳粹德国的媒体和书籍一般把西藏称为“独立国家”，把中国描绘成西藏的侵略者和压迫者。这篇文章继续评论说：“无法逾越的高山使西藏依然保持着中世纪封建国家的景象，几乎保持着未被触动的状态。不是由于经济原因，而是扩张的兴趣、对土地的饥渴和帝国主义的贪婪，长久以来使这个达赖喇嘛的国家陷于政治和军事的争夺中。俄国、英国和中国是竞争者。中国在争夺西藏的竞争中几乎已经完全失败了。鸦片战争使‘中央帝国’声威扫尽，太平天国革命使它更为虚弱。达赖喇嘛的目标是：使西藏获得自由和独立。他的政治眼光使他认识到：只有各个竞争的列强相互消磨并大势已去，他才能成功。”② 可见，出于对“同盟国”的敌视，德国人把中国描绘成与英俄一样的争夺西藏的列强。

1938 年，德国《鸟类学》杂志以特刊形式发表了舍费尔两次在川康地区动物学考察研究的成果。这期杂志附有一张中华帝国地图，其中“满洲国”已是“独立国家”，而新疆、蒙古、唐努乌梁海和西

① Tibet als Spielball der Mächte, von Förster-Artikel zur Aufführung des Tibet-Expenditions-films, 1942, BArch, R135/65.

② Tibet als Spielball der Mächte, von Förster-Artikel zur Aufführung des Tibet-Expenditions-films, 1942, BArch, R135/65.

藏仍被划在中国之内。[①] 1940 年科林斯的《新亚洲》一书所附地图中，“满洲国”、外蒙古和唐努乌梁海都是“独立国家”，内蒙古、新疆、西藏和西康等虽用虚线标出，但仍被“保留”在中国边界之内。[②] 之所以把外蒙古和唐努乌梁海也看成独立国家，很可能是《苏德互不侵犯协定》的影响。与日本的结盟使德国承认了伪“满洲国”，与苏联的“友好关系”，使德国承认了唐努乌梁海和外蒙古。1941—1943 年，德国媒体关于中国的报道，主要集中于“汪精卫及其南京国民政府”“日本与新中国”“大东亚共荣圈”“蒋介石及其重庆政府”等。1943 年 6 月 10 日，一份挪威的德文报纸大幅刊登了一篇报道，题为《重庆——蒋介石的城市》。报道附了一张中国地图。“满洲”是一个“独立国家”，因此用国界线标出，而新疆和西藏与“中国”之间则用虚线标出。[③] 这种地图画法在当时的欧洲比较普遍，尤其是多数地图一般将西藏画在中国边界之内，但却总是用虚线等特殊线条标示西藏与中国其他省份间的界限，以此体现西藏地位的所谓“未定状态”或“自治状态”。

德国考察者对民族血统的纯洁性极为敏感，因此对藏族与其他民族的血统关系非常留意，这与其他国家的考察者极为不同。贝格尔认为，西藏高原的东北部是中亚民族和种族斗争的交汇点，汉人、蒙古人以及藏族人等相互碰撞，几千年中交替成为这片地区的主导者。他提出，“汉民族（chinesische Volk）在东亚，与北欧人种（雅利安人种）在欧洲的地位完全相似，都扮演了重要的角色。”[④] 对于所谓“西藏人种”与“中国人种”的关系，他认为，“按照我个人的看法，‘西藏人’血统中的‘中国人’成分比较明显，在南部西藏则更少一

---

① Ernst Schäfer, „Ornithologische Ergebnisse zweier Forschungsreisen nach Tibet“, S. 6.

② Colin Ross, *Das Neue Asien*, S. 18, 163.

③ Deutsche Zeitungsberichte über Nanking, Indochina, Tschunking. Allgemeines in Ostasien, Burma, Thailand, Australien, Neuguinea, Neuseeland, Mandschukuo, Mongolei, Tibet, Korea, Formosa, Nov. 1941-Aug. 1943, BArch, R901/58373.

④ Bruno Berger, „Rassen in Tibet“, München, den 19. Februar 1943, BArch, R135/58.

些。主要是由于这几个世纪中国在整个西藏确立了统治，而更早期的中国人没能成功到达（西藏南部）。……那些长着汉族人（chinesische）面孔的商人，即使穿着藏族人衣服，我们也能立刻把他们与藏族人区别出来。西藏妇女和汉族士兵所生的混血儿，从面容上也很容易辨认。同印度人一样，汉族人不习惯西藏阴冷的高原气候，不愿意在西藏定居。从中国进入这片高原的欧洲旅行者，总是会觉察到藏族人和汉族人在人种方面的巨大差异，并经常会因此而感到惬意。"[①] 进入西藏的西方人常以发现和对比"中国人"与"西藏人"的差异为乐趣，并以此断定西藏不属于"中国"。同时，他们又把中国想象和描绘为一个纯汉人的国家，其所用的"中国人种""中国人"等词汇实质上都指汉族，而不包括中国其他的少数民族。

20 世纪初到 30 年代，一些德国考察者见证了中国西部边疆地区长期的动荡与混乱，观察到汉族与其他少数民族在动乱中的紧张关系。菲尔希讷 1904 年从兰州到西宁的旅行中，已经目睹了当地的混乱。1935 年 9 月当他乘飞机从西安飞往兰州时，同机的是刚去过甘肃的两位美国和瑞典的传教士。他们对菲尔希讷说："现在中国西北已如沸水一般。新的起义正在酝酿——汉人反对穆斯林。您现在要去那儿。一路平安！"他极为感慨："贫困、饥荒、谋杀、叛乱——30 年后那里还是同样一幅景象。他们（国民政府外交部的人员）也在暗示，蒋介石领导下的国民政府实在没有力量来结束当地的这种状况。"[②] 菲尔希讷在中国西北地区的三次考察（1904、1926—1928、1934—1938），经历了清末、军阀混战和蒋介石国民政府三个阶段，他见证的中国西北部地区始终处于混乱无序的状态。

纳粹时期的德国考察者，通过与西藏上层和贵族的接触，开始在更大程度上将西藏和西藏人理想化和神话化。他们的描述和评论剔除

① Das Rassenbild des Tibeters in seiner Stellung zum mogoliden und europiden Rassenkreis-Rede Begers. Zur Eröffnung des S. H. Instituts, Jan. 1943, BArch, R135/65.

② Erhard Rühle, *Im Herzen des Schweigens*, S. 156-158.

了一切在西藏“让人感到不快的因素”。通过与欧洲比较，他们认为：“我们的文明已被破坏并失去了灵魂。我们已经遗失的那些东西在西藏依然存在，并在很大程度上决定着这个群体的命运。”① 1938年8月，与车仁一家及多布扎的居民接触之后，舍费尔非常感慨地评论道：“在地球上还有这样一群人，他们完全与世隔绝，完全生活在自己的地理、精神和宗教围墙之内，不闻也不想知道当今世界之大事。他们过着幸福的生活，只想安宁自处。他们对现状，对西方文化民族的目标和斗争既不同情也不反感。……这是我们必须要崇敬的一群人，他们自豪、专制、自信和坚强，许多世纪前，这种‘时代精神’在我们那里也存在过。我们这些历经艰辛、目标明确的中欧人站在西藏这些当权者面前时，立刻被这种氛围所吸引。在我过去十年来的一系列西藏考察中，最独一无二的事情是，我们似乎被人性的光辉所吸引，我们不由自主地对他们充满敬意，他们也以同样的方式对待我们。”②

在舍费尔笔下，西藏贵族们的生活变成了所有西藏人幸福生活的写照。他从与车仁家族的接触中观察到，“这些来自古老的西藏贵族阶层的最高统治者，尽管是些小王，但却能让地球上其他统治者相形见绌，他们才是真正的王。除了对让他们狂热的寺庙有所依赖，他们不受丝毫限制。他们经常使用暴力，但大多数也很有正义感，他们很尽责，处理公务时不会受任何其他事情的干扰。这种完全不受控制的权力与天然的威望相联系，他们享受着奴仆们对他们的忠顺。我们确实对这些人充满了好感。……简言之，这个世界上仍然还有这样一群人，他们的生活无忧无虑，和平安宁，充满自豪，也不愿交朋友，因为他们的思想有另外一种价值轴心。”③ “如果地球上还有这样一片土地，在这里，教义一旦确定，法律一经宣布，便不再有调整和变动，

① Ernst Schäfer, *Fest der weissen Schleier*, S. 149.

② Ernst Schäfer, *Geheimnis Tibet*, S. 116.

③ Ernst Schäfer, *Geheimnis Tibet*, S. 118.

这就是西藏。在两性关系上，他们没有道德和风俗上的确切概念，这与欧洲基督教的观念完全不同。他们生活得心满意足，整天闲散游荡，庆祝节日，爱着他们的女人，享受着懒散。他们就像玩着有趣游戏的小孩子，幸福而满足。”① 西藏贵族阶层的“丝毫不受约束的权力”“经常使用暴力”等已经不符合舍费尔心目中现代政治的标准，但是这些“落后现象”却与另一幅让人“充满好感”的景象和谐共存：统治者的正义感和自豪感、奴仆们的忠顺、普通人的无忧无虑、幸福自足等。因此，那些有违“现代文明”的缺点是不重要的，也完全可以被忽略。

除总体上对西藏人赞赏外，对某些“神秘部落”和无法进入的地区，德国人仍然有一种妖魔化的认识。20 世纪 30 年代末，舍费尔这样描述生活在青海果洛地区的藏族：“关于果洛人的最恐怖的故事，不仅是他们无比的勇气，也包括他们的残忍。据说，在所有西藏部落中，果洛人有处死敌人的最独特的方法。他们不使用砍下手脚和头颅这种简单方法，而是把人缝合在刚剥下的牦牛皮中，在烈日下暴晒。如果人还没死，就挖出他们的内脏。这是‘果洛地区（Ngolok country）最喜欢的方法。”② “果洛人不仅是西藏所有以劫掠为生的部落中最残忍和最野蛮的，也是最勇敢和最胆小的。他们会突然袭击和平的牧民，并杀死离他们五米以内的所有人。一年四季他们都以抢劫为生。他们是上帝的鞭子，是让和平的牧民最为恐惧的梦魇。”③ 1939 年舍费尔进入拉萨，遇到了朝圣的果洛人，他在日记中评论：“帐篷就是果洛人的世界。这些野蛮倔强的生物和他们可爱的像野猫一样的妻子们根本不想被拍照，他们会像他们的狗一样进行突然攻

① Ernst Schäfer, *Geheimnis Tibet*, S. 173.

② Ernst Schäfer, *Unter Räubern in Tibet*, S. 145.

③ Ernst Schäfer, *Dach der Erde: Durch das Wunderland Hochtibet*, Berlin: Paul Parey, 1938, S. 61.

击。”[①] “果洛人是到拉萨的朝圣路上最和平的人，但只要从圣城返回居住地，这些草原上的狼将扔掉披在身上的羊皮，像真正的强盗劫掠经过的地方。”[②] 舍费尔的果洛人印象既有自己夸张的想象，也来自道听途说。他没有获得研究对象——果洛人的配合，他们“野蛮倔强”地与他保持着距离，有时还会发起攻击。这些让舍费尔感到作为一名欧洲科学家的尊严遭到了冒犯，因而对果洛人产生了厌恶。

纳粹时期的德国考察者对于喜马拉雅地区的政治形势和英国对西藏的政策有比较深入的认识，多持揭露和批评的态度。这与其他国家的一些考察者，如意大利的图齐、法国的大卫·妮尔都有所不同。根本原因也并非是他们真正同情西藏，而是由于当时英德互相竞争甚至敌对的政治形势。舍费尔在考察报告中揭露：“19 世纪末英国人开始认识到西藏的价值，即作为抵抗巨大的俄罗斯帝国的一块缓冲区。俄国一直在向亚洲的南部和东部扩张。西藏应该成为英国的藩属国和联盟国，应该被纳入英国的势力范围，这项政策是‘大博弈’时期开始制定的。这也让英国把锡金变成了‘半独立国家’，锡金的乃堆拉山口是进入春丕谷的通道，以此可以控制整个青藏高原。从另一角度看，锡金也是一个理想的杠杆，因为它是进入西藏的门户。锡金的上层人物都是藏族血统，与西藏上层保持着密切的接触。这样，英国在向中亚渗透时就有了可以利用的外交途径。”[③] 舍费尔在拉萨停留了将近两个月，对英国在西藏的政治官员和政策有了更进一步的了解。他在报告中说：“英国人在西藏也是客人，尽管是带武装的客人。他们在西藏的政治官员都是老练的殖民战士，外交人员也都深悉西藏的‘民族精神’。他们知道自己完全是在代表英国的利益。他们也不触动西藏那种中世纪的神秘主义，让其依然按自己的方式走下去，他们

① BArch, R135/39, fol. 32d.
② Ernst Schäfer, *Das Fest der weißen Schleie*, S. 106.
③ Ernst Schäfer, *Über den Himalaya ins Land der Götter*, S. 21.

的政策是边等边看。”① 这就真正揭示了英国自 20 世纪 20 年代以来执行的一项西藏政策的本质，即维持西藏的“孤立”和“封闭”，不触动西藏政教合一的社会制度，也不计划为西藏带来现代化改革。相反，英国人极力赞扬和美化旧西藏制度的各种“优点”，目的是博取西藏上层好感，保持西藏旧有制度“运转正常”，这样西藏就能永远发挥其作为保护印度北部安全的“缓冲区”功能。

第七节　纳粹、西藏与神秘主义

纳粹将触角伸向西藏的行动和计划随着德国的战败戛然而止，但是围绕党卫军西藏考察的传闻和想象并没有停止。在当代，这次考察的神秘主义色彩被过分渲染和夸大了，很多人相信纳粹与西藏之间存在诸多神秘关系。这如同很多西方人可以任意把他们认为神秘的或不可思议的事情与西藏联系在一起一样。法国的鲍威尔斯（Louis Pauwels）1960 年出版的《巫师的早晨》，较早地夸大甚至虚构了纳粹与西藏神秘主义的关系。比较典型的两处描述是：“在柏林有一个西藏和尚，昵称是‘戴绿手套的人’。他三次成功预言了希特勒的代表选入帝国议会的人数。希特勒也经常拜访他。据说他拥有进入阿加梯王国（Agarthi）的钥匙。……1926 年开始，一小群印度人和西藏人开始在柏林和慕尼黑定居。当俄国人进入柏林时，他们发现了上千具身穿德军制服的尸体，身上没有任何的文件和徽章，他们都是喜马拉雅地区的人种。纳粹运动获得了大量的资金后，组织了很多次西藏考察，这些考察都没有任何困难地一个接一个地获得了成功，直到 1943 年。”“按照西弗斯的命令，舍费尔在西藏与许多不同寺庙的大量喇嘛建立了联系。为了科学研究的目的，他也带回了雅利安种的

① Ernst Schäfer, *Geheimnis Tibet*, S. 26.

马，也有雅利安种的蜜蜂——其蜂蜜品质尤为出色。”① 这两段描述后来被广泛引用，成为描述纳粹与西藏联系的主要素材。德国学者恩格尔哈特的研究显示，这些描述全部没有事实根据，近乎虚构。② 受以上一些传闻的影响，20 世纪 60 年代以后，欧美也产生了许多以纳粹与西藏的神秘关系为题材的文学和影视作品。③

美国学者李芾甘（Lee Feigon）对纳粹和西藏关系的表述是：“纳粹也对西藏产生了幻想。（20 世纪）30 年代末，希特勒和希姆莱派了一个考察队到西藏，他们测量了西藏人头颅的尺寸，并断定西藏人并非犹太人而是雅利安人。希特勒甚至让人带了一群西藏僧侣到德国，让他们举行特殊的法事来改变天气，为入侵苏联做准备。”④ 这些也不符合事实。人种学研究并非此次考察的唯一和主要目的，考察的宗旨是对西藏进行各方面的“综合性考察研究”。从考察结果看，人种学上的成果并不太大，而动植物学和社会文化研究的成果是主要的。至于希特勒请西藏僧侣做法事改变天气，为其入侵苏联取得有利条件，更无事实根据。李芾甘的目的本来是要“解密西藏”，撩开雪域的神秘面纱，但是把这些“传说”当作事实，却是进一步神秘化西藏。

在国内的报刊和网络上也流传着许多有关纳粹到西藏探险的神秘主义文章。如果搜索“西藏和纳粹”这样的关键词，相关的文章五花八门，比较吸引人眼球的标题包括：“纳粹绝密任务曝光，西藏存在时空入口”“德国纳粹曾经寻找的西藏世界轴心之谜”“二十五万德国精英部队在西藏神秘消失”“希特勒死亡之谜：军方密档解密希特勒进入中国西藏的地心之门”等等。中文网络上这些神乎其神的

---

① Louis Pauwels and Jacques Bergier, *The Morning of the Magicians*, London: Sovenir, 2007, pp. 197-198, 207.

② Isrun Engelhardt, “The Nazis of Tibet: A Twentieth Century Myth”, pp. 81-82.

③ 参见 Martin Brauen, *Traumwelt Tibet-Westliche Trugbilder*.

④ Lee Feigon, *Demystifying Tibet: Unlocking the Secrets of the Land of the Snows*, Chicago: Dee, 1996, p. 15.

新闻所涉及的内容主要来源于两篇文章。一篇是2005年由《参考消息》转载的俄罗斯人佐托夫写的题为《希特勒的西藏计划》的文章。由于《参考消息》读者较多，信息来源也被认为比较可靠，所以这篇文章产生了很大影响。该文章首次明确提出了纳粹试图到西藏寻找香巴拉洞穴和地球轴心，认为纳粹“想使时间倒流，避免在苏联战场上所犯的错误”。① 另一篇较有影响的文章是《希特勒两次派人进入西藏（二战谜团）》。文章认为，“1938年和1943年，经希特勒批准，纳粹党卫军头子希姆莱亲自组建了两支探险队，他们深入西藏，寻找‘日耳曼民族的祖先’——亚特兰蒂斯神族存在的证据，寻找能改变时间、打造‘不死军团’的‘地球轴心’。”“为了寻访先祖遗民，1938年，希姆莱奉命派遣以博物学家恩斯特·舍费尔和人类学家布鲁诺·贝格尔为首的‘德国党卫军舍费尔考察队’奔赴西藏，……队员们还从当地人口中得知有一个名叫香巴拉的洞穴，据说那里隐藏着蕴含无穷能量的‘地球轴心’，谁能找到它，就可以得到一种生物场的保护，做到‘刀枪不入’，并能够任意控制时间和事件的变化。”“1943年1月，由海因里希·哈勒率领的纳粹五人探险小组秘密启程赴藏。……1943年5月，他们在印度被英军逮捕。在几次越狱失败后，哈勒等人总算逃出战俘营。开始，他们打算投奔日军，但后来还是决定继续执行寻找‘地球轴心’的使命。……没有人能够说清哈勒和他的探险小组都去了什么地方；有荒唐的传说称他们最终找到了‘地球轴心’，但不知道怎样操纵它。也没有人说得清哈勒手下的三个同伴去了哪里，因为直到战争结束时，哈勒的探险小组中只剩下他和希姆莱的心腹彼得·奥夫施奈特。”②

这两篇文章在网络上被广泛转载，并被不断剪裁，冠以各种标题。实际上这大多都是扭曲历史，甚至臆造各种纳粹与西藏的联系，

① ［俄］格奥尔吉·佐托夫：《希特勒的西藏计划》，《参考消息》2004年6月23日。

② 范大鹏：《希特勒两次派人进入西藏（二战谜团）》，《环球时报》2005年4月11日第23版。

近乎天方夜谭。他们只是借用了历史上曾经有过的一些人物和相关事件臆造而成。舍费尔西藏考察确实带有寻找雅利安人遗迹的目的，但是寻找所谓地球轴心，则从历史档案和相关人物的著作、言谈中找不到丝毫的证据，不知道作者依据和参考了何种史料。至于说希特勒和纳粹高层为扭转失败局势，就到了失去理性以致把希望寄托于远在西藏的虚无缥缈的香巴拉洞穴和地球轴心，则更难令人信服。

文章认为纳粹的西藏考察是“希特勒的计划”，但是实际上希特勒对西藏并没有多大兴趣，纳粹的西藏考察和研究并不是来自希特勒的直接筹划和支持。1938—1939 年的舍费尔西藏考察主要得到了希姆莱的支持，从档案来看希特勒在之前并不太知情，只是考察结束后，鉴于考察取得的成功才接见了考察队，并参加了舍费尔的报告会。希特勒的谈话记录员皮克尔（Henry Picker）回忆，1942 年 5 月 14 日，在“狼穴”总部，“午饭期间，元首被告知，有一部关于西藏的电影，它是由党卫军的舍费尔考察队制作的。元首说，如果有人试图批评西藏的一位僧侣，那么所有的天主教和新教教堂都会大加反对。”[①] 这部电影应该是纪录片《神秘的西藏》，由于希特勒的反应，这部影片就没有被呈献给他。舍费尔从西藏返回三年后，通过希特勒的助手，他才将热振摄政的礼物转交给希特勒，但希特勒并没有意识到这些礼物的“重要性”。[②]

真正对西藏感兴趣的是纳粹领导人物希姆莱。他直接支持德国喜马拉雅基金会在南迦帕尔巴特地区的考察，是舍费尔西藏考察的“庇护者”；他组织的德意志祖先遗产研究会进行较大规模的中亚和西藏研究；他支持建立了专门研究中亚和西藏的斯文·赫定研究所。1939 年 3 月，赫定在盖世太保总部第一次见到希姆莱。他回忆，希姆莱跟他谈话的主题是舍费尔从西藏发回的一份考察报告。希姆莱

① Henry Picker, *Hitlers Tischgespräche im Führerhauptquartier*, München: Propyläen, 2003, S. 421, 引自 Isrun Engelhardt, “The Nazis of Tibet: A Twentieth Century Myth”, p. 72.

② Isrun Engelhardt, “The Nazis of Tibet: A Twentieth Century Myth”, p. 72.

说，舍费尔和他的同伴现在大概已经在拉萨度过40天了，他们将会带回一部关于此次考察的纪录片。希姆莱希望赫定下次到柏林的时候及时告诉他，他会邀请他观看这部电影。他们花了很长时间谈论西藏和考察探险，以致谈论其他问题的时间很少。赫定说："对于舍费尔我并不陌生。但是此前我却不知道，希姆莱是这次考察的庇护者。我也不知道，党卫军的帝国领导人竟然对喜马拉雅北部的这个雪域之地有着如此强烈的兴趣和关注。"① 因此，将纳粹德国的西藏考察活动称为"希姆莱的西藏计划"更为贴切。

关于哈勒西藏探险的内容也是漏洞百出。首先，哈勒到西藏完全是出于逃亡的目的，并非担负着所谓寻找香巴拉洞穴的任务。他到印度去只是参加喜马拉雅基金会于1939年组织的在南迦帕尔巴特峰的一次小型登山活动，有四名成员而不是五名。其次，他们被英军逮捕是在1939年9月，而不是1943年。再次，哈勒进入西藏并非直接来自希姆莱的命令，而是在战俘营长期筹划的结果，最初是想通过西藏进入中国，再转日本返回德国。最后，最初逃出战俘营的有四个人，一个在逃亡途中放弃，另一个中途去了尼泊尔，后来又都被送回到战俘营，只有哈勒和奥夫施奈特逃到了拉萨。至于他们在西藏活动的具体细节，哈勒的回忆录《西藏七年》、奥夫施奈特的传记《奥夫施奈特及其西藏生活》以及黎吉生的文章等都有详细的描述和记录，结合相关的史料，并不难考证。

实际上，希特勒、纳粹和神秘主义的关系并不像外界所传闻的那样密切。尽管某些上层人物如希姆莱对神秘主义很感兴趣，但是希特勒和纳粹基本上对神秘主义持反对和禁止态度。② 希特勒和纳粹势力在德国的崛起以及二战前期在欧洲战场上的成功，绝不是建立在子虚

---

① Sven Hedin, *Ohe Auftrag in Berlin*, S. 137.

② 当代一些学者的研究已经打破了长期以来人们对希特勒、纳粹和神秘主义关系的传统看法，例如 Corinna Treitel, *A Science for the Soul: Occultism and the Genesis of the Geman Modern*, Baltimore: Johns Hopkins University Press, 2004.

乌有的神秘主义活动基础之上的。纳粹与西藏之间并没有神秘主义的联系，反倒是当代的新纳粹（Neo-Nazi）对西藏评价甚高，把西藏人和达赖喇嘛看成自己的朋友和同盟。正如恩格尔哈特所指出的，在不断定位西藏的角色和形象时，西方人的想象力是无穷的。①

德国纳粹对西藏的考察及其相关历史并没有被严肃认真地研究和评价，同时也说明西藏在西方人头脑中的神秘主义形象极为强烈，正因为有这种对西藏不言自明式的神秘认知，人们自然而然地将纳粹的神秘主义与西藏的各种神秘形象联系在一起，并对这种联系深信不疑。此外，二战后的西方包括德国，在研究希特勒和纳粹历史时也有任意扭曲和想象的倾向，任何神秘的或不可思议的事情都可以与希特勒或纳粹联系在一起，并津津有味地加以求证，甚至认为这是不言自明的。② 经过长期虚构和渲染，很多人相信，德国纳粹与中国的西藏之间确实"关系神秘"。受此影响当代国内一些文学作品甚至学术性文章也开始将纳粹的西藏探险描绘得神秘莫测。例如，近年来颇有影响的西藏题材小说《藏地密码》，其第六部就以德国纳粹的西藏考察为故事核心来展开。小说可以不受历史事实的限制，但是各种力量相互作用的结果，就是扭曲历史的同时，也扭曲了西藏的形象，使西藏在国人心目中的神秘主义色彩更为强烈。当今的"西藏热"，很大程度上源于人们对西藏所代表的神秘、神圣、纯净、奇遇等的"香格里拉"的渴望。这在地方经济的发展上固然是好事，但却会妨碍我们对真正的西藏的认识，不知不觉也坠入了西方人长期以来对西藏的东方主义式的虚构和幻想中。

① Isrun Engelhardt, "The Nazis of Tibet: A Twentieth Century Myth".

② 这种研究的代表，如 Hugh Trevor-Roper, *The Last Days of Hitler*, London: Papermac, 1947, 7th ed., 1995.

第四章　德国人在西藏活动的尾声

第一节　海因里希·哈勒的“西藏七年”

一、哈勒与奥夫施奈特逃亡西藏及其在拉萨的活动

哈勒的《西藏七年》在西方极为知名，他在拉萨生活了五年，是十四世达赖的私人教师和顾问，是“当代西方最受欢迎的关于西藏的作家之一。”① 哈勒生于奥地利南部小镇许滕贝格（Hüttenberg），是登山运动员。1933 年加入在奥地利还处于非法状态的冲锋队，1938 年加入党卫军和纳粹党。② 1939 年，他从有北墙（Eiger-Nordwand）之称的瑞士艾格尔峰北侧成功登顶，因而受到希特勒和希姆莱接见，并合影留念。希姆莱对他说：“我现在有一个考察计划，如果你有兴趣的话，可以参加。”③ 在希姆莱举荐下，他参加了德国喜马拉雅基金会 1939 年的南迦帕尔巴特峰考察。这次考察的领导者是奥夫施奈特，他是保罗·鲍尔的密友，学习过喜马拉雅当地民族的语

---

① Peter Bishop, *The Myth of Shangri-La*, p. 245.

② 关于哈勒纳粹身份的详细深入的调查，参见 Tilman Müller und Gerald Lehner, „Ein Held mit braunen Flecken“, *Stern*, 23/1997; Gerald Lehner, *Zwischen Hitler und Himalaya*.

③ Tilman Müller, „Eine äußerst unangenehme Sache“, *Stern*, 41/1997, S. 240.

言，懂几百个常用词汇。他参加了鲍尔领导的1929年和1931年德国最早的两次喜马拉雅考察，写成了报告《喜马拉雅和喀喇昆仑》（Himalaja und Karakorum）。1936年，德国喜马拉雅基金会成立后，奥夫施奈特是负责人之一。他负责组织了1936年至1939年德国在南迦帕尔巴特地区的四次考察。

结束考察后，他们在卡拉奇等待回国。1939年9月，英国对德宣战，他们被英军逮捕，1941年被关入位于印度东北部喜马拉雅山脚下的德哈顿（Derah-Dun）战俘营。经过长期秘密准备，哈勒等七人于1944年5月逃出战俘营，其中两人直接去了加尔各答逃往缅甸，哈勒、奥夫施奈特、萨特勒（Friedel Sattler）、特莱佩尔（Bruno Treipel）和考珀（Hans Kopp）五人逃往西藏。他们最初的目标是去日本，计划穿过缅甸或西藏到“中国”，再逃往日本。日本是德国的盟国，他们可以从日本返回德国。5月17日，他们到达西藏边界，进入最西部的阿里地区。两个月后，萨特勒和特莱佩尔放弃了逃亡，返回了印度。哈勒、奥夫施奈特和考珀继续向西藏内部渗透，他们翻越邦如拉山口到达扎西岗，一路向东，进入西藏西部最大的城市噶大克（在今狮西藏自治区噶尔县）。哈勒称它是“西部西藏的首府”。[①] 噶大克的政府官员接待了他们。他们说自己是德国难民，想来“中立国”西藏避难。当地官员给了他们继续旅行的签证。7月份，他们跟随一个小商队从噶大克向东旅行，到达西藏的神山冈仁波齐。之后沿雅鲁藏布江继续向东，到达仲巴的一座寺庙。

他们向东南到了靠近尼泊尔边界的吉隆，考珀从此处去了尼泊尔，不久被送回了战俘营。哈勒和奥夫施奈特在吉隆一直待到1945年11月。他们从尼泊尔商人那里和报纸上得知，世界大战已经结束。但是他们不想返回欧洲，“我们已经深深迷上了西藏，只想往内陆进一步渗透。”同时，他们又想穿过西藏北部到“中国”，“也许会在那

① Heinrich Harrer, *Sieben Jahre in Tibet*, S.16, 63.

里找到工作”。[1] 在吉隆他们还读到了来自欧洲的报纸，了解到盟军战后对纳粹的处置情况，作为老资格的纳粹分子他们因为担心受到严厉的审查，所以也暂时不想回国。在西藏逃亡了一年多，他们已经掌握了藏语。他们从吉隆向东北到达桑嘎，经类乌齐和桑桑向拉萨渗透，1946 年 1 月到达离拉萨不远的德庆。

在西藏逃亡了一年半多以后，哈勒和奥夫施奈特终于在 1946 年 1 月 15 日进入拉萨。西藏地方政府允许他们在拉萨暂住，并可自由活动。在一个月内他们拜访了拉萨一些重要人物，如十四世达赖喇嘛的父母、四位噶厦成员、擦绒等。擦绒允许他们住在他的家里，虽然是府邸的底层，但靠近八廓街并有窗户。为保险起见他们也拜访了国民政府驻藏办事处。此时，国民政府驻藏办事处主任沈宗濂离藏，接待他们的是主任秘书陈锡璋。哈勒说：“中国代办用那著名的中国式礼貌接待了我们。”他们询问能否允许他们去中国，并在那儿找工作。陈锡璋承诺立即把他们的请求转达给政府。[2]

他们到拉萨十几天后，英国代办处派人去他们住处了解情况，并说没有官方目的。他对哈勒到拉萨的路线和经历很感兴趣。第二天，他们拜访了英国驻拉萨的代办处。英国代表霍金森（Arthur Hopkinson）接见了他们，并提供了一顿英式早餐。这让两人感动不已。哈勒回忆道：“我们有多少年没看到过带扶手的沙发椅了？餐巾、花瓶和书，这些都布置在一个温馨的、欧式风格的房间里。我们默默地用眼睛四处打量着，仿佛回到了家中。主人则深知我们此时的感受，随我们的目光而不断微笑着。”他们最关心的是，英国人是否依然把他们看作战俘。霍金森始终回避这个问题。霍金森告诉他们：“从西藏政府那儿听说，你们要立刻被遣送回印度。”他还问他们是否有兴趣到锡金，他在那儿有很好的关系。他们回答，很愿意继续留在西藏。

① Heinrich Harrer, *Sieben Jahre in Tibet*, S. 98-99.
② Heinrich Harrer, *Sieben Jahre in Tibet*, S. 206, 187.

他们明白，这只是想“让他们高高兴兴地回印度而已”。[①]

1946 年 2 月 16 日，西藏地方政府派人告诉他们：西藏地方政府拒绝他们继续留在西藏，并将会把他们遣返印度。他们开始抓紧搜集西藏东部的地图，积蓄金钱和食物，晚上研究路线和计划，准备再次逃亡，“到中国寻找我们的运气”。[②] 在准备逃亡的同时，他们也到十四世达赖喇嘛的家庭那里寻求帮助。达赖喇嘛的母亲以及哥哥洛桑三旦(Lobsang Samten)答应，为他们向达赖喇嘛说明一切，并为他们说几句好话。他们用英语向西藏的“外交局”写了一封信。除讲述他们的身份和到西藏的经过，还提出：“1943 年西藏和印度签订了协议，通过西藏向中国运输货物——不包括战争物资。据此协议，我们认为，西藏把自己看作是一个中立国家。因此，我们历尽千辛万苦来到西藏。英国驻拉萨代表霍金森先生已经向我们证实了西藏作为一个中立国家的事实。他也向我们保证，他不会建议西藏政府将我们遣返印度。国际协议明确规定，如果战俘逃至中立国家，他应被允许停留，直到被遣返原籍。所有中立国政府都遵守这一规定，也没有中立国会把这样的难民重新变成战俘。我们听说，在印度的德国战俘还没有被遣返德国，把我们遣返印度，就是重新把我们送回战俘营。”[③]他们知道西藏的传统态度是不欢迎外国人，但是希望能给他们一个“例外”。

两名西藏士兵来到哈勒住处，告诉他们收拾行李，第二天就押送他们回印度。他们向擦绒求援，擦绒说这是政府命令，他也无能为力。到此他们才恍然大悟：虽然表面上英国人对他们很友好，原来却一直“在幕后策划，向西藏政府请求引渡我们。……西藏政府不会为了两个德国战俘而去激怒强大的英国”。[④] 但是最终他们却留了下

① Heinrich Harrer, *Sieben Jahre in Tibet*, S. 182.

② Heinrich Harrer, *Sieben Jahre in Tibet*, S. 198.

③ Peter Aufschneiter und Heinrich Harrer, „An das Auswärtige Amt Tibets Am 17. Februar 1946“, Heinrich Harrer, *Sieben Jahre in Tibet*, S. 199-200.

④ Heinrich Harrer, *Sieben Jahre in Tibet*, S. 202.

来。哈勒晚年在自传《我的一生》(*Mein Leben*)中认为,他们能毫无问题地留在西藏是因为能同西藏人一样生活并尊重他们的风俗习惯。但是早在1982年,哈勒70岁生日时,黎吉生专门写了《海因里希·哈勒和彼德·奥夫施奈特在拉萨》的回忆文章表示祝贺,并透露过他们能留在拉萨的真正原因。在他们逃到拉萨后三个月,黎吉生来到拉萨接手英国代办处的工作。他回忆:"当时他们整日处于惊恐中,因为印度政府要求引渡他们。……印度政府再次提出引渡他们的请求,由我负责。但事情已不那么迫切,后来也发现印度和西藏之间没有正式的引渡条约。事实也证明,他们并没有损害我们的利益,引渡他们的事也就长期搁置起来。"①可见,两人能继续留在拉萨,一方面是赢得了不少人的友谊,更重要的是英国人觉得他们没有做损害英国利益之事。

一开始,黎吉生极力避免与两人有任何社交方面的接触。后来,随着印度政府不再提出引渡要求,他们开始经常见面。黎吉生说,他与哈勒对网球和园艺有共同爱好,也经常一起参加一些英国代办处或国民政府驻藏办事处的庆祝活动。黎吉生与哈勒靠近,更重要的原因是,他能从哈勒那里得到不少重要情报。黎吉生说:"我由于受外交上的限制,无法像哈勒那样有一个广泛的熟人圈子,并真正贴近西藏人的日常生活。他与年轻的达赖喇嘛的友谊不断加深,可以定期拜访他,而我只在正式严肃的场合才能见上达赖喇嘛一面。……通过哈勒我能了解到,达赖喇嘛在想什么和做什么,他如何生活。哈勒也会为我向达赖喇嘛带去一些花、水果或报纸等小礼物。有时他也会非正式地为达赖喇嘛从我们这儿借一些电影。"②

除了为英国人服务,哈勒还为国民政府驻藏办事处提供情报。据同时期在西藏逗留的汉人学僧邢肃芝先生回忆:"驻藏办事处每月付给他(哈勒)150两藏银,要他提供一些他所打听到的布达拉宫和噶

① Hugh Richardson, „Heinrich Harrer und Peter Aufschnaiter in Lhasa“, S. 14.

② Hugh Richardson, „Heinrich Harrer und Peter Aufschnaiter in Lhasa“, S. 14.

厦的消息。这个人不仅把西藏地方政府的消息出卖给驻藏办事处，倒过来又将办事处的一些情况提供给噶厦，从两边拿好处。”[①] 可见，这位后来以十四世达赖喇嘛的密友自称、并成为西方头号“西藏通”的哈勒，在拉萨时居然还是位“三料线人”，真是让人匪夷所思。

哈勒描述他们在拉萨的日常生活说：“我们被邀请到这儿或那儿做客，经常是为了提供建议，总是处在中心。因此我们也很快了解了拉萨人生活的各个方面：公共设施和家庭关系、思想观念和风俗习惯。每天都有新的收获，许多事情很快失去了神秘的外表，有一些也依然神秘难解。我们已不再是小小的局外人，我们已经融入那里。”[②] 按照哈勒自己的说法，他逐渐成了达赖喇嘛父母的座上客，培养了与达赖喇嘛的哥哥罗桑三旦的友谊。[③] 他们在拉萨都得到了工作。寺庙让奥夫施奈特负责修建一条水渠，因为他是唯一的“专业人物”。后来他又领导在拉萨附近修建一座水电站。哈勒则为擦绒和达赖喇嘛父母的花园安装浇灌系统，他也教授几个贵族子弟英语和算术。他们还为拉萨制订了一个准确和很有价值的城市规划，每座房子都做了测量和登记。1948 年春，哈勒主持修建了拉萨河水坝，防止夏季洪水威胁达赖喇嘛的夏宫——罗布林卡。哈勒还负责每天为噶厦翻译英文消息和报纸文章。他们有固定收入，也常获得各种丰厚馈赠。

哈勒赢得了十四世达赖喇嘛家庭的好感，并一步步地接近了达赖喇嘛。照相机和电影是哈勒的重要手段，年青的达赖喇嘛对这些新奇事物非常着迷。他先是在达赖喇嘛主持的各种仪式上充当摄影师，后来又接到命令，为达赖喇嘛修建一座小型的电影院。在哈勒和黎吉生的帮助下，十四世达赖喇嘛很快拥有了 80 部电影。[④] 最让哈勒自豪

---

① 邢肃芝口述，张健飞、杨念群笔述：《雪域求法记：一个汉人喇嘛的口述史》，北京：生活·读书·新知三联书店，2003 年，第 323—324 页。

② Heinrich Harrer, *Sieben Jahre in Tibet*, S. 249.

③ Heinrich Harrer, *Sieben Jahre in Tibet*, S. 229-233.

④ 哈勒在《西藏七年》中详细记述了为年青的十四世达赖喇嘛修建影院的过程，参见 Heinrich Harrer, *Sieben Jahre in Tibet*, S. 353-362.

和炫耀的是，1949 年开始他成了达赖喇嘛的英文老师，同时讲解自然科学知识。哈勒后来在著作中不断宣称与十四世达赖喇嘛结下了“深厚的友谊”，也主要起因于此。

他们在拉萨期间还遇到了几位外国访客。一位是法国记者林考特（Amaury de Riencourt），1947 年在拉萨待了三周。另一位是 1948 年访问拉萨的意大利藏学家图齐，哈勒说：“他在拉萨停留了八天，还访问了西藏最有名的桑耶寺。离开时带走了丰硕的科学资料和许多珍贵书籍，这是从布达拉的印经院买的。”再就是 1949 年来到拉萨的美国记者托马斯父子，他们送给哈勒两管彩色胶卷，使他在西藏拍摄了一些彩色照片。按照哈勒的说法，西藏地方政府允许托马斯父子到拉萨，原因是此时形势已极为紧张，“政府决定，通过这两个美国人将国家的‘独立’告知世界，以给世界公众留下亲眼所见的印象。”① 还有一位英国工程师和白俄罗斯人奈特拜洛夫（Nedbailoff）到拉萨，帮助维修水电站。

1950 年 11 月，昌都解放，拉萨震动。哈勒和奥夫施奈特也计划赶紧出逃。据黎吉生回忆，1950 年人民解放军即将进入拉萨，达赖喇嘛跑到印度边界附近，准备逃亡。“哈勒是先锋，为达赖喇嘛的逃亡做先头准备。”② 哈勒在西藏与锡金交界的春丕谷一直待到 1951 年 3 月。此时美国政府在冷战背景下，开始准备介入“西藏问题”。美国驻印度大使馆联系上了哈勒，他不仅向美国驻印度大使亨德森详细提供了达赖喇嘛的心理状态和西藏地方政府内部情况的情报，而且提出了如何让达赖喇嘛离开西藏的具体建议。美国人也制定了一个秘密计划，让他充当联络人，在紧急情况下护送达赖喇嘛离开西藏，逃亡印度。③ 他还乘坐当时名义上属于尼泊尔国王的飞机，由美籍飞行员

---

① Heinrich Harrer, *Sieben Jahre in Tibet*, S. 281-282.

② Hugh Richardson, „Heinrich Harrer und Peter Aufschnaiter in Lhasa“, S. 14.

③ Roger Croston, “Heinrich Harrer: An Obituary: 6th July 1912-7th January 2006”, *The Tibet Journal*, Vol. 30/31, No. 4/1, 2006, p. 191.

驾驶，探查在紧急情况下能用飞机接出达赖喇嘛的路线。但是达赖喇嘛最终选择返回拉萨，美国第一次引诱达赖喇嘛离开西藏的计划未能得逞，哈勒也就借机回到了奥地利。奥夫施奈特则接受了另一项任务，负责修建一座飞机场，以供达赖喇嘛出逃之用。他们推测，解放军将进占山南地区，达赖喇嘛逃往印度的陆路将被切断，而机场修好后，会有飞机从印度飞来接走达赖喇嘛。于是奥夫施奈特召集了两百多人，日夜施工，在拉萨附近的色拉平地上修建了一条长 1600 米的飞机跑道。奥夫施奈特说，虽然这是西藏的第一座飞机场，“但没有一架飞机飞来，尽管有传言说有人看到了飞机。后来很久我才发现，整个计划简直就是一个恶作剧。”①

图齐 1948 年考察西藏时遇到了奥夫施奈特。他回忆，“遇到奥夫施奈特时，他正在领导建立一个电站。他对西藏历史很感兴趣，正在工地进行发掘。据我所知，这是在西藏进行的最早的考古学研究。”② 奥夫施奈特在西藏的考古发掘收获颇丰。③ 解放军进入拉萨前，他雇人将最贵重的两大箱文物运出西藏，命名为“拉萨发掘成果”，在新德里博物馆展出。后来又运到罗马交给图齐，在罗马大学的近东和远东研究所被进一步研究。在伯尔尼大学，通过放射性碳测定，确定这些文物的年代大致在公元前 350 年到公元 550 年之间。④ 奥夫施奈特强调，罗马大学的盖纳（Genna）教授研究了他发掘的西藏早期人体骨骼，结论是这些早期的藏族人与汉人（Chinese）明显不同。⑤

奥夫施奈特逃出西藏后，1953—1956 年在印度军队总参谋部地

---

① Martin Brauen, Hrsg., *Peter Aufschnaiter, sein Leben in Tibet*, S. 114.

② Giuseppe Tucci, “Short Obituary of Peter Aufschnaiter”, Bewilligung zur Veröffentlichung brieflich mitgeteilt am 29. Aug. 1975).

③ 《西藏七年》有一节专门介绍了奥夫施奈特在西藏的考古发掘，参见 Heinrich Harrer, *Sieben Jahre in Tibet*, S. 328.

④ Blanche Christine Olschak mit Beiträgen von Giuseppe Tucci und Paul Bauer, „Im Gedenken an Peter Aufschnaiter“, S. 119.

⑤ Martin Brauen, Hrsg., *Peter Aufschnaiter, sein Leben in Tibet*, S. 101.

图室服务，帮助印军绘制西藏地图。他在藏期间利用便利条件，绘制了无数地理草图，这些地图和地理资料都是印军完全缺乏的。[①] 后来他定居尼泊尔，成为当地的一名农业顾问。与哈勒的性格相反，他非常矜持和低调，没有撰写一本回忆录或著作，几乎是默默无闻地度过了后半生。这让黎吉生都感到惋惜："他没有把自己丰富的知识和经历记录在一本伟大的著作中以留存给后人。"[②] 1973 年 10 月他在因斯布鲁克（Innsbruck）去世。去世前他把日记和手稿转交给苏黎世大学的布劳恩（Martin Brauen）教授，1983 年布劳恩编写出版了奥夫施奈特的唯一传记《彼德·奥夫施奈特及其在西藏的生活》（*Peter Aufschnaiter, sein Leben in Tibet*）。哈勒在藏期间也收集了大量宗教艺术品和藏人的日常用具，首先在欧洲巡回展出，后来哈勒将它们全部卖给了苏黎世的民族学博物馆。1974 年哈勒说明过这些收藏品的来历："逃亡时我有幸把上千张照片、重要的日记、自己绘制的地图和艺术品安全带了出来。这些无价之宝一部分是当时西藏贵族给我的礼物；一部分是从到西藏起就开始努力收集的无数各类各样的艺术品；也有一部分是许多年后，我在喜马拉雅地区旅行时，从海外藏族人那里得到的。"[③] 苏黎世大学民族学博物馆专门出了两本书介绍这些藏品。[④] 在印度期间他遇到了美国《生活》（*The Life*）杂志的一位记者，共同撰写了一篇有关西藏形势的报道，居然获得了一万美元的稿费，他的一部分摄影也高价卖给了《生活》杂志，这使他意识到个人的西藏经历可能蕴藏着巨大收益。

需要指出，很多人将哈勒和奥夫施奈特 1939 年在南迦帕尔巴特

---

① Martin Brauen, Hrsg., *Peter Aufschnaiter, sein Leben in Tibet*, S. 7-8.

② Hugh Richardson, „Heinrich Harrer und Peter Aufschnaiter in Lhasa“, S. 15.

③ Heinrich Harrer, „Tibet“, Martin Brauen, *Heinrich Harrers Impressionen aus Tibet*, Innsbruck: Pinguin Verlag, Frankfurt a. M.: Umschau Verlag, 1974, S. 7.

④ 参见 Martin Brauen, *Heinrich Harrers Impressionen aus Tibet*; Mareile Flitsch und Maike Powroznik, Hrsg., *Begegnung-Spur-Karte: Das ethnografische Erbe von Heinrich Harrer und Peter Aufschnaiter*, Stuttgart: Arnoldsche, 2018.

峰的考察以及逃亡西藏与1938—1939年希姆莱支持的由党卫军科学家恩斯特·舍费尔领导的西藏考察相混淆。这两次考察之间没有直接关系，哈勒在拉萨期间听到过西藏人提起这一考察队的故事，还见到了他们留下的一些物品，但是哈勒在1952年之前并不认识舍费尔等人。哈勒到南迦帕尔巴特峰考察确实得到希姆莱的支持，而到西藏并长期停留在拉萨则纯粹是为了逃亡，有很大的偶然性。停留西藏期间他们没有得到过希姆莱的命令，也没有主动与德国纳粹政府联系。他们更没有如许多传闻所言肩负着寻找所谓“香巴拉洞穴”“神秘能量”“地球轴心”等神秘主义任务。

二、哈勒的《西藏七年》及其与十四世达赖喇嘛的友谊

哈勒返回欧洲后，又到南美、非洲、新几内亚、菲律宾、喜马拉雅等地进行考察。他共计拍摄了六万张照片，到1984年，共制作了41部电视纪录片。[①] 20世纪80年代初，作为中国改革开放后第一批参观西藏的西方游客之一，他曾回到拉萨参观，并很快出版了游记《再见西藏》。[②] 2006年1月7日，哈勒在家乡奥地利的许滕贝格去世。奥地利联邦总理舒赛尔（Wolfgang Schüssel）称赞他说：“海因里希·哈勒带给全世界登山爱好者无比的探索勇气和攀登精神。他与达赖喇嘛的友谊有着传奇色彩，让人难忘。这也让他成为拥有千百万读者的作家和登山经验方面的哲学家。”[③] 哈勒一贯强调和渲染自己与达赖喇嘛和达赖家庭持久而亲密的友谊，这是他身上最耀眼的光环之一。在西方尤其是在奥地利和德国，哈勒的影响非比寻常。达赖喇嘛非常看重这位曾经“见证”过“西藏独立”和“幸福生活”，现在又热情

---

① Rolf Peter Krauß, *Begegnungen mit Sven Hedin, Wilhelm Filchner, Hans Eduard Dettmann, Heinrich Harrer*, S. 50.

② Heinrich Harrer, *Wiedersehn mit Tibet*, Innsbruck: Pinguin Verlag, 1983.

③ Austria Presse Agentur: Feature zum Tod von Heinrich Harrer, 8. Januar 2006, 引自 Gerald Lehner, *Zwischen Hitler und* Himalaya, S. 13-14.

支持他们事业的西方友人。有这样的重量级人物在西方为他们奔走鼓吹，正是他求之不得的。因此他也极其配合哈勒，不断为他的各类作品撰写序言，在国际场合与他频频会面，把他赞誉为西藏人的朋友。

1952 年 9 月，哈勒的《西藏七年》在维也纳出版，立即成为畅销书，三个月内就售出近五万三千册。此前哈勒曾将书稿寄给瑞典探险家斯文·赫定，赫定在回信中赞誉说："您的每一句话都是那么宝贵。……您见证和接触了西藏人的生活，这是一个欧洲人还从来没有获得过的机会。您信中的描述就像小说一样，这也是我一直以来的梦想。"① 1952 年 8 月，在赫定去世前几个月，哈勒到斯德哥尔摩拜会了他。1952 年 9 月 21 日的德国《明星》杂志刊登了两人会面的照片，并公布了赫定写给哈勒的信："我怀着激动和紧张的心情读了您在《明星》杂志上的文章，并期待着后续文章。我觉得，您的风格和叙述方式极为出色，引人入胜。您的描述是多么美妙，您不是在追求轰动或荒诞离奇的效果，而是极为庄重、高尚，这正是一部世界畅销书所应具备的品质。人们也注意到了您极深的专业知识和对藏人生活的深刻理解。您的书已经超越了所有关于西藏的作品。更为可贵的是，它弥补了其他旅行作品的所有缺陷。您和奥夫施奈特所做的，将成为永久不衰的伟大业绩。"② 1953 年，《西藏七年》英文本在伦敦出版，英国出版商和皇家地理学会随之邀请哈勒到伦敦、曼彻斯特等六个城市作巡回演讲。作为世界地理学和考察探险领域的权威刊物，皇家地理学会的会刊《地理学杂志》连续刊发书评，还刊登了哈勒的演讲稿《我的西藏七年》和他拍摄的几组高质量西藏照片。③ 赫定这位早已成名的世界级大探险家的高度赞誉以及皇家地理学会的推波

---

① Rolf Peter Krauß, *Begegnungen mit Sven Hedin, Wilhelm Filchner, Hans Eduard Dettmann, Heinrich Harrer*, S. 40.

② „Sven Heding und Heinrich Harrer", *Stern*, 21 Sep., 1952.

③ 参见 Heinrich Harrer, "My Seven Years in Tibet", *The Geographical Journal*, Vol. 120, No. 2, 1954.

助澜都促成了哈勒的一夜成名。

这本书在西方影响巨大，后来被译成四十多种语言，发行量超过400万册。[①] 无数西方人通过这本书认识了西藏，甚至因为此书成了“西藏迷”。哈勒本人也跻身于当代西方最受欢迎的有关西藏的作家之列，被当成了西方头号“西藏通”。德国1980年出版的《南迦帕尔巴特：德国人的命运之山》一书认为：“哈勒的畅销书《西藏七年》为他带来了荣誉、财富以及奥地利名誉教授的头衔。”[②] 真可谓名利双收。十四世达赖喇嘛称赞这本书道：“哈勒始终是西藏人民的朋友。他对我们事业的最大贡献是《西藏七年》，通过这本书千百万人熟悉了我们的‘国家’。”[③] 1997年，《西藏七年》还被好莱坞拍成了同名电影。哈勒也撰写了众多其他作品，包括《消失的拉萨》《旧西藏》《回忆西藏》《鲜花盛开的喜马拉雅》《西藏：遗失的家园》等。

哈勒在战后西方大红大紫，风光无限，是因为他始终标榜与十四世达赖喇嘛的友谊并紧随西方潮流。20世纪五六十年代，由于在西藏发生的一系列重大事件，西方人对西藏极为关注和好奇。哈勒出版了《西藏七年》等众多流行作品，迎合了西方人的口味，从而声誉鹊起。20世纪80年代中后期，借着西方人对人权和“西藏问题”的日益关注，哈勒又摇身一变，成了维护“西藏人权”、反抗“中国暴力”的斗士和代言人。20世纪90年代，当好莱坞变成制造时尚和梦想的基地时，他又积极投身于好莱坞。1997年好莱坞连续推出了《西藏七年》（*Seven Years in Tibet*）和《昆顿》（*Kundun*）两部西藏题材影片，在西方掀起新一轮的“西藏热”。1997年西方一些支持达

---

① Gassner H. P. und Norbert Jansen, *Heinrich Harrer-Tibet: Zeitdokumente aus die Jahren 1944-1951*, Zürich: Offizin, 1991, S. 36.

② Helfried Weyer und Norman G. Dyhrenfurth, *Nanga Parbat: Der Schicksalberg der Deutschen*, Karlsruhe: Badenia Verlag, 1980, S. 38.

③ Dalai Lama, „Grussbotschaft“, Heirich Harrer, *Erinnerungen an Tibet*, Frankfurt am Main: Ullstein, 1993, S. 15.

赖喇嘛的人士还发起了“西藏电影年”活动，美国的媒体准确地预测：西藏将成为“时尚”。作为影星布拉德·皮特（Brad Pitt）主演的电影《西藏七年》的原型，哈勒夸张地说：“对我来说，这部电影是一项巨大的荣耀。已经有五千万人读过我的书，但是却有上亿布拉德·皮特的影迷走进电影院，其中一些人可能从未听说过西藏。”①

1973 年达赖喇嘛首次访问欧洲，哈勒专程到苏黎世机场与他会面，后来达赖喇嘛又多次访问德国、奥地利，都得到哈勒大力支持。20 世纪 90 年代初，哈勒将自己的故居改造成了博物馆。1992 年 7 月，达赖喇嘛亲自到偏僻的奥地利南部小镇许滕贝格出席了海因里希·哈勒博物馆（Heinrich-Harrer-Museum）的开馆仪式。哈勒还陪同他参观了萨尔茨堡的自然之家西藏展馆。达赖喇嘛通过哈勒在西方的影响力进行政治宣传，推动所谓“西藏问题”的国际化，哈勒则借助达赖喇嘛的光环吸引更多的西方读者，提高自身的声誉并从中获利。2006 年 5 月许滕贝格市建立了西藏健康中心（Tibetische Gesundheitzentrum），开办者希望借藏传佛教和达赖喇嘛的魅力，吸引顾客。2008 年，许滕贝格市又成立了西藏高级研究国际中心（Das Tibetzentrum-IIHTS）。按照这一中心自己的介绍，“中心处在十四世达赖喇嘛的庇护之下，并有克恩顿州（Kärten）资助。它也是西藏与海因里希·哈勒教授的友谊的象征，哈勒是西藏的一位长久的朋友。”② 因为哈勒与达赖喇嘛的友谊，偏处奥地利南部的这座默默无闻的小城许滕贝格，也开始享誉世界，成了一座“西藏之城”。哈勒始终宣称他的一系列活动都是出于自己与十四世达赖喇嘛的深厚友谊，出于对西藏的热爱，他的这种“高尚”感动了很多西方人。

① Tilman Müller und Gerald Lehner, „Ein Held mit braunen Flecken“, S. 129.

② http://www.tibetcenter.at/uber-uns

第二节　高文达喇嘛的“白云之路”

高文达喇嘛（Lama Angarika Govinda，1898—1985）的真名是恩斯特·洛塔尔·霍夫曼（Ernst Lothar Hoffman），1898 年 5 月出生于德国萨克森的瓦尔特海姆（Waldheim），父亲是德国人，母亲是玻利维亚人。他大学在弗莱堡学习哲学。1914 年一战爆发后被征入伍，到土耳其前线服役。受家庭和学校教育的影响，在年青时代他首先是一个狂热的基督教信徒。[①] 在完成他的第一部著作《佛教的基本观念及其与上帝观念的关系》（*The Basic Ideas of Buddism and Ist Relationship to Ideas of God*）后，他开始完全折服于佛教的理念，在他头脑中佛教战胜了基督教。高文达是 20 世纪在西方享有极高声誉的藏传佛教大师，大概是罗伯特·瑟曼（Robert Thurman）之前，西方世界自己生产出的最有影响力的藏传佛教代表人物，也是让西方人认识和接受藏传佛教过程中最有影响的一个人物。[②] 十四世达赖喇嘛称赞他“为创造和促进西方人对西藏文化和宗教的兴趣做了重要工作。他的著作也赢得了无数读者。”[③] 据他自已称，曾受过格鲁派和噶举派的灌顶。但是“高文达喇嘛实际上既不是藏人，也不是一位出家的喇嘛，甚至连藏文也只是一知半解，可他顺着自己设计的‘白云之路’，攀登上了西方藏传佛教之极顶。”1931 年，他到锡兰和缅甸研究佛教哲学和心理学，之后一直留在印度。1931 年他在大吉岭时遇

① Lama Anagarika Govinda, *Buddhistische Reflexionen: Die Bedeutung von Lehre und Methoden des Buddhismus für westliche Menschen*, München: Otto Wilhelm Barth Verlag, 1983, S. 8.

② 沈卫荣：《幻想与现实:〈西藏死亡书〉在西方世界》，载王尧主编：《贤者新宴——藏学研究丛刊 3》，石家庄：河北教育出版社，2003 年，第 103 页；Donald S. Lopez, Jr., *Prisoners of Shangri-La*, p. 59.

③ Dalai Lama, “Message”, *Wege zur Ganzheit: Festschrift zum 75. Geburtstag von Lama Anagarika Gorinda*, Almora: Kasar-Devi-Ashram-Publication, 1973, S. 8.

到了格鲁派喇嘛卓木格西活佛，受其灌顶。他“视此为一生中最关键的时刻，称卓木活佛赐予他的灌顶，是他生命中最深刻的精神刺激，为他开启了通往西藏之神秘宗教的大门，并鼓励他将由此得到的知识和经验传给别人，传给整个世界。”[①]

1932 年他到锡金和春丕谷考察和朝圣，1933 年又到拉达克和羌塘地区考察。1933 年在大吉岭建立了一个佛教坐禅中心（The Order of Arya Maitreya Mandala）。1938 年，他又到锡金并沿西藏边境考察，在锡金他结识了法国的大卫·妮尔。第二次世界大战爆发后，高文达喇嘛被英印政府逮捕，关进战俘营。虽然此时他加入了英国国籍，但也无济于事。由于他是德国人，又与尼赫鲁等印度独立运动人物有密切关系，警察在他家中也搜到了纳粹书籍。与他被关进同一战俘营的还有哈勒和奥夫施奈特。哈勒和奥夫施奈特逃出战俘营，逃往西藏，而高文达喇嘛则安静地在战俘营进行着“禅思”。虽然道路不同，但哈勒和高文达喇嘛在 20 世纪 50 年代以后，都摇身而成了西藏和西藏文化在西方的代言人，都成了在西方叱咤风云、大红大紫的人物。

1947 年印度独立后，高文达喇嘛加入了印度国籍并与一位印度女佛教徒结婚。1947—1949 年，高文达与他的夫人一起进行了他最重要的一次西藏考察。他们从西藏南部经西藏中部，到西藏西部的阿里地区，考察了古格王朝遗址。他在西藏的托林寺做了长时间的逗留，修习教法，考察寺庙建筑。[②] 高文达喇嘛在印度长期不太知名，生活也极为拮据。1955 年，他认识了美国人伊文思（Walter Evans-Wenz）。伊文思是美国鼎鼎大名的藏学家，《西藏度亡经》（*The Tibetan Book of the Dead*）的出版者。[③] 这是高文达喇嘛人生的一个重要

① 沈卫荣：《幻想与现实：〈西藏死亡书〉在西方世界》，第 103—104 页。

② 参见记述此次考察的游记《白云之路》（Lama Anagarika Govinda, *The Way of the White Clouds*）。

③ 也有学者译为《西藏死亡书》，沈卫荣教授对此书在西方世界的各种版本及其影响做了极为深入细致的研究，参见沈卫荣：《幻想与现实：〈西藏死亡书〉在西方世界》。

转折点。1957 年，高文达为《西藏度亡经》第三版撰写了长篇导言，瑞士心理学家荣格也为这一版写了导言。高文达也热心地推动德文版《西藏度亡经》的出版。他与伊文思签订了合约，帮助伊文思修订《西藏度亡经》，同时写作三部西藏作品。随着《西藏度亡经》在西方世界尤其是美国的风靡，高文达喇嘛也声誉鹊起。

20 世纪 60 年代开始，高文达开始频繁在欧洲和美国演讲、开设讲座和出版著作，尤其是出版了他的两部代表性作品《西藏密教之基础：据大密咒六字真言之甚深密义》（*Foundations of Tibetan Mysticism*）和《白云之路》（*The Way of the White Clouds*），两部作品最早都以英文出版。前者迄今一直是学习西藏宗教者必读的经典，后者则曾让成千上万对东方神秘智慧充满憧憬的西方普通读者倾倒。尤其是《白云之路》对于保持西方人意识中的“西藏神话”和“圣洁的喜马拉雅形象”起了重要的作用。[①] 高文达喇嘛的传记作者温克勒（Ken Winkler）如此解释：“西藏的悲剧把高文达喇嘛推到了见证人的位置。没有这一斗争，也许他还依然是一名低调的佛教研究者，偶尔发表篇文章以满足读者。最终，西藏人的受迫害变成了决定性的因素。各种记录文件、目击报告纷至沓来，他生命的路线再一次改变。”[②] 但是他的著作实际上全是根据西方的二手资料东拼西凑出来的杂烩，从未依据过第一手的藏传佛教原本。[③]

同法国旅行者大卫·妮尔一样，他的众多作品也不断描述、提及和讨论各种在西藏的神秘事件和心理现象。因为他坚信，与西方人不同，西藏人还没有失去与深层的意识力量进行交流的能力，也没有失去理解这种深层意识的语言的能力，如通过梦境或其他现象揭示人的

---

① Orville Schell, *Virtual Tibet: Searching for Shangri-la from the Himalayas to Hollywood*, p. 267.

② Ken Winkler, *A Thousand Journeys: The Biography of Lama Anagarika Govinda*, Longmead: Element Books, 1990, p. 135.

③ Donald S. Lopez, Jr., *Prisoners of Shangri-La*, pp. 61-62; 沈卫荣：《幻想与现实：〈西藏死亡书〉在西方世界》，第 105 页。

深层意识。[1] 他最知名的《白云之路》出版于1966年，表面上是对1947—1949年西藏之旅的记录，但本质上不是一本游记，而是近20年后对这次旅行的回忆和重新解读。《白云之路》对旅行过程中的具体遭遇、地点、环境、人物甚至时间的记录都异常模糊，大部分内容是高文达玄思冥想、神驰万里的议论和各种离奇的心理体验，重点讲述和探讨西藏人的梦境、潜意识、心理感应、预言和神秘事件。在《白云之路》中，高文达完全通过自言自语式的玄思语言将西藏虚拟化和神秘化。这种表述西藏的方式正是那个时代的西方读者们喜爱的口味和审美倾向。

高文达自己也刻意保持着神秘。他在印度阿尔莫拉（Almora）的住所远离尘嚣，距离最近的居民点有6公里。起初，“作为结婚的喇嘛，他没有剃光头，金黄色的头发从他那极为高阔智慧的前额直接梳到脑后。”[2] 后来，为了凸显自己的喇嘛形象，他开始终日穿着自己设计的藏袍，戴着一顶怪异的帽子，让外人看来极为显眼，而又散发出神秘的光晕。他的这幅形象广为西方人熟悉，西方的佛教徒把他看作藏传佛教的重要代表，这幅引人注目而又神秘莫测的形象也起了重要的作用。

20世纪40年代入藏的德国人，除了哈勒、奥夫施奈特、高文达喇嘛外，德国传教士赫尔曼·马蒂亚斯（Matthias Hermanns，中文名海贵春）也是重要的一位。20世纪20年代以后，德国—荷兰天主教圣言会（Societas Verbi Divini/ SVD）是在中国西北部地区活动的一个重要外国人群体。他们也在西宁建立了传教点，并派不少传教士到青海传教，马蒂亚斯是其中的代表。德国洪堡大学中亚研究会的何乐文（Bianca Horlemann）博士的论文《1922—1953年间甘肃、青海和新疆的圣言会传教团：书目研究》梳理了圣言会在中国西北传教活动

① 参见 Lama Anagarika Govinda, *The Way of the White Clouds*, pp. 69-71, 192-194, 268-269.

② Ken Winkler, *A Thousand Journeys*, p. 113.

的始末以及相关档案和论著目录，其中也包括许多德国传教士在青海活动的资料。何乐文还对这些资料的历史学、人类学和跨文化研究价值做了初步的评估。[①]

马蒂亚斯作为天主教传教士于 1929 年到达甘肃，1935 年开始进入青海传教并进行人类学观察和研究，1947 年返回欧洲，共在青海活动了十多年。他长期生活在安多地区，重点在西藏牧民当中传教。同其他很多德国传教士一样，他也懂医术，可以较为容易而广泛地接近当地居民。他说："行医活动也使我能进行许多人类学的观察和测量。这使我能深入了解安多地区藏族人的生活和游牧、感情和思想、观念和风俗。"[②] 因此他收集了大量安多地区藏族牧民的资料。1948 年，他依据在青海藏族地区的长期观察和研究，写成了题为《安多藏人：中亚游牧文化的社会经济基础》的论文，取得了瑞士弗莱堡大学的博士学位。这篇论文于 1949 年正式发表。他的研究将中国藏族地区置于欧亚历史发展的基本进程中，从这一宏观视角，研究西藏文化与外部世界的联系。他重点研究安多地区的牧民、西藏的神话和传说，著作大部分在 20 世纪 50 年代以后出版。

第三节　20 世纪四五十年代德国人眼中的西藏形象

哈勒、奥夫施奈特、高文达和马蒂亚斯等人进入西藏的时间大致都在 20 世纪 40 年代，随着西藏的和平解放，他们也成了最后一批入藏的德国人。尤其是哈勒和奥夫施奈特更是在人民解放军进入拉萨前夕才匆匆离开。西方人在 20 世纪 50 年代以后的很长时间内根本无法

① Bianca Horlemann, "The Divine Word Missionaries in Gansu, Qinghai and Xinjiang, 1922-1953: A Bibliographic Note", *Journal of the Royal Asiatic Society*, Vol. 19, January 2009.

② Matthias Hermanns, *Die Nomaden von Tibet: die sozial-wirtschaftlichen Grundlagen der Hirtenkulturen in Amdo und von Innerasien; Ursprung u. Entwicklung der Viehzucht*, Wien: Verl. Herold, 1949, S. III.

进入西藏。这些德国人以及英国的黎吉生、查普曼和意大利的图齐等人的著作成了西方人了解西藏的重要途径。虽然在地理上西藏已经无法接近和进入，但他们对西藏依然难以释怀，尤其是对“中国占领之前的西藏”有着无限的留恋和痴情。他们既是“美好的旧西藏记忆”的保存者，又是现代西方人的西藏形象和观念的创造者和传播者。这一时期，哈勒、高文达等的作品已经完全将西藏虚拟化、神秘化和神话化。20 世纪 80 年代以后，西方出现声势浩大的“支持西藏运动”，也与这批人的摇旗呐喊密不可分。

20 世纪 50 年代以前，对西藏感兴趣的主要是旅行者、探险家、研究者和相关的专业人员，普通的德国人对西藏实际上没有多大的兴趣和关注。20 世纪 50 年代初，许多西方人开始从政治上关注西藏，德国人也不例外。这段时期西藏发生了许多重大事件，在冷战背景下引起了西方人的强烈关注。一是中国人民解放军进军西藏以及《中央人民政府和西藏地方政府关于和平解放西藏办法的协议》（简称《十七条协议》）的签订；二是 1959 年在西藏发生的叛乱；三是十四世达赖喇嘛和几万藏民逃亡印度。德国人对西藏的局势非常关注。1961 年，西德政府开始为海外藏人提供大量的人道主义援助，主要是为海外的藏族儿童和年轻人提供住所。[①]

1951 年以后，哈勒、奥夫施奈特、高文达、马蒂亚斯、舍费尔和贝格尔等人开始讲述相同的故事：一个“天堂被中国共产主义者占领和毁坏”的故事，西方人眼中的西藏形象在冷战形势下有了新的版本。中国和平解放西藏，被广泛描述成“共产主义对独立西藏的侵略和占领”，香格里拉神话有了新的政治和历史背景：“同共产主义的冷战，再次使西方人把藏族看成是一个正在受到威胁的单纯的宗教民族，这种威胁只不过是一个新的版本，在‘大博弈’中，英

① Sozialhilfe für Tibet-Flüchtlinge. -unterbringung von Kindern und Jugendlichen 1961-1965, BArch, B189/3750.

国也曾经把俄国看成是灾难性的威胁。西藏的形象再一次由西方对中国的态度来决定，但这一次是直接针对中国的共产主义者。即使是70年代和80年代中美关系改善以后，西方这种对西藏的看法也没有改变。”①

高文达喇嘛对于中国和平解放西藏一事的叙述和评论成了众多西方人认同的“标准版本”:“我们见证了一个悲剧。一个没有政治野心、热爱和平、只渴望独立自处的民族被一个强大的邻居剥夺了自由并被践踏在脚下。所有的一切都是在‘进步’的名义下实施的——这只不过是用来掩盖人类的野蛮而已。”② 在哈勒的作品和奥夫施奈特的传记中，重复无数次的一句话就是“中国人占领之前的西藏……”，所附地图的标题也是“中国人占领之前的西藏边界”。③ 哈勒最有影响的著作《西藏七年》的字里行间始终把“中国”描绘成西藏的威胁，让人在阅读的过程中，一直充满了对“弱小善良的西藏人”的命运的担忧。哈勒在描述1949年初的拉萨人的心理时写道：“在拉萨，人们当时已经完全明显地感觉到，红色的中国是这个国家的独立和宗教的巨大威胁。巫师的预言和各种自然事件都证明了这种担忧。1948年，巨大的彗星的出现是这种威胁的前兆，各种家畜的怪胎也被当作不祥之兆。我的担忧也日益增加，但却是基于冷静的分析。亚洲的未来看起来一片黑暗。”④ 这是这一时期入藏德国人塑造的西藏形象的主要特征：在“凶暴可怕”的红色中国形象的映衬和对比下，西藏人成为弱小善良、让人同情的一个民族。在他们笔下，西藏人不问世事，只关注于宗教和精神生活，西藏这片“和平幸福”的“世外桃源”注定要毁于红色中国人之手。

奥夫施奈特1948年3月25日从拉萨给斯文·赫定写信说：“很

① Lee Feigon, *Demystifying Tibet*, p. 21.

② Lama Anagarika Govinda, *The Way of the White Clouds*, p. xi.

③ Martin Brauen, Hg., *Peter Aufschnaiter, sein Leben in Tibet*, S. 23.

④ Heinrich Harrer, *Sieben Jahre in Tibet*, S. 316.

明显，没有比独立更让西藏人珍视的东西，几乎所有的决定都是从这一角度来考虑的。总体上，这种不受拘束的自由，在其他一些山地民族如瑞士人和廓尔喀人那里也能看到。无论如何，哈勒和我都感到已经同这个民族深深地联系在一起，甚至有几次我们想申请‘西藏国籍’（Staatbügerschaft）。现在有一个西藏使团已经启程，携带着“西藏护照”（这是第一次）到中国、美洲和欧洲。目的是为羊毛寻找市场，战争以前，几乎所有的羊毛都是卖往美洲。……所有的人都知道，我和哈勒完全远离政治，我们在这里的生活只是为了工作。”① 哈勒与奥夫施奈特确实见证了20世纪40年代末西藏地方某些上层人物积极谋求“独立”的言行，但是这些极少数人的行为被他们描绘为整个藏族的政治诉求。不愿被“拘束”是很多民族都具有的心理和文化特征，却被解释为一种“主权独立”意义上的“政治观念”。此外，他们也没有“远离政治”，事实上他们是游走于英国驻拉萨代表处、国民政府驻藏办事处和噶厦之间的“三料线人”，后来他们又为达赖出逃以及“藏独”活动出谋划策，奔走鼓吹。

1962年，艾哈德·吕勒（Erhard Rühle）出版了菲尔希讷的传记，在前言中吕勒介绍说：“西藏是一片自然之地，地球上最高的高原。西藏的政治边界只是西藏高原的一部分，当然也是最大的一部分；它有联邦德国五倍大，却只有250万居民。几百年来他一直是个王国，时强时弱地独立于强大的邻居中国，它逐渐发展成一个以达赖喇嘛为首领的僧侣国家。19世纪西藏开始对外封闭起来，同时也脱离了中国。直到菲尔希讷的时代还是如此。今天这种状况已经被打破，这个‘国家’被强迫打开。1950年西藏被中国的红色军队占领，僧侣的起义也被镇压。”② 从这段描述中，人们无法了解更多有关西藏地方与中国之间政治、历史关系的具体细节和事实依据，获得的仅

① Brief von Peter Aufschnaiter an Sven Hedin, Lahsa, 25. März 1948, Martin Brauen, Hg., *Peter Aufschnaiter, sein Leben in Tibet*, S. 76.

② Erhard Rühle, *Im Herzen des Schweigens*, S. 120.

是结论式的评断。这是一种让人熟悉的历史描述，也成了西方人有关西藏的“历史常识”。

这一时期的一些西方学者普遍流露出一种相似的倾向，即对西藏最终“落入中国人之手”，而没有变成英国的“保护国”而深感惋惜。很多人认为，西藏未能接受英国人进行现代化的建议或者没有成为英国的“保护国”，是西藏最终无法抵抗中国“占领”的主要原因。把西藏变成像不丹那样的“保护国”是英国在20世纪初至20世纪40年代的对藏政策的一个重要目标。这种思路在当代的一些西方学者甚至是海外藏族学者那里依然颇受欢迎。如英国学者兰姆（Alastair Lamb）于1960年出版的颇有影响的著作《英国与中国中亚》，其后的结论是：“要保证西藏成为印度北部可靠的缓冲区，就必须保证印度在拉萨有绝对影响力，并将西藏置于印度某种程度的保护之下。西藏的神权政治在20世纪已没有发展的条件。没有印度的保护，只要某个强大的力量在中国确立了统治，不可避免的，中国人很快就会重新赢得在西藏的主导地位。”① 兰姆不仅对英国在印度和中亚的帝国主义和殖民历史没有丝毫反思，反而将“西藏问题”的出现归结于英印政府未能成功地将西藏置于保护之下。意大利著名藏学家图齐就持类似的看法。②

19世纪的德国传教士和学者一般都对藏传佛教大加挞伐。这种对藏传佛教的激烈批评和负面评价，在20世纪以后越来越少，到了20世纪50年代，在哈勒等人的作品中基本已看不到这种批评。相反，以高文达喇嘛等为代表的一些西方藏学家对藏传佛教和西藏文化

---

① Alastair Lamb, *Britain and Chinese Central Asia: The Road to Lhasa 1767 to 1905*, London: Routledge and Kegan Paul, 1960, p. 335.

② Giuseppe Tucci, *To Lhasa and Beyond: Diary of the Expedition to Tibet in the Year 1948*, Rom: Ist. Poligrafico dello Stato, Libreria dello stato, 1956, pp. 100-101. 后来的海外藏族学者达瓦诺布（Dawa Norbu）、美国的戈尔斯坦（Melvyn Goldstein）等也有这样相同的看法，参见Dawa Norbu, *China's Tibet Policy*, Richmond: Curzon, 2001; ［美］梅·戈尔斯坦著，杜永彬译：《喇嘛王国的覆灭》，北京：中国藏学出版社，2005年。

大加赞美，将其地位抬高到了无以复加的程度。奥夫施奈特评论西藏僧侣制度说："对西藏的通常描述——一个专制的僧侣国家，基本上是正确的。僧侣们比较有势力。……一些西藏人经常说，所有最高级和有权力的官员几乎都出身于最贫穷的家庭，通过寺庙这条路而成为显贵，这是一种古老的民主。"① 虽然奥夫施奈特承认西藏是一个"专制的僧侣国家"，但口气异常平和，绝不像早期德国传教士们那样言辞激烈，他更进一步指出西藏僧侣制度中蕴含着"古老的民主"。在高文达喇嘛那里，中国对西藏的"占领"则意味着一种人类精神的伟大实验的失败，是人类的无量损失。藏传佛教和西藏人的生活方式所代表的正是一种解决人类社会面临的"物质主义灾难"的唯一出路。他指出，"由于一直受到高山和极端气候条件的保护，西藏没有建立军事防御力量。他们把所有的精力都投入了宗教生活，他们的经济形态也仅是为了满足生活的基本需要。这使西藏很容易成为拥有现代化武器的军队的牺牲品。在这个无法避免的悲剧中，一种实验宣告结束了——这种实验试图将精神价值置于物质成果之上。"② 高文达喇嘛塑造的西藏人形象超凡脱俗、不食人间烟火，这正是很多西方人所认为的香格里拉的居民们应该具备的基本品德，他们不会是也不应该是物质主义的而应该完全是精神主义的。

藏传佛教在20世纪50年代以后开始进行现代化，主要是为了适应西方社会和文化进行调整和改变。1957年，伊文思给高文达喇嘛写信说："生活来源问题给我带来很多麻烦；很不幸，没有钱我就无法生活。当然，真正的自由在于放弃，但在欧美国家，如果一个人没有金钱、工作或家庭，他很可能会因此而犯罪。换句话说，在当今的西方，佛教和真正的基督教在修道院以外是无法有保证地被修习的。"③ 高文达喇嘛的学生里克尔（Hans Ulrich Rieker）1952年在柏

---

① Martin Brauen, Hrsg., *Peter Aufschnaiter, sein Leben in Tibet*, S. 75.

② Lama Anagarika Govinda, *Buddhistische Reflexionen*, S. 194.

③ Ken Winkler, *A Thousand Journeys*, p. 131.

林建立了坐禅中心，任务之一就是在西方人特殊的心理前提下，发展修习佛教的方法。刚刚经历了第二次世界大战，冷战又接踵而至，核战争的灾难也在眼前，这让无数西方人对自己所处社会的政治和社会感到了厌倦和憎恶，尤其是“西欧的年轻人都在渴望着寻找新的选择。变化的政治现实激起了他们对其他文化（尤其是那些正在消失的文化）的兴趣。”① 西藏文化和佛教在这种形势下开始在西方流行起来。如沈卫荣教授所言，“随着西方，特别是美国‘新时代运动’（New Age Movement）蓬勃发展，藏传佛教成为可供西方人作另类选择的一种非常受欢迎的外来神坛（alternative altar），几十年间，在西方水涨船高，势不可挡。而西藏随之被神话化为世界上硕果仅存的世外桃源——香格里拉，成为世界上所有追求精神解脱者向往的最后一块净土。在这种社会文化背景之下，达赖喇嘛成了可供西方人作另类选择的一个非常有影响力的精神领袖，他所代表的藏传佛教成了西方精神超市中的抢手货。”② 这种情形与藏传佛教在东方遇到的境遇截然不同。高文达喇嘛深有体会：“在印度，人们对佛教和我们的艺术毫无兴趣，而美国对这两者都很饥渴。美国有非常兴旺的佛教徒群体，他们愿意在任何方面为我们提供帮助，我们在那里有很多朋友。然而在印度我们多少有些孤立，虽然总体上我们热爱阿尔莫拉和印度。”③

从20世纪初开始，旅行者、探险家和研究者开始把西藏设定为西方的对立面，自己生活的西方总是丑陋而堕落的，而西藏则是美丽和文明的。这种感情和思想，到20世纪40年代以后，在新的历史条件下和众多出类拔萃的探险者和西藏文化的“代言人”鼓吹渲染下，变得愈加强烈了。图齐1948年在西藏进行了7个月的考察，到达了拉萨和山南雅砻河谷。考察临近结束，他无限留恋地说：“我不仅要

① Ken Winkler, *A Thousand Journeys*, p. 137.

② 沈卫荣：《谁是达赖喇嘛》，《天涯》2010年第3期。

③ Ken Winkler, *A Thousand Journeys*, p. 158.

感谢西藏（地方）政府，也要感谢我遇到的那些西藏人，他们对外人是那样的友好和仁慈。当秋天来临，我不得不怀着极为遗憾和难受的心情离开西藏，回到我们自称为文明的（civilized）——一个在我们的语言中显得有些神经错乱似的词语——世界。”[①] 图齐在为奥夫施奈特写的悼词中说：“谈话时，我们在一点上总是一致的：再也没有比远离现代世界的喧嚣更为可贵的了，在这个现代世界中，人们的精神——友爱和宽容——似乎已经消失了。他安静而孤寂，始终在冥思和观察世界，这是精神自由的一种境界，是佛追求的理想状态。”[②] 这段话很好地表达了许多西方人对西藏的另一种精神寄托，他们厌倦了西方世界的喧嚣，西藏是代表着精神自由和非物质主义的最后一块净土，西藏作为一种精神性的符号可以帮助他们从令人生厌的西方物质主义生活中解脱出来。

到了20世纪50年代，西藏在当代西方的文化定位初现端倪，高文达喇嘛简练准确地概括道：“西藏已经成为当代人类一切渴望的代表符号，或者是由于这种渴望已经消失，或者还未实现，或者正在消失。”[③] 他还断言：“西藏是人类最古老的传统仍然存活于其中的最后一种文化。”[④] 在《西藏密教之基础》的前言中，高文达这样评论西藏的意义：“对我们的时代和人类精神发展而言，西藏传统所代表的重要性基于这样的事实：西藏是把我们与遥远过去的文明联系起来的最后的活的纽带。埃及、美索不达米亚、希腊、印加和玛雅的神秘崇拜已经随着它们文明的湮灭而消亡，除了一些零星的散片，我们已无法知道其本来面目。印度和中国的古老文明虽然还较好地保存在它们古老的艺术和文学中，仍然在现代思想的余烬中时而显现出火花，但已经被许多种不同文化影响、渗透和湮没，如果不是完全不可能的

① Giuseppe Tucci, *To Lhasa and Beyond*, p. 8.
② Martin Brauen, Hrsg., *Peter Aufschnaiter, sein Leben in Tibet*, S. 21.
③ Lama Anagarika Govinda, *The Way of the White Clouds*, p. xi.
④ Lama Anagarika Govinda, *Buddhistische Reflexionen*, S. 195.

话，也已经很难将各种不同的成分区分开来，辨认出其原初的真性。由于自然的封闭和无法接近（过去几个世纪的政治环境进一步增强了这种状况），西藏成功保存了最遥远过去的活的传统、关于人类灵魂所隐藏力量的知识以及印度圣人和智者最高的成就和秘传教义。但在改变世界的一系列重大事件中——没有哪个国家能躲过，甚至西藏也会被从封闭中拖出——这些精神成就将会永远消失，除非它们能变成未来人类更高层次文明的内在部分。”①

这样，在新的时代西方人实现了对西藏价值的重新定位和阐释，认为西方社会进程中遇到的任何问题，都可以在西藏找到答案，西方人已经不在意真实的西藏到底如何，西藏的意义和价值就在于它是“人类一切渴望的代表符号”。高文达喇嘛对西藏文化寄予的厚望则是把全人类从权力、政治和物质主义中解放出来，这也正是那些立志于拯救“堕落”的西方世界的精英们所苦苦思索的问题。西藏被想象和塑造成了最久远的人类智慧和文化的保存之地，西藏文化所面临的最大威胁就是其封闭状态被打破，无法再为人类留存这些最宝贵的精神遗产。西方文化精英的使命就是要将西藏精神主义的传统与西方物质文明对接，用以疗治、弥补西方人精神心理的创伤和空虚。要实现这样的目标，首要的任务当然是先要唤起西方人对西藏和西藏文化的重视，让西藏和西藏文化在西方“流行”起来。在这样的背景下，西藏文化的重要性和声誉就逐渐被众多西方人抬高到无以复加而又毫无理性的高度。

---

① Lama Anagarika Govinda, *Foundations of Tibetan Mysticism*, New York: Samuel Weiser, 1969, p. 13.

第五章　考察探险与德国人眼中的西藏形象

第一节　入藏德国人塑造的西藏香格里拉形象

由于个人偏好、研究领域、知识结构和各自所处时代文化、价值理念的差异，德国考察和探险者对西藏的描述和解释也有很大不同。传教士们侧重研究藏传佛教、语言和文化；施拉君特怀特兄弟、菲尔希纳、塔弗尔注重自然地理；舍费尔探险的宗旨则是要对西藏进行地理、动植物和人类学的综合性研究；哈勒只是个登山运动员，并无专业研究，描述比较广泛，意识形态因素也较浓。从 19 世纪末开始，以英国皇家地理学会为核心，欧洲对西藏感兴趣的各色人物形成了一个“国际共同体”。他们彼此熟悉对方的活动和著作，有关西藏的信息可以迅速在这个圈子中得到传播。[①] 很多德国人也是这个圈子的成员。在英国主导西藏信息传播的情况下，他们自然也受到了英国制造的西藏形象的影响。1930 年代前，德国不像英俄对西藏有政治利益诉求，所以在此之前的作品中政治因素也较少。但总体上的特点是，

① Peter Bishop, *The Myth of Shangri-La*, p. viii.

他们“既让德国公众接近了神秘的西藏，同时又把它神秘化”。[①] 他们扩展并强化了德国人意识中的西藏乌托邦想象，制造了一个德国版的香格里拉神话，同时他们也突出和强化中国和中国人在西藏的负面形象，深刻影响了德国人的西藏认知和看待“西藏问题”的心理结构。

作为强势的一方，当德国人进入西藏时，他们很容易忽略或漠视西藏让人“不愉快”的方面和西藏人真正的日常生活。他们只感受和观察到西藏人接待他们这些“尊贵客人”时的微笑、热情与好客，看到了西藏人对佛教的虔诚和心灵的“纯净”，但是大多数普通人真正关心和实实在在每天都面对的柴米油盐、生老病死、喜怒哀乐、恐惧忧愁被完全遮蔽或忽略了。德国人则可以尽情发挥想象力，把自己社会和文化中所欠缺的一切、自己梦想的一切，都混杂和糅合进对西藏的观察和评论中。他们作品中充满对西藏的神话式的描写，用虚幻代替事实，使普通读者失去了认识和思考西藏真实社会现实的可能。他们作品的一个总体特点是，以西藏贵族和上层的幸福生活代替整个旧西藏的社会现实。例如哈勒的《西藏七年》很多内容记述了他在拉萨参加宴会、节日等与上层的社交活动，几乎没有对拉萨普通人生活的描述。哈勒的作品基本没有对旧西藏政治社会制度存在的缺点进行直接描述和评价，相反都极力向西方人描绘和展示一个世外桃源式的旧西藏。他这样描述拉萨的夏天：“夏天，在美丽的花园里或河岸边，经常会有整日或整周的庆祝，那些聚会者用更好的宴席、舞蹈和游戏相互攀比竞赛。让我惊异的是，那些贵族们对如此频繁的庆典和宴饮竟不感到疲倦。”[②] 在西方读者心目中，这幅贵族们快乐幸福的场景就是所有西藏人的生活写照。

实际上，“西方人同西藏社会穷苦人的接触是极端有限的”。[③] 舍

---

① Reinhard Greve, „Tibetforschung im SS-Ahnenerbe“, S. 184.

② Heinrich Harrer, *Sieben Jahre in Tibet*, S. 299-300.

③ Peter Bishop, *The Myth of Shangri-La*, p. 193.

费尔等人在拉萨除观察寺庙和民俗，就是忙着与西藏上层建立联系；赫定得到了九世班禅的接见，这成为他回忆录中最重要的章节。哈勒和奥夫施奈特是达赖喇嘛及其家庭的座上客，他们住在西藏贵族擦绒家中，成了“食客”，同时游走于西藏权贵之门，参加各种宴会庆典。他们得到西藏政府较优厚的待遇，还经常获得上层人物的慷慨馈赠。他们在西藏过着贵族一样的生活，安闲而舒适。1949 年 11 月，奥夫施奈特在给母亲的信中描述了他在西藏的生活：“所有的一切都按部就班，运转正常。但如果我失去现在的职位的话，那将是极其让人沮丧的。可以肯定，再过些时日我就能被任命到更权威的位置上了。现在我已经获得了一个庄园。在这样的西藏庄园生活是极为惬意而舒适的，尤其是当它位于喜马拉雅附近时，我跟朋友们就面对着喜马拉雅，时时欣赏。……相对来说，西藏是个较好的地方，如果它变成了中国的一部分，所有的一切包括现在舒适的生活肯定都会结束。”① 1950 年 1 月，西藏即将解放，他给朋友写信说：“这是经历了两次世界大战后，我的人生之路第三次被政治所打断。我对政治的厌恶难以言表。我在这里几乎拥有了一切，包括我所需要的东西，一个固定的职位，一所舒适的房子，薪水不高，但花销不大，我几乎能剩下月薪的一大半，气候也极为舒适，还与简单朴实的居民快乐地相处——这是世界上最单纯的民族。”②

哈勒的生活比奥夫施奈特更为舒适荣耀。他成了十四世达赖喇嘛父母的座上客，更有机会经常见到达赖喇嘛。他后来搬出了擦绒家，买下了当时所谓西藏“外交局”总管索康旺清格勒的一座宅邸。哈勒在《西藏七年》中专门用了一章来描述他这所宅邸：卧室的舒适、仆人们的周到、花园的宽敞美丽等等。③ 他成了“三料线人”，同时为英国驻拉萨代办处、达赖喇嘛家庭和噶厦、国民政府驻藏办事处服

① Martin Brauen, Hrsg., *Peter Aufschnaiter, sein Leben in Tibet*, S. 106.

② Martin Brauen, Hrsg., *Peter Aufschnaiter, sein Leben in Tibet*, S. 123.

③ Heinrich Harrer, *Sieben Jahre in Tibet*, S. 311-315.

务。他们在西藏获得了庄园、名位和上层的青睐，还能随时与欧洲的朋友家人保持联络，“拥有了几乎所有的一切”。从朝不保夕、时时忧惧被遣返的逃犯，一变而过上了西藏贵族般的生活，确实如梦一般，这种不可思议的事情好像也只有在“梦幻之地”西藏才能发生。因此他们所说的西藏人的幸福生活，不过是对自己和他们接触的西藏上层的描述而已。他们对中国的恐惧和怨恨，实质上是由于失去了在西藏获得的一切。

《西藏七年》最具魅力之处是以一个西方人的视角呈现和记录了所谓旧西藏消失前的最后一段景象，被认为是对自由、快乐、和平、专注于宗教、充满异域风情和中世纪氛围的古老西藏文化的最后一瞥。哈勒塑造的西藏与英国小说家詹姆斯·希尔顿（James Hilton）《消失的地平线》（*Lost Horizon*）所营造的香格里拉式的西藏基本相同，但是“哈勒的西藏”显然被看作是更为真实的西藏。他在晚年自传《我的一生》中强调，他不希望像之前的很多旅行家或传教士那样描述西藏的各类神秘现象和怪异风俗，并且指出，“我在西藏的七年间从未见过一个修行者或僧侣能够做超自然的事情，我也从未试图求证西藏人是否能让精神与肉体分离以及护身符是否灵验，是否真能让敌人身首异处，更谈不上做实验来验证上述问题。我的理性让我远离神异之事，西藏确实也发生了一些人们无法解释或看透的事，我相信这也是属于这片土地的秘密和魅力之处。”① 他曾严厉批评英国小说《第三只眼》（*The Third Eye*），称其为彻头彻尾的谎言和骗局，并且让德国出版商不要再出版该书作者洛桑·然巴（T. Losang Ramba）的小说。哈勒反对和批评西方社会将西藏妖魔化、虚拟化、神秘化的倾向，认为这样不利于西方人认识真实的西藏，但是他又非常诚实地坦言：“这段时期（20 世纪 50 年代中期）有许多利用西藏的魅力来攫取好处的书籍，我的目的就是戳穿这些作品。但是我已经放

① Heinrich Harrer, *Sieben Jahre in Tibet*, S. 135.

弃了这一想法，相反，我发现它们对于西藏人而言是极其有用的，西藏人为自由而斗争的诉求可以通过它们得到更为广泛的传播。”① 可见，哈勒并不真正在意西方作品描绘的西藏形象是否真实，只要有利于西藏人的“政治斗争”，不论是将西藏神话化还是神秘化他都可以被接受。他本人更是热情投入到为政治目的而虚构西藏的创作潮流中。

有的德国考察者如舍费尔也观察到了旧西藏制度的某些阴暗面，但他们却大多对这种“原始”大加赞扬。塔弗尔 1908 年结束了在青藏高原东北部的旅行，坐上了刚开通的京汉铁路火车，感慨也油然而生：“那些生活在大山背后的野蛮人——那些苗子和番子——他们的幸福决不会少于生活在‘文明’中的我们。他们依然生活在落后的、原始的时代，但肯定也是一个美好的时代。”② 1938 年，舍费尔称赞那些生活在尼泊尔和锡金深山中的部落说：“这里的人有着永恒的信仰，他们不知道所谓的进步，从原始时代就在世界中遗失。他们所生活地区的边缘就是世界的边缘，在这里，人不是万物的尺度，而是整体的一部分。他们与他们的神话和神灵完全融合在永恒的原始中。”③

舍费尔在《白哈达的节典》中曾这样评论西藏的社会制度：“按唯物主义和西方人的观点，西藏呈现这样的形象：自私的主教垄断了教育和教养；用神秘主义麻木人民以保持他们对自己的依附；喇嘛教的僧侣统治制度弱化了民族能力；狂妄式的自我高估使他们拒绝‘时代的要求’；人民身处特权阶层统治下并被敲骨吸髓式地剥削；用精神魔咒和祈祷代替卫生健康制度。”“西藏人对鬼神的信仰不可动摇。巫师、预言者、通灵者和占卜官在这个‘国家’一直扮演着重要角色。统治阶层直到今天还保持着高度威望，他们是主要的手段。当西方人的生活已经完全进入理性方式时，西藏人依然同神秘主

① Heinrich Harrer, *Mein Leben*, Berlin: Ullstein, 2018, S. 263.

② Albert Tafel, *Meine Tibetreise*, S. 485.

③ Ernst Schäfer, *Über den Himalaya ins Land der Götter*, S. 34.

义的自然力量和鬼神现象密切相连。”这些观察不可谓不深刻。但紧接着他评论：“人们虽然放弃了所谓的‘进步’，但仍然生活得很幸福。人民和贵族阶层的关系如此之好，以至于农奴们并不知道自己是农奴。……我们在这儿待得愈久，对西藏人的生活了解得越深，我们就越肯定，这里就是我们要寻找的那个幸福天堂。……拉萨人知道，幸福不依赖于物质财富，而是来自对隐藏在生命背后的神秘性的全心全意的献身精神。在这种意义上，西方的所有抽象哲学都不曾真正表达过什么是幸福。”最后舍费尔确信：“我们遗失的那个文明——它的灵魂已被破坏——在这里依然存在。”①

塔弗尔、舍费尔等对西藏的观察和印象是复杂的，从当时欧洲的政治和社会文化标准来看，西藏的社会制度确实落后，但是更重要的他们对自己所处的欧洲文明却丧失了兴趣，充满了厌烦。当他们从表面看到西藏人对精神生活的专注和追求，观察到与他们接触的那些“农奴”和“人民”的微笑、快乐和单纯，就心生感慨地认为西藏人的生活正是“没有被破坏灵魂”的西方文明的再现。但是，即使是所谓已经“遗失的那个文明”不过也是身处工业化和资本化进程中的欧洲人对过去历史的自我想象和虚幻。不论是对欧洲历史上“黄金时代”的想象还是对现实中西藏人“幸福生活”的臆测，都是他们评判欧洲社会现实和自我精神渴望的折射。他们有意无意地用想象中的香格里拉形象来解释、描绘在西藏遇到的事件和景象，即使总是面对一些“不愉快”和“非香格里拉”的因素，也无法动摇他们的“信念”——西藏就是“那个幸福天堂”。

哈勒在《西藏七年》中这样描写他曾经长期生活过的西藏：“第二次世界大战期间，一位英国军官说，利用飞机，世界将最终被探查完毕。这也意味着，仍然存在神秘之地。‘世界屋脊’上就存在这样一片土地，在那里可以看到奇迹。那儿有僧侣，他们的灵魂脱离了肉

---

① Ernst Schäfer, *Das Fest der weißen Schleier*, S. 26-27, 165.

体，通过空气的变化和神秘的暗示来确定事情。这个‘国家’被高山环绕，统治者是一位活佛。他的住所是在红色山崖上的一座无比美丽的城堡。这是一个被禁止进入的‘国家’，僧侣们严密看守着‘首都’拉萨。浪漫的是，山背后的隐秘之处也盛开着鲜花。”① 哈勒在西藏生活了七年，对他本人而言，现实的西藏已经不再神秘。但是他在向自己的同胞描述时，依然延续了将西藏神秘化和神话化的传统方式。

哈勒神话化西藏的主要手法是在日常意义上将一部分西藏人（主要是他接触的西藏上层贵族）的生活、思想和行为方式以及自身在西藏的美妙体验概括指代为全部西藏人的生活。哈勒在拉萨期间交往的主要是西藏地方政府的高级官员、富裕商人、贵族家庭、寺庙领袖甚至达赖喇嘛等上层人物，他本人在西藏也获得了庄园、名位和上层的青睐，过着贵族般的生活。哈勒对西藏文化、社会和生活状态的观察和思考绝大部分来自这些阶层，《西藏七年》就是主要通过对与这些人的聚会、宴饮、娱乐、拜会、参观、交谈、友谊等的详细描写来呈现西藏的风貌。这些记述洋溢着对西藏人物质丰富、精神愉悦、人际关系融洽、性情淳朴的赞叹和感慨，而西藏普通人的所思所想、真实生活状态则被刻意边缘化、隐匿化，以偏概全的叙事方式使读者误认为这就是整个旧西藏社会的美妙景象和幸福状态的缩影。哈勒塑造了两个截然相反、对比鲜明的西藏形象。他把 1951 年之前的西藏称为自由、快乐、富足的西藏，把 1951 年之后的西藏描绘为不自由、痛苦、贫乏、封闭的西藏，后者凸显了前者的真实性，这种形象对比使读者对旧西藏产生了深刻的情感和道德认同。他在作品中不断强调和描绘旧西藏的“自由状态”，经常使用“自由的西藏”这一称谓，连他于 1951 年在春丕谷为达赖喇嘛拍摄的照片都称为“神王在自由

① Heinrich Harrer, *Sieben Jahre in Tibet*, S. 435.

西藏的最后摄影”。[①] 自由是现代西方核心的价值观念之一，也是美国为首的西方阵营在冷战时期针对苏联、中国等进行心理战和宣传战的主要词汇之一，正是在这种背景下，西方“藏独”活动才将“Free Tibet”这一口号作为自身主要的斗争目标和宣传策略。旧西藏显然既没有西方式的自由观念，更不存在与自由相关的政治实践，但是哈勒却凭借见证人的身份虚构再造了西藏的“自由传统”，让西方人相信旧西藏是一个符合现代西方普世价值和文明标准的神奇之地，从而使他们对现实中的“藏独”活动充满同情和支持。

在西方人心目中，随着共产党中国“入侵西藏”，美好的“香格里拉王国”也就从此消失，一去不返，无数人为之扼腕叹息。当代的西藏已不是原来的香格里拉，香格里拉只存在于“历史”上和“记忆”中。因此，20 世纪 50 年代以后的西方作品，经常会以这样的笔调描绘旧西藏：“在 50 年代中国入侵西藏以前，西藏人生活得无比宁静和幸福，几个世纪以来他们都隔绝于他们甚为不信任的外部世界。”[②] 香格里拉神话的核心要素之一就是，它发生在中国人“占领之前”，并且由于中国的“占领”而毁灭。它具有多数西方神话共有的特征，即神话世界的消失最终都是由于邪恶力量的入侵，也正是这种悲剧性才能使人确信神话的真实性。

哈勒、奥夫施奈特和舍费尔都曾在西藏生活，也都同其他一些西方人一样宣称自己的作品是对他们亲身经历的那个美好西藏的回忆和记录，流露出对他们描述（实际上更多的是想象）的西藏的无限留恋。奥夫施奈特和哈勒都带着无限伤感和留恋的笔调不断重复：“我们书中描述的那个西藏已经不存在了，而且永远不会再出现了。”奥夫施奈特的传记这样描述他去世前的一幕：“在他去世前不久，有人问他，什么是他生命中最美好的回忆。‘当我独自面对西藏那山峦起

① Heinrich Harrer, *Mein Leben*, S. 182.

② Marilyn Rhie and Robert Thurman, *Wisdom and Compassion: The Scared Art of Tibet*, New York: Harry N. Abrams, 1991, p. 8.

伏的无限辽阔时’。说这话时，他的眼睛湿润了。他知道，他再也不会见到西藏，但在意识中，他依然生活在这片土地上。”① 这代表了很多西方人的心理，这种对旧西藏恋恋不舍的“不了情节”，从另一个侧面强化和“印证”了普通西方读者们有关旧西藏的香格里拉形象。

第二节　德国探险者视野中的汉藏关系

第二次鸦片战争后，西方旅行者、探险家、传教士和殖民地官员等开始进入以前无法踏足的中国边疆和少数民族地区，各种直观的旅行游记、考察报告和民族志等将他们的形象呈现给西方。从 19 世纪末开始，进入西藏尤其是拉萨成为一些西方人的梦想，因为西藏是当时西方地图上仅剩的“空白点”。西方人一般会以各种作品把有幸进入西藏的经历和见闻公之于众，其中或多或少都要涉及中国的形象。核心性的问题包括，西藏地方与中国的政治关系及其历史是什么？主体民族汉族与藏族的社会文化关系怎样？中国人如何治理庞大的国家？如何维系包括藏族在内的为数众多、形态各异的族群的向心力？如何处理和应对不断来自边疆的种种问题和挑战？西藏游记等是西方获取西藏信息的第一手材料，对于西方人心目中的西藏形象和汉藏关系的认知具有直接影响。入藏西方人的观察、描述和评论代表和反映着西方人视域中的汉藏关系。有关汉藏关系的表述、认知和想象构成西方涉藏、涉华话语体系的重要内容，也是分析中国的局部形象与总体形象的极好案例。

不同历史时期，西方的涉藏作品反映的汉藏关系既表现出不同的形态和特征，观察描绘的侧重点有所差异，也有很强的连贯性和一致性。总体而言，西方人视野中的汉藏关系一直呈现一种二元对立的两

① Martin Brauen, Hrsg., *Peter Aufschnaiter, sein Leben in Tibet*, S. 9, 20.

极想象模式，体现在对汉藏两族在各方面的差异性和对立性的普遍化和背景性的表述和认知。西方人视野中的藏族人和中国人（汉人）形象还具有完全对立的道德价值立场、审美标准和意识形态因素，对双方好坏、善恶、美丑的想象与判断鲜明对立。在政治关系上，西方人一般认为西藏曾经是一个“独立国家”，中国人（汉人）是“占领者”和“压迫者”；在民族特点上，西藏人善良、淳朴、和平、节制，中国人（汉人）则狡诈、残忍、压迫、暴力和充满贪欲；在历史文化上，西藏曾经是和平幸福、宁静自足的世外桃源——香格里拉，中国则是专制侵略的邪恶帝国；在审美情趣上，西藏人代表着原始、圣洁、智慧和精神主义，中国人（汉人）则世俗、现代、沉迷于物质主义。

沈卫荣教授认为：“西方人把西藏理想化为一个乌托邦的同时，还把中国妖魔化为一个与其对立的异托邦（hetrotopia），一切好东西全由西藏和西藏人包揽，而一切坏东西则都由中国（一个汉人的国家）和中国人（汉人）买单。现今的西方人在很多时候、很多方面对中国和中国人表示出的不友好、甚至敌意，都与这种两极的想象有关。东方主义对于我们的危害，不仅仅在于在‘西藏问题’上令我们十分的难堪，而且还整个地损害了中国、中国人和中国文化的国际形象。”乌托邦是一个虚拟的理想化了的完美形式，“异托邦”则是一个完全与乌托邦相对立的空间，与乌托邦中一切完美的因素形成强烈的对比。同时，西方人还将中国人（汉人）看成是西藏文化的“杀手”，汉、藏文化是两股道上跑的车，走的不是一条路。[①] 这些都是对西方人心目中汉藏关系总体形象的准确概括。

德国考察者也描绘了旧西藏的独立意识，表现出强烈的去中国化色彩。中国是西藏的对立面，中国人是西藏人的压迫者，这种描述和

---

① 沈卫荣：《寻找香格里拉》，第 166 页；沈卫荣：《汉藏交融与民族认同》，《读书》2010 年第 1 期，第 63 页。

评论在西方考察者，包括德国人的著作中呈现出很强的连贯性。这种倾向不仅仅是1950年以后才出现，实际上在格吕贝尔和古伯察的时代、在19世纪末20世纪初就早已存在。在古伯察的时代和20世纪初，他们厌恶和批评的是清朝，1911年以后，他们谴责国民党中国，20世纪50年代以后，共产党中国更成了毁灭“香格里拉天堂”的罪魁祸首。总之，中国对于西藏地方永远是一个威胁，出现在西藏的中国人永远让人（西藏人和西方人）厌恶。

在大部分德国西藏考察和探险者的著作中，西藏与“中国”、西藏人与“中国人”呈现出截然相反的两种形象，这首先体现在对藏人的种族特征及其社会文化的人类学特点的记录和描绘中。藏族的独特性毋庸置疑，但是多数旅行者有意无意地主要通过与中国人（汉人）的对比来说明藏族的人类学特点：西藏和西藏人代表着和平、善良和美好，而“中国”和“中国人”则意味着压迫、威胁、物欲、丑陋和邪恶。1949年9月，奥夫施奈特写给保罗·鲍尔的信极为明显地体现了这种观念。他说：“我已经融入了这里，想一直留下来。对我来说，欧洲或任何其他地方都已失去了吸引力。我以前跟您说过，任何欧洲人都不愿意离开这个半原始状态的国家。从北京的电台广播中人们已经觉察到了威胁，很快就会有对西藏的进攻。您可以想象西藏的美好景象：西藏没有饥荒，人们的生活要比周围地区好得多，衣服是羊毛织成的，虽然总是有些过长而容易撕裂，但丝毫不逊色于印度的亚麻布和中国人的棉布。无论如何，西藏人都想保持获得的独立。西藏人极为简单，‘粗鲁但热情真挚’，这与永远喜欢阴谋诡计的中国人截然不同。我们祈祷着，希望这个民族不要被占领。中国人将会使喜马拉雅和所有中亚的山区永远都无法进入。”① 哈勒则在《再见西藏》中更为直接地认为：“西藏有自己的语言、文字和宗

① „Brief an Paul Bauer, Lhasa, 8. September 1949“, Martin Brauen, Hrsg., *Peter Aufschnaiter, sein Leben in Tibet*, S. 105.

教，风俗习惯、头发式样和服饰也都与中国完全不同。尽管如此，中国人却完全把西藏理解为是中国的一部分。”①

从政治视角来看，“强大邪恶”的中国人（汉人）是弱小善良的西藏人的“压迫者”和“殖民者”，这是一直以来德国人理解的汉藏关系的重要特点。由于把中国人看作西藏人的压迫者和灾难，德国考察者大多积极评价西藏人“反抗中国人统治”的活动。这种认知倾向集中体现在他们对 1912 年西藏发生的“驱汉事件”的描述和评论上。1938 年，经过日喀则时舍费尔看到了中国士兵的坟墓，评论道：“这几百个圆形的土堆是中国人的坟墓，也是已经被驱逐出西藏的中国人的最后遗迹。这些坟墓孤零零地矗立在那里，没有围墙。中国的影响已经完全消失了，不留一丝痕迹。”② 他在沿途也看到了一些汉人废弃的房舍，20 世纪 50 年代他重新评价这一见闻说：“所有汉人的房子都已空空如也。对于统治者的仇恨已经深深扎根，西藏人最终在 1912 年摆脱了外国的统治。当然这只是很短的时间，1950 年开始中国人再次成为这个国家的主人。”他也向德国读者转述了汉人对藏人的看法：“中国人把拉萨称为蛮夷之城，靠粪便为生。”③

在德国考察者印象中，汉人还试图从血统和生产生活方式两方面同化西藏人。1939 年舍费尔在拉萨见到许多中国人（汉人），他评论道：“今天在拉萨大约共有五百名到六百名中国人（汉人），大部分是从打箭炉、西宁和安多来的商人。与穆斯林不同，大部分中国人都与西藏人结婚。这种长期实行的殖民化方法可以追溯到一项古老的法律，即所有的中国妇女不能离开长城之外，即不能离开真正的中国，已婚官员到西部的外部省份服务，不能携带家眷。这样中国人的血统可以较快地混入中亚的藩属国中。”④ 汉藏两个民族的通婚是极为正

---

① Heinrich Harrer, *Wiedersehn mit Tibet*, Innsbruck: Pinguin, 1983, S. 36.

② BArch, R135/41.

③ Ernst Schäfer, *Über den Himalaya ins Land der Götter*, S. 162, 185.

④ Ernst Schäfer, *Fest der weissen Schleier*, S. 90-91.

常的社会行为，也是汉藏民族相互影响、交融与共的体现。但是舍费尔从汉藏对立的认知框架来理解和描述这一现象，认为是中国人统治和同化外族的古老高明的手段。汉藏对立成为泛政治化的认知模式和解释框架。

早期接触西藏的德国人实际上大部分只到达了西藏周边地区，如甘青和川康。这些地区是汉、回、蒙古、藏等民族混合杂居之处，也最能反映中国的民族状况。但是在这种混居中，汉人一般占据主导地位，汉人的农耕文化往往会使少数民族失去土地或被汉化。在历史上这种汉人统治者对少数民族的压迫和歧视一直存在。但是由于西方人把汉人称为"Chinese"，在表述这些问题时就不可避免地会出现误导。德国传教士马蒂亚斯描述安多地区说："草原上也有森林与耕地相间的地带。在这些高海拔的封闭的农耕区域，一些西藏人已成为农民，但是中国人(Chinesen)已经渗透了进来。中国人不断推进他们的农业，西藏人失去了土地，不断后退或被中国化(chinesiert)。"[①] 1926年菲尔希讷这样描述新疆哈密："这里居住着蒙古人、满洲人、中国人（Chinese）和突厥斯坦人，后者是穆斯林，是当地最多的居民。突厥斯坦人和中国人世代以来无声无息、彼此沉默地混居在一起，也为了更好的土地和文化的主导地位进行着争斗。"[②] 这些表述中的"Chinese"实际上都是指汉人(Han-Chinese)，但是"Chinese"又是一个宏观的政治概念，用以指代生活在"China"这一政治实体和地理疆界之内的所有居民，而与"China"之内的任何单一民族群体没有指代上的关系。西方考察者或学者用"Chinese"这个总体政治概念指代"China"之中的主体民族汉族，有意无意之间就将"China"和"Chinese"与"Tibet"和"Tibetan"对立和并列起来，从而也赋予了后者政治含义。

德国考察者还认为西藏人专注于宗教，无欲无求，快乐自在，而

---

① Matthias Hermanns, *Himmelsstier und Gletscherlöwe: Mythen, Sagen und Fabeln aus Tibet*, Eisenach und Kassel: Erich Röth-Verlag, 1955, S. 11.

② Wilhelm Filchner, *Ein Forscherleben*, S. 194.

对西藏“原生态”的最大威胁一直以来就是汉文化的侵蚀。20 世纪 30 年代初舍费尔已经极为惋惜地感叹，藏人一旦像汉人一样定居就牺牲了原始的自由。20 世纪 40 年代入藏的哈勒则更明确地指出，“西藏一直隐居在自己的信仰中，也可远离他人而宁静自处，因为她满足于自己的宗教和‘时间的停滞’。中国的政治野心会毁掉这片土地。”① 在高文达喇嘛看来，西藏地方与中国之间的关系本质上是一种精神主义和物质主义的对立，中国人“占领”西藏是一个无法避免的悲剧，而这也表明西藏社会历来进行的一种实验宣告结束了——这种实验试图将精神价值置于物质成果之上。② 在很多西方人看来，物质主义和拥有现代化武器的中国与纯粹从事精神生活的西藏形成了鲜明的对比，悲剧性的结局是，物质主义的中国毁灭了精神主义的西藏。

哈勒的作品尤其突出强调了一种汉藏对立形象，将中国塑造为时刻威胁和破坏西藏这一世外桃源的“邪恶力量”。随着西藏和国际局势的变化，哈勒总能推出因应新形势的作品并对《西藏七年》不断修改。1980 年代重游拉萨后，新版的《西藏七年》专门增加一章，记述和评论 20 世纪 50 年代以后西藏发生的重大事件以及他重回西藏的感受。新的章节更加充满意识形态色彩，重点向读者展现世外桃源般的西藏已经在红色中国的统治下消失，出现在西藏的“中国人”是对西藏人和西藏传统文化的威胁。哈勒还出版了《重回西藏》，更加详细地述说他经历过的西藏生活以及见证的众多历史遗迹如何被毁坏一空，该书英文版名称为《重回西藏：中国人占领下的西藏》，更为直白地表达了他的意图。③ 在哈勒的作品中，中国的出现几乎全部意味着威胁、专制、黑暗和不自由，通过将中国整体形象负面化，哈勒营造出强烈的汉藏对立景象，这种冷战式语言和心理暗示，使西方

① Heinrich Harrer, *Wiedersehn mit Tibet*, S. 55.

② Lama Anagarika Govinda, *Buddhistische Reflexionen*, S. 194.

③ 参见 Heinrich Harrer, *Return to Tibet: Tibet after the Chinese Occupation*, New York: Tarcher, 1998.

人对于香格里拉因为红色中国入侵而毁灭的故事深信不疑。

不可否认，入藏德国人产生“西藏独立国”和汉藏对立的印象，也有客观原因。1911 年“辛亥革命，各省风从，驻藏军队相率哗变，藏人因乘机为乱，驱逐驻藏官吏及军队，并仇杀率藏汉回人民至一万余人之多，中枢与西藏关系忽焉中断。”因而就整个 20 世纪前半期中央与西藏地方的关系来说，“外有英人之指使，内有达赖之反复，冲突频仍，纠纷迭起，洵属两方感情最恶劣之时期。”① 从时间段上来看，大部分德国人入藏，正值这一时期。这是历史上中央政府在藏影响力最弱的时期，西藏地方政府在英人支持下，独立倾向极为明显；从汉藏民族关系和感情来说，也确是“最为恶劣之时期”。入藏德人对这种状况肯定会有所察觉，其作品也不会没有反映。例如，哈勒在西藏的七年间正是近代历史上西藏与中国中央政府关系最脆弱的时期之一，中央政府在西藏几乎没有影响力，而西藏内部一部分人谋求独立的意识和活动却极为活跃。他在拉萨得到的正式工作就是为当时的所谓“西藏外交局”负责人索康翻译英文报纸和杂志上的新闻，有时还充当翻译陪同会见访问西藏的外国客人。他也深受鼓吹和制造“西藏独立”的英印殖民地官员贝尔（Charles Bell）和黎吉生的影响。他不了解中国与西藏地方的长期历史关系，又有英国人制造的“西藏独立国”的先入之见，再加上现实状况的印证，“西藏独立国”形象在他们心目中遂成事实。“一叶障目”，哈勒等入藏德国人观察到的中国与西藏地方关系的短暂一页，成为当时及当代众多西方人认识中国与西藏地方关系的全部。

西方“汉藏对立”形象的形成有着深刻的历史、政治和文化根源。它产生于西方人接触和了解西藏的曲折历史过程，既与西方的“东方主义”息息相关，也与西方人自身社会价值和文化心理诉求的

---

① 《吴忠信奉派主持第十四世达赖喇嘛坐床典礼报告（1940 年 6 月）》，中国第二历史档案馆、中国藏学研究中心合编：《黄慕松 吴忠信 赵守钰 戴传贤奉使办理藏事报告书》，北京：中国藏学出版社，1992 年，第 127—128 页。

不断变迁密不可分。冷战时代中西方意识形态的对立，进一步强化和加深了西藏形象和中国形象在西方人心目中的差异度和对立性。从法国大革命开始，民族国家观念在欧洲兴起并逐渐成为主导性的政治社会思潮之一，它主张作为文化和血缘共同体的民族单位应该与作为政治一领土共同体的国家单位实现重合，其极端表述就是“一个民族，一个国家”。第一次世界大战后，欧洲的大部分国家基本完成了这种民族国家理念的政治实践。从这种观念出发，西方人很难理解中国多民族国家的构成模式以及维系这种“大一统”国家的治理方式。进入西藏的西方人，面对各方面都具有显著特点的藏族时，自然而然地认为西藏具备一个“民族国家”的基本元素，不应与中国人（汉人）同属于一个政治共同体。他们对于民族间（尤其是主体性民族与少数民族）之间的相互融合渗透、交错杂居尤为敏感，认为主体性民族必然地会对少数民族构成伤害，其对汉藏关系的认识也不会脱离这种总体的认知模式。借助近代在政治经济方面确立的主导地位，西方人这种背景性认知变成了对非西方地区民族关系的近乎意识形态性的评价标准，实际上是一种客观存在的文化霸权力量。

第三节　德国人摄影中的西藏形象

西方公众在认识和了解西藏的过程中，影像也是极为重要的途径和方式。19 世纪末开始摄影被大规模地运用于地理探险和人类学考察，成为人类学者研究和表述非西方人文化和形象的重要手段。人类学摄影的目的是为了精确描述和表现作为研究对象的非西方群体的文化差异与集体认同。早期西方人类学摄影的核心理念是“原始主义”（primitivism），众多西方人通过影像手段记录和拍摄非洲人、印第安人或南美丛林里的原始人，不仅仅是为了“捕捉那些与欧洲白人在外表和习惯上完全不同的人的形象，而且他们认为影像能为观众提供一种纯粹的、直接进入‘现实’(*reality*) 的手段。”[①] 同时，旅行游记、小说、让人陶醉的摄影和异国情调的油画，对于欧洲大众的审美标准和文化想象都产生了巨大影响。[②] 摄影成为传递和描述非西方地域和群体形象的权威形式。

19 世纪末欧洲人也开始利用影像手段记录和描绘西藏。西方学术界一般认为法国的奥尔良亲王（Prince Henri D’ Orleans）1889—1890 年在西藏北部羌塘草原和东部拍摄的照片是欧洲人最早的西藏实地摄影，有些在其 1891 年的游记中公开。不过，按照近来英国视觉人类学专家哈里斯（Clare Harris）教授的研究，1863 年一位名叫菲利普·埃格顿（Philip Egerton）的英国士兵秘密进入西藏最西端几十公里的地方，拍摄了河流冲刷出的一座岩石桥（rock bridge）的照片，她认为这是在西藏的第一张摄影。[③] 1900—1901 年，俄国人诺祖诺夫（Ovshe Norzunov）和崔比可夫（Gombojab Tsybikov）在西藏拍摄了 50 多张照片，涉及布达拉宫、拉萨、寺庙、扎什伦布寺、纳木错湖等，也是较早的西藏实地摄影之一，崔比科夫 1900 年拍摄的布达拉宫等照片则是最早的拉萨摄影。但是当亚洲的很多地区都已被西方人通过摄影详细记录和展现时，西藏总体上仍然是一片未被照相机触及的“视觉上的空白点”。绝大部分欧洲的探险者、旅行家和英印殖民的官员们只能在西藏的周边地区尤其是英国殖民势力已经触及的拉达克、锡金、不丹、尼泊尔等进行拍摄。当时的欧洲和印度的有闲阶层对于喜马拉雅的异域风情在视觉上的消费兴趣逐渐增强，喜马拉雅风景和人物的摄影、明信片等受到欢迎。有英国人在大吉岭、加尔各答专门建立了以喜马拉雅风情为主题的照相馆，最有名的是约翰斯顿与霍夫曼照相馆（Johnston and Hoffmann Studio），他们雇佣一些在

① Assenka Oksiloff, *Picturing the Primitive: Visual Culture, Ethnography, and Early German Cinema*, New York: Palgrave, 2001, p. 8.

② Edwar W. Said, *Culture and Imperialism*, p. 130.

③ Clare Harris, *Photography and Tibet*, London: Reaction Books, 2016, p. 16.

当地生活的喜马拉雅土著居民在摄影棚中进行各种西藏人类学、民俗学摄影，一部分作品被用于明信片、报纸或杂志，也有不少出现于学术著作中，在当时产生了一定的影响。

20 世纪三四十年代，西方关于西藏的各类影像的数量呈现爆炸式的增长。总体而言，英国人是 20 世纪上半期西藏影像作品的主要生产者，而英印驻锡金的政务官等负责西藏事务的骨干官员又是核心的摄影群体。这些人物包括荣赫鹏、怀特(John Claude White)、贝利(F. M. Bailey)、贝尔、威尔(Leslie Weir)、威廉逊(Frederick Williamson)、古德、黎吉生等。英国人有进入西藏的便利条件和机会，负责西藏事务的官员极其看重影像记录的作用，摄影构成他们入藏活动的重要内容，不时入藏的“英国使团”还会专门安排随行的摄影师并配备专业化的设备，包括最先进的照相机、电影摄影机以及幻灯机、电影放映机等。1903—1904 年荣赫鹏侵略军侵入拉萨，是西方第一次大规模用现代影像手段记录和展现西藏的活动。在筹划侵略行动时，英国人就已经准备好用影像手段记录侵略军的活动，以向本国公众展现“真实的西藏”和取得的政治、军事上的成功。随军的怀特是官方摄影师，负责记录整个“使团”的活动。他的主要装备是一部笨重的 13 × 10 英寸方箱照相机，在藏期间他吃力拖拽着这架照相机捕捉拍摄英国侵略军的活动。其他人则主要携带 1897 年发明的柯达折叠口袋式相机，一些军官还配备了这款相机在 1900 年发展出的第三代产品。便携小型照相机可以不受环境限制，随时随地进行拍摄。怀特和瓦德尔（Lawrence Augustin Wadell）拍摄了几百张黑白照片，贝利则共计约拍摄了 870 张照片。[①] 他们拍摄的胶卷被快速送回加尔各答、大吉岭、噶伦堡等地冲洗，之后发回英国国内，英国的报纸、杂志很快就刊出了这些照片。后来的贝尔拍摄了 800 张照片，一部分已在其著作中出现，贝利和黎吉生有 2000 多张摄影，威廉逊也有 1700 多

① Bailey Collection: Tibet 1903-4. F. M. B. [volume] I – III, photo 1083/12, British Library.

张。目前，仅英国皮特里弗斯博物馆（The Pitt Rivers Museum）就收藏有从1920—1950年间英国人拍摄的6000张西藏照片。这些摄影被不断选择、重组和解释，在各类著作、报纸、杂志、摄影集和展览中反复出现。可以说，20世纪前半期，西方人从影像上获得的西藏直观形象，完全操控在英国人尤其是英印殖民地边境官员手中。

摄影也被英国用作塑造“西藏独立”形象的手段。英印负责西藏事务的官员，如贝尔、古德、查普曼等都把摄影作为证明西藏的“主权独立地位”的视觉证据。人类学摄影集中于藏人的生理学特征、服饰、发式、日常生活、建筑、文化活动等等。具有现代民族国家观念的西方人，一看到这些影像立即就能将藏族这个具有鲜明生理和文化特征的民族与特定的政治边界联系在一起。因此，学者哈里斯称之为“外交摄影”。[1] 许多摄影也反映了英国、德国或美国的代表们试图努力与西藏的政治和宗教人物保持经常和良好的接触，以服务于各自的任务。[2] 英国人的很多摄影记录了他们与西藏官员、贵族、活佛等的交谈、会晤、宴会等活动。它们让人感到，“拉萨是一个英印殖民政府的精英与具有相应级别的西藏贵族和宗教领袖们聚会的地方”。[3] 它们还能给公众这样的印象：英印政府与西藏有着良好的政治关系，相关人员的私人关系也极为密切友好、欢畅融洽。1944年，负责不丹、锡金和西藏事务的政务官古德将其在西藏拍摄的照片在伦敦展出，观众包括英国情报处、外交部和印度事务部的代表。一位成员说：“让美国人看到这些西藏摄影会极有好处，这会让他们确信，西藏并不是中国的一部分。”[4]

除了英国人，20世纪前半期的其他西方国家旅行者、探险家、

① Clare Harris, “British and German Photography in Tibet in the 1930s”, pp. 80-82.

② Claudius Müller, “The Schäfer Collection Through an Ethnograthic Lens”, p. 63.

③ Clare Harris, “Seeing Lhasa: British Photographic and Filmic Engagement with Tibet 1936-1947”, p. 10.

④ Peter Hansen, „Der tibetische Horizont“, S. 99.

传教士等也有大量的西藏摄影活动。瑞典的斯文·赫定，意大利藏学家图齐，法国女探险家大卫－妮尔（Alexandra David-Néel），美国的隋丹·卡亭（Charles Suydam Cutting）、洛威尔·托马斯·（Lowell Thomas）、伊利亚特·托尔斯泰（Ilia Tolstoy）、多兰、植物学家洛克（Joseph Rock）、传教士谢尔顿（Albert Shelton）、号称"第一个白人喇嘛"的伯纳德（Theos Bernard）等在西藏旅行期间都进行了拍摄活动。德国的众多西藏考察者，如菲尔希讷、舍费尔、哈勒、奥夫施奈特、高文达等也都拍摄了大量的西藏照片。德国的西藏摄影不仅数量庞大而且质量也显上乘。德国考察者大多会把考察期间拍摄的照片和录像交给电影公司制成电影。这在纳粹时期是一种极为有效和引起公众兴趣的宣传方式。例如，在帝国运动局支持下，德国宇宙电影公司（UFA）将1934年德国的喜马拉雅考察活动拍成电影，在各城市巡回放映。通过这部电影无数德国人知道了喜马拉雅和南迦帕尔巴特峰，并开始将南迦帕尔巴特峰称为"德国人的命运之山"。

舍费尔西藏考察队拍摄的影像资料在数量和质量上都是空前的。他们做了大量人类学摄影和录像，涉及藏族人的体质特征、建筑、羌姆、祭祀、庆典、上层人物的聚会、藏历新年庆祝活动、拉萨人的日常生活等，可以说这是近代西方最大规模地对西藏的人类学影像记录活动。1940年9月德国科学院邀请赫定到慕尼黑参加庆祝活动。赫定回忆说，他们参观了舍费尔的研究所，40多名参观者大部分是巴伐利亚州的领导人物、科学家和很多将军。舍费尔展示了从西藏收集的一部分日常生活用品、在拉萨拍摄的许多效果极好的彩色照片、在扎什伦布寺和其他寺庙拍摄得非常精彩的纪录片等。赫定在回忆录中记述："我们看到了西藏喇嘛们的宗教仪式和庆祝活动，看到了衣着鲜艳的寺庙服务人员，看到了他们的转经筒、长号和笛子，还有他们高深莫测的神秘主义。"①

---

① Sven Hedin, *Ohe Auftrag in Berlin*, S. 162-163.

舍费尔后来将在西藏拍摄的资料交给宇宙电影公司制成了长约两小时的纪录片《神秘的西藏》。1943 年《神秘的西藏》在德国公映，引起不小的轰动。在公映前帝国宣传部就已经为它制定了详细的宣传提纲，希望用第一次获取的关于西藏的权威影像分散人们对“斯大林格勒战役”的关心，展示德国在这片神话般的土地上进行的新的伟大科学活动。[①] 电影三分之一的内容记录他们在拉萨受到的热情接待以及拜会上层人物的场景，以突出德国与西藏所建立的“友好关系”。[②] 同时，《神秘的西藏》的另一个核心是突出西藏的神秘，从解说语言到画面的剪辑都服务于此。电影海报是一位正在作法的西藏苯教巫师，他身穿法袍，手举法器，张牙舞爪，形似鬼魅。此片三分之一的内容记录西藏寺庙的各种跳神活动，画面中的藏人头戴面具，配以宗教音乐，进行跳神活动，具有强烈的神秘气息。影片让西藏沉浸在浓烈的神秘主义氛围中。舍费尔西藏考察拍摄的照片目前都保存于莱布尼茨的德国联邦档案馆，其中一些照片已经在网络上公开。德国学者恩格尔哈特 2007 年编辑出版的《1938—1939 年的西藏：恩斯特·舍费尔考察摄影集》也公布了其中的不少照片。[③]

哈勒在 1949—1950 年间利用一部莱卡照相机拍摄了不少照片。他在 1950 年的《西藏七年》中公布了一部分，有些高价卖给了美国的《生活》杂志，后来又出版了几部影集，例如《我的西藏摄影》《西藏照片：旧日拉萨》等。尤其是 20 世纪 90 年代初，为了呼应达赖喇嘛获得诺贝尔和平奖，哈勒将自己的西藏照片精心选择一番，结集出版了《海因里希·哈勒的西藏岁月》和《西藏回忆》。其作用，如他所说：“这些照片会让我们回忆起西藏那个幸福的、无忧无虑的时代。但是它今天已不存在。……这本书是献给西藏的孩子们的。他

① Geheimnis Tibet. Filmwerbung, BArch R 135/76 166351-166355.

② Kommtar zu Geheimnis Tibet, BArch R 109//I 2816.

③ 参见 Isrun Engelhardt, ed., *Tibet in 1938-1939: Photographs from the Ernst Schäfer Expediton*.

们应该看到这些老照片，读到并能体验我所描述的这种生活——在西藏曾经有过的那种生活。”[①] 因此他所选取的照片都是为了营造“西藏的幸福的、无忧无虑的时代”。此时的哈勒已经成为西方“西藏运动”的吹鼓手，怀着证明所谓曾经的“西藏独立”和“香格里拉”的政治目的，来重新审视和利用过去的西藏摄影。精致的香格里拉神话需要当代西方人眼见为实，哈勒不会允许有关旧西藏的负面信息和有违香格里拉形象的照片出现在公开出版的摄影集中。与哈勒一同逃亡西藏的奥夫施奈特也拍摄了大量照片，但是与哈勒相比他一直比较低调，他的西藏日记、摄影等都捐赠给了苏黎世大学民族学博物馆。直到 1983 年苏黎世大学的马丁·布劳恩教授为其所做的传记才公布了一小部分照片，2019 年德国学者麦伦德尔（Nicholas Mailänder）新出版的奥夫施奈特传记又公开了 40 多张照片。[②]

哈勒、舍费尔、奥夫施奈特等人的摄影记录了一个静态的旧西藏，人们不会意识到这些照片是如何以及为什么会被选取的。考察者入藏后，寻找和拍摄着一切能体现他们头脑中早已存在的有关西藏的神秘、美好和原始形象的场景和时刻。因此这些老照片中最常见的场景包括：原始的风光、宏伟壮观的布达拉宫、微笑着的藏族人、神秘的宗教活动和习俗、好客的藏族人对他们的接待以及贵族们宴饮、聚会、庆典等的场面，却几乎看不到穷人和忧愁的影子。这些早期的西藏摄影记录了丰富多彩的西藏风貌，涉及山川、自然风景、人物、寺庙建筑、节日庆典、公务活动、西藏上层家庭的日常生活、服饰、家居等，对于研究 20 世纪前半期的西藏尤其是拉萨具有珍贵的视觉人类学的价值。没有这些摄影，我们无法直观生动地了解一些重要历史人物的音容笑貌、穿着打扮、日常生活和宗教活动场景，也无法精确还原一些城市、寺庙、建筑的风貌格局。但是这些摄影记录的又是偶

① Heirich Harrer, *Erinnerungen an Tibet*, S. 11.

② 参见 Martin Brauen, *Peter Aufschnaiter, sein Leben in Tibet*; Nicholas Mailänder, *Er ging voraus nach Lhasa: Peter Aufschnaiter. Die Biographie*, Innsbruck: Tyrolia, 2019.

然的场景、时刻和人物，呈现的是极为有限的空间，有些摄影本身就是特殊的人类学或政治意图的产物，承载着摄影者的文化、政治隐喻，既传递了一些真实信息，又使西方人对西藏产生了幻想。同时，历史上的摄影很大程度上又都是“当代摄影”，欣赏者总是通过自身时代的价值标准、审美情趣、心灵渴望和对摄影对象的认知偏好来解读它们，甚至为了特定的利益诉求而赋予它们新的视觉意义。当代一些西方个人、机构包括海外藏族都在努力利用这些视觉资料来重新表述西藏的历史、文化和宗教传统，塑造有利于自身的西藏形象，突出它们蕴含的香格里拉的美学特征。

第四节　考察探险、西藏形象与东方主义

在历史上，英国和俄国是侵略中国西藏的主要国家。德国、法国、意大利等则一直都是次要国家。所谓“次要”，是指它们对西藏没有直接的领土和政治利益要求，也没有实际的侵略活动。但这并不代表他们的西藏考察、探险和研究就不带有政治和殖民主义的色彩。地理探险和考察是欧洲对外殖民扩张的主要形式之一，紧随其后的就是武装侵略和直接占领。在中国的西藏地区，英俄也是以探险和考察作为他们侵略的先导，是他们争夺西藏的形式之一。

英国在考察西藏方面居于主导性地位，有时也支持其他国家的探险考察和研究，前提是这些活动能以某种方式增进英国在西藏的利益。如欧洲藏学的创始人、匈牙利的乔玛，他对藏文文法的研究和藏英词典的编纂都是在英印殖民地军官的支持和资助下进行的。因为他们认为，搞清西藏的文化对英国向西藏渗透有利。出于同样的目的，英印政府也支持德国传教士对藏语和西藏文化的研究，资助他们编纂藏英词典。再如，著名的意大利藏学家图齐，在 20 世纪三四十年代几次入藏考察，都获得了英印官员的欢迎和大力帮助。官员们承认，

根本原因是，“图齐的研究对我们主要的政策目标具有重要的促进作用，即西藏一直是一个独立存在的民族。”① 图齐对英国在西藏的政策持赞赏态度，对西藏未能成为英印的“保护国”而最终“落入中国人之手”大感惋惜。② 俄国在 1870 年至 1909 年的近四十年间派遣了十三支西藏考察队，在西藏北部、东北部和东部搜集了大量情报。③ 与英国皇家地理学会一样，帝俄地理学会在俄国侵略西藏的过程中也立下了汗马功劳。卡林采夫在给西藏考察队创始人普热瓦利斯基立传时写道:“要占领,首先要研究这些国家,了解在其中生活的人们,……地理学会就是这样的机关。”④ 因此现代藏学的产生，也是近代以来西方人的科学探索精神、民族主义和帝国主义相结合的产物。

德国的地理学和地理考察也一直都在配合德国的扩张政策。德国一些考察者为德国在远东的侵略扩张充当了先锋。例如，著名地理学家李希霍芬在考察中国后，直接上书俾斯麦，建议夺取舟山群岛和胶州湾。1895 年 2 月 1 日，德国外交大臣致驻伦敦大使的机密电报说：“不久前，帝国驻北京公使提议，如果别的国家利用中日战争在中国取得领土，我们应注意为我们东亚海军及商业取得一个永久的基地。他提起我们应该注意，位于山东海角西南的胶州湾，其次在台湾海峡中的澎湖列岛。……该公使所指的两个地点，似无特别值得希冀之处。……赶快占据位于杭州湾港口外及吴淞南的舟山，在日前看起来对我们是可以如愿的事。早在一八六九、一八七〇年，公认的中国通李希霍芬教授在他上俾斯麦公爵的详细报告中强调主张夺取该岛。他盛赞舟山拥有一个易于设防的港口，他今日还相信，如果采用适当的措施，如设立自由商埠，该岛不难发展成为商业大都会，不但能吸取

---

① OIOC L/P&S/12/4247, Gould to E. P. Donaldson (India Office), 6 April 1946.

② Giuseppe Tucci, *To Lhasa and Beyond*, pp. 100-101.

③ 参见王远大：《近代俄国与中国西藏》，第 29—124 页。

④ ［俄］卡林采夫：《普热瓦利斯基生平和旅行》，1937 年莫斯科版，第 18 页，转引自王远大：《近代俄国与中国西藏》，第 32 页。

邻地宁波之商业，并能在该方面的交通上起而代替上海的地位，因为上海港不易容纳大船出入。"① 李希霍芬于 1898 年向德国政府提交了关于青岛的详细报告，建议夺取胶州湾，德国海军最终采纳了这一建议。②

纳粹时期，德国的西藏考察和研究中的政治和殖民主义色彩更为强烈。1933 年，舍费尔被希姆莱招入党卫军以后，他开始把自己的科学研究和考察与开拓德国的殖民地联系在一起。1933 年，舍费尔在《山、佛和熊：在神秘西藏的研究和狩猎》一书的扉页上写道："此书献给我的同志和每一个真正的德国青年，他们身上依然有着那种古老的探索精神和事业心。他们愿意展开双翼，确保我们的殖民地、世界地位和'阳光下的土地'的安全。"③ 当坐船经过青岛时，他异常兴奋："最美丽的是我在青岛度过的那一天。自从令人自豪的德国旗帜不再在这里的防御工事上飘扬以来，这里已物是人非，但我依然能把青岛辨别出来，如同辨别德国的一块土地、一处德国的美丽的海滨浴场。德意志精神曾经在这里所创造的一切，日本人几乎无法改变。"④

1937 年，舍费尔在《无人知晓的西藏》前言中满怀激情地宣称："尽管地理大发现的时代已经过去，今天的探险性考察也已经变成了科学性质的研究之旅。那些怀有理想主义的先锋在国外和荒野中为了祖国而工作。为了科学和德国，他们要消灭世界地图上的空白点！德国经过了国家革命（指希特勒上台和纳粹统治在德国的确立）以后，科学研究也从总体上获得了提升，研究不再是纯粹的发现科学知识，

① "外交大臣马沙尔致驻伦敦公使哈茨菲尔德伯爵　参事克莱孟托（Klehmet）主稿　一二九号　柏林　一八九五年二月一日（二日发出）"，孙瑞芹译：《德国外交文件有关中国交涉史料选译》（第一卷），第 9 页。

② Ferdinand Frhr. Von Richthofen betr. Kiautschou, 1898, BArch, N 253/40.

③ Ernst Schäfer, *Berge Buddhas und Bären: Forschung und Jagd in geheimnisvollem Tibet*, 扉页。

④ Ernst Schäfer, *Berge Buddhas und Bären: Forschung und Jagd in geheimnisvollem Tibet*, S. 24.

它也被赋予了新的使命：科学应该转变为德意志精神的承载者。我们研究者不应该仅仅是客观科学知识的传播者，更应该意识到，我们还是满怀自信的、拥有德意志精神的战士！”① 第二次世界大战爆发后，纳粹政府更是制定了针对西藏和中亚的武装考察计划，以配合德国打败英国的总体战略。

1938 年 3 月，舍费尔到伦敦为入藏考察寻求支持。西藏探险的“传奇人物”荣赫鹏到旅馆看望了他。他特别建议：“进入西藏时，不要惊动任何人，应该偷偷溜过边界（sneak over the border）。”他还为舍费尔的西藏考察分别向当时的阿萨姆和孟加拉统治者、印度外交部长、印度总督写了推荐信。有些感动的舍费尔禁不住问荣赫鹏，“为何要如此热情地帮助我这样一个德国的年轻人？”荣赫鹏略带苦涩地回答：“我们的文明已经误入歧途。我们国家的开拓精神已经死亡，年轻人只知道跳舞、享受。但没有固定不变的东西，一切都在发展，一切都在运动，……我相信，你能理解我的意思。”② 荣赫鹏感到，没有了开拓精神，英国殖民帝国江河日下。他是英国开拓西藏的先锋和关键人物，西藏未能成为英印的一部分，成了他未竟的事业。他看到了这个 28 岁的德国年轻人身上的活力和开拓精神。对荣赫鹏来说，由谁或哪个欧洲国家去“开拓”西藏这片地区已不那么紧要，关键是欧洲人应该一直保持这种开拓精神，才能维持对非欧洲地区的主导地位。

萨义德认为，由于不像英法在东方有长期殖民的历史和广大的殖民地，因此德国的东方研究所做的只能是进一步修饰和深化英、法帝国从东方几乎原封不动地收集来的文本、神话、观念和语言上所运用的技巧。这也决定了“德国的东方”几乎无一例外地是学术的东方，或至少是古代的东方：它可以成为抒情诗、幻想作品甚至小说的主

---

① Ernst Schäfer, *Unbekanntes Tibet*, S. IV.

② Ernst Schäfer, *Über den Himalaya ins Land der Götter*, S. 7-8.

题，但它从来就不是现实的存在。[①] 这从总体上概况了德国的东方研究的一个基本特征：与英法等殖民帝国相比，德国的东方研究更具有虚幻性和“东方主义”的色彩。出于政治目的，英国在神秘化和神话化西藏的过程中起了主导性的作用，是一种故意甚至精心而为地对西藏的“东方化”。只不过，这种“东方化”不是强调西藏的落后、野蛮和异教，而是塑造西藏的独立、神秘、和平与美好形象。像德国这样在涉藏问题上的次要国家，其早期西藏考察、研究和作品同英国一样，有着强烈的“东方主义”的色彩。可以说，在塑造西藏的香格里拉形象方面他们与英国殖民者有着积极的“共谋”关系。

德国学者恩格尔哈特认为，“把西藏看作神秘之地这种观念并非来自对这片土地和它的居民的实际经验。将西藏神秘化并不是由那些实际到过西藏的人来主导的，相反，它是由那些从未踏入过西藏半步的人制造的。”[②] 从未到过西藏又对西藏感兴趣（或叶公好龙式的感兴趣）的西方人对西藏的认知有更多幻想和想象的成分。但很多实际到过西藏的西方人也并非如实客观地反映和描述西藏。像大卫·妮尔、哈勒和高文达喇嘛这些曾长期接触或生活在西藏的人物，其著作中所体现的神秘化和神话化西藏的倾向不亚于希尔顿和然巴的小说，也不亚于布拉瓦斯基夫人对西藏神秘主义的渲染。正因为读者们知道这是作者的“亲身经历”，所以才更加深信不疑。事实上，西藏的被神秘化和被神话化是到过西藏的人和未到过西藏的人两方面相互作用的结果。

到 20 世纪 30 年代，欧洲众多作品对西藏的描述已经固定化和程式化了，人们获得的西藏印象具有了普遍的相似性。20 世纪 30 年代进入青海的德国传教士马蒂亚斯，在 1949 年的《西藏牧民》的前言中表白说，进入藏族地区之前，“我就已经把西藏理解为是一个典型

---

① ［美］爱德华·萨义德：《东方学》，第 25—26 页。

② Isrun Engelhardt, “The Nazis of Tibet: A Twentieth Century Myth”, Monica Esposito, ed., *Images of Tibet in the 19th and 20th Centuries*, Vol. 1, p. 64.

的母系社会和魔法的中心。一妻多夫制普遍流行。西藏的巫师们拥有巨大的精神力量。神秘现象普遍存在。在最古老的宗教——苯教的祭祀活动中，既有巫师的祈祷，也有血腥的人祭。辽阔的高原上的文化是广泛一致的。居民属于西藏人种，与蒙古人种接近。这是在欧洲作品中的普遍理解。我就是带着这种想象于1935年进入青海，开始对安多藏人进行研究的。”[①] 当时，欧洲人所认识的西藏是一幅美好、神秘与各种怪异形象相互夹杂的画面，这幅画面是“欧洲作品中的普遍理解”。这种先入为主的“普遍理解”无疑极大地影响了马蒂亚斯这样的欧洲旅行者。

高文达喇嘛称其《白云之路》“是一个朝圣者对还处于独立状态的西藏及其文化的最后十年的见证和描述。我的任务是努力做到公平公正，尽管可能带有个人的印象和经验。”[②] 这道出了众多西藏旅行者的共同特点：许多作者都强调，自己的书不是陈词滥调，要给读者一个真实的西藏印象。但书的内容和结论却还是那些陈词滥调，与他批评的那个“老套的西藏形象”并无多大出入。因为他们依然在引用和追溯同样的资料，用相同的词汇和方式描绘西藏，用相同的审美标准评价西藏。在他们进入西藏之前，他们头脑中早已确立了一幅西藏形象，这是通过阅读早期的那些旅行作品确立起来的。进入西藏，只是进入了一个早已“熟悉”的世界。他们按照原有的形象和标准，寻找和印证已有的那个熟悉的西藏印象，其作品实际上超越了个人的视角，变成了一种共同的心理体验和印象。

1947年高文达喇嘛和妻子旅行到了西藏的达札宗，那里的风光与美国西部极为相似。高文达喇嘛立刻断言：詹姆斯·希尔顿在小说《消失的地平线》中想象的那个“蓝色的月亮谷”，并没有离现实太远，因为“在这儿的几个村庄处于永远的夏天。这儿有强烈的罗曼

---

① Matthias Hermanns, *Die Nomaden von Tibet*, S. III.

② Lama Anagarika Govinda, *Der Weg der weissen Wolken*, S. 14.

蒂克的氛围，这些隐秘的山谷、奇异的岩石和峡谷还从没有被人触及过。也许其他人对这里的孤寂和怪异感到失望，但对我们来说这儿就是天堂。”① 高文达对达札风光的描述，没有脱离希尔顿《消失的地平线》为西藏所设定的虚构形象。对高文达来说，进入达札就如同进入了那个他早已熟悉的世界——蓝色的月亮谷。通过高文达的这种“亲眼所见”和“实地印证”，读者对希尔顿所虚构的西藏形象也就深信不疑了。

同很多西方探险者一样，入藏德国人行文中常用的词语也是“我的西藏”“我的西藏人”或“我的拉萨”。他们所描述的西藏、西藏人或拉萨确实是“他（他们）的”，是按他们自己的想象、梦想和审美标准构建起来的。我们可以举一段舍费尔对布达拉的描述。他骑马进入拉萨，第一次见到了布达拉：“突然，我们的内心被一阵莫名的激动所席卷。如同受到了佛的控制，我们疾驰过一片布满石头和鹅卵石的地段，怀着喜悦的心情攀上了一座小山丘。接着，真的！拉萨的标志——布达拉从飘荡着蓝色雾气的地平线上出现了！那是奇迹般的、西藏神王居住的金光四射的宫殿！这座信仰的纪念碑和无限权力的象征耸立在岩壁上，迫使我们暂时下马，驻足观望。我们陷入了无尽的沉默。一切石头建筑所具有的那种宏伟在它面前都黯然失色。布达拉体现了令人惊叹的、完美无瑕的崇高理念。信仰的力量和超级的想象力创造了这一魔幻般的艺术品。在这里，以原始的山丘为背景，人类的精神与无穷无尽的原始的自然力量结合在一起，这种结合是那样的奇妙、多彩多姿和神秘难测。我们站在那里，震撼不已。这是文化的母邦。西藏人要以这种方式建立一个和平的、温和的道德世界，这是任何人都无法想象的。这座独特的城堡好像是由看不见的上天之力建成的，它是人类精神的创造力的一次极富想象力的闪光。这就是布达拉，一座耸立于蓝色苍穹之下的建筑，以石头为建筑材料记

① Lama Anagarika Govinda, *The Way of the White Clouds*, p. 232.

录了人类的思想，体现着巨大的个性。那一则古老预言的力量得到了证明和实现：整个雪域之地就是一座充满欢乐的庙宇。”①

通过这段文字，读者并没有获知布达拉的具体细节和形象（其实舍费尔整部作品对布达拉宫的描述也仅限于此），他们却了解到了布达拉所代表的那些神秘伟大的抽象理念和精神，也获知整个西藏“就是一座充满欢乐的庙宇”。显然，这些评论和描述都是舍费尔自己神驰万里的想象和虚幻，而与真实的布达拉根本没有多大联系。这也是西方众多关于东方的作品所体现出来的共同特征。正如澳大利亚学者毕肖普所说，“到19世纪中期，西藏和喜马拉雅成为西方人已知的土地（known territory），不是通过地理和文化的精确而详细的术语，而是通过那些诗歌般的旅行和探险作品。”②

舍费尔1952年出版的《白哈达的节典》记述了他在拉萨三个月的经历。在前言中，他满怀留恋和伤感地发表了一番感慨：“今天的西藏怎么样了？我读着日报上那些标题就感到厌恶。无数关于西藏和拉萨的文章也仅仅是些标题而已。报纸上的作者们断言，西藏的一切都已改变，也许他们是对的。可以肯定，这片喇嘛的土地已很难进入。……几乎没有一个白人能重新经历那个老西藏了。那里永久的高山依然处于原始状态，人们渴望去这片处于童真状态的世界。今天，飞机已经能轰鸣着飞越亚洲高原，在拉萨，人们也正在建造一座电站。我的老朋友们都已死掉了，脾气暴躁的‘总理’（擦绒）也早就进入佛家的天堂了。他曾经跟我说，如果电机出现在拉萨，所有的神灵都会发怒的。我不会同事物的这种发展过程去竞争，因为我肯定会失败。如果我生活的世界有一天消失了，我也会热爱它的。……回忆、梦想和白云，这是我自己的梦幻世界，当黑暗笼罩世界，我会再次回到那个梦一样的地方。在这样的意义上——也仅仅在这样的意义

① Ernst Schäfer, *Fest der weissen Schleier*, S. 17.

② Peter Bishop, *The Myth of Shangri-La*, p. 74.

上，我的书才有现实意义。那些不是随波逐流的人会从我的书中得到振奋。我所描绘的、我试图用语言和氛围所保留的那些东西，是一个下落不明的世界最后的余晖和反光。”[①] 舍费尔、哈勒和高文达等人的作品，都在努力“描绘、用语言和氛围保留”一个梦一样的地方，不过，这个地方只是他们自己的“回忆、梦想和白云”，是他们自己的梦幻世界。但是对于众多西方普通读者而言，他们的描述和回忆却是旧西藏的真实再现，是一个无法求证却让人深信不疑的神话。

萨义德认为，“德国的东方学与英法和其后的美国的东方学有一个共同的地方：那就是，西方文化内部所形成的对东方的学术权威。”[②] 这种“权威”包括权威学者、经典文本以及学者和文本所创造的形象、观念和审美标准，它们借助西方政治强势而建立起了持久的统治力和影响力。同英国一样，在德国也产生了一批有关西藏的权威学者和经典文本，如舍费尔、哈勒、高文达喇嘛及其作品《白哈达的节典》《西藏七年》和《白云之路》等。这些人物及其经典文本所描绘和塑造的西藏形象，已经产生了持久的影响力。

美国人奥维勒·谢尔以《虚拟的西藏——从喜马拉雅到好莱坞寻找香格里拉》而知名。他大部分时间都用来阅读与西藏有关的作品和探寻与西藏有关的事情。当还是个孩子的时候，他偶然读到了《西藏七年》。“对一个在纽约区长大，经历了消费主义和50年代冷战的美国男孩来说，西藏的一切都与自己生活的世界完全不同。”1994年他参观了拉萨，实现了一直以来的梦想。但他的内心却充满了失落：“拉萨，当我看到它时，我发现它并不是我的拉萨。我的西藏，我的拉萨，我的海因里希·哈勒，甚至我的牦牛，他们在地球上任何地方都无法找到——除了在我自己的想象中，在我自己童年的梦中以及几个世纪以来西方人诗意般的想象中。”[③] 热衷于香格里拉的

---

① Ernst Schäfer, *Fest der weissen Schleier*, S. 8-9.

② ［美］爱德华·萨义德：《东方学》，第26页。

③ Orville Schell, *Virtual Tibet: Searching for Shangri-la from the Himalayas to Hollywood*, p. 3, 312.

一个美国女孩在游览了云南中甸（今云南香格里拉市）和德钦之后更为失落："将一个地方命名为香格里拉，实际上是剥夺了人们的梦想。……相信生活可以更自由、更美丽、更和平、更超凡脱俗，是人的一种需要。我们在头脑中所创造的神话和梦想成为我们逃避现实的避风港。香格里拉多少年来一直是这样的一个神话，但是现在却成了现实。神话消失了，按照自己的观念来定义香格里拉的那种自由永远消失了。"①

这两个例子揭示，德国人的经典《西藏七年》与英国人的经典《消失的地平线》在左右和塑造西方人的西藏认知方面都能量巨大。这也说明，当西方人关于西藏的想象与现实发生矛盾时，他们已不再愿意面对现实，而只希望像以前那样自由地想象和归附于"逃避现实的港湾"——虚幻的西藏。最终的结局是，关于西藏的"知识不再要求应用于现实；知识是不加评论地从一个文本默默转向另一个文本的东西。观念得到千篇一律的宣扬和传播，毫无创新地被重复"。②当代西方的众多西藏作品几乎都流露着对逝去的旧西藏"金色时光"的无限留恋，对"中国人破坏西藏"的不满。当他们进入西藏时，现实与原有的幻想会产生强烈的冲突，但他们大多并未意识到这才是真正的西藏，而是怨恨中国人确实已经毁掉了曾经的天堂。连英国当代著名历史学家查理斯·阿兰（Charles Allen）到拉萨游览后都感叹道："拉萨是一个因为被中国人占领而结束的梦。"③ 对于很多迷恋西藏的德国人而言，真正的西藏无关紧要，他们关心的是经典文本中的西藏和"自己的西藏"，更重要的是关心能否从中找到心灵的寄托。他们对西藏的迷恋本质上是对他们自己的迷恋。这正是西方的"东方主义"的本质体现。

---

① ［美］Kim Roseberry：《我的香格里拉：一位美国女摄影师与香格里拉的心灵对话》，西安：陕西师范大学出版社，2004 年，第 39 页。

② ［美］爱德华·萨义德：《东方学》，第 151 页。

③ Charles Allen, *In Search for Shangri-la*, London: Little Brown, 1999, p. 209.

第六章　当代德国的涉藏活动：历史和文化心理根源

第一节　当代德国的涉藏活动

二战后联邦德国真正开始关心“西藏问题”始于80年代中期，在绿党（Die Grüne）推动下，“西藏问题”进入了德国的政治议程。1989年前后，在国际大气候影响下，联邦德国支持达赖喇嘛的势力迅速发展，建立了几个支持“西藏独立”的民间组织，政治人物也开始对达赖喇嘛感兴趣。联邦议会、各政党或多或少都提出了自己的西藏政策，关注的重点是西藏人权、宗教和认同问题。在这样的背景下，“西藏问题”逐渐成为中德关系中的一个“问题”。当代的许多德国人对达赖喇嘛和“西藏独立”的这种热情几乎渗透和弥漫到德国的各个阶层和角落，成了一项“全民事业”。例如，从1996年开始，支持“藏独”的德国民间组织发起了一场声势浩大的“为西藏亮出旗帜运动”。他们让德国的市、县和乡政府，在每年的3月10日为西藏升旗。到2009年已经有近千个德国的市、县和乡升起过“雪山狮子旗”。德国各类涉藏的民间组织也不计其数，五花八门。诺曼基金会（Friedrich Nauman Stiftung）和伯尔基金会（Heinrich Böll Stiftung）更是在 支持“藏独”活动中出尽风头。

十四世达赖在德国颇受青睐，他利用热爱和平的宗教领袖身份开展活动，获得了很多民众的支持。在德国，达赖喇嘛是媒体报道的焦点，所到之处无不万人空巷，德国的老幼妇孺虽然不一定知道西藏，但几乎都知道达赖喇嘛。2007 年《明镜》周刊调查显示，受访的德国人中，“44% 的人把达赖作为偶像，42% 的人把他当作教皇，尤其在年轻人和受过良好教育的人中很有声望。”① 2010 年 4 月，哈里斯互动调查机构（Harrisinteractive）、法国国际广播电台及法国二十四电视台合作进行了对全球 21 个领导人的民意调查，对象是美国和欧洲的法、德、英、西班牙、意大利六个国家的 6135 位民众。达赖喇嘛以 75% 的得票率，成为仅次于奥巴马的最受欧美六国民众欢迎的“世界领袖”。六个分项调查中，达赖喇嘛在“严肃认真”“诚实”“贴近人民”“让人放心”四个方面都得票最高。②

德国在欧洲也成了关注“西藏问题”的领导国家。2007 年 9 月，默克尔在总理府接见十四世达赖以后，黑森州州长、基民盟（CDU）副主席科赫（Roland Koch）宣称：“其他国家的政治领导人将会以总理为榜样，加大对达赖喇嘛争取西藏自治的非暴力斗争的支持。”③这果然产生了示范效应。不久美国总统布什在白宫接见达赖，并授予他国会金质勋章；2008 年 12 月，法国总统萨科齐又会见了他。德国已形成了一个由普通民众、政治人物、媒体、民间组织、政党、政府和议会等组成的庞大涉藏体系，而且正在向欧盟层面延伸。这些行为体涉藏的动机各不相同，但是他们之间又相互影响甚至彼此重叠和交

① „Dalai Lama beliebter als der Papst“, *Spiegel*, 14.07.2007.

② “Barack Obama and The Dalai Lama Sit on Top of World Leaders Barometer”, www. harrisinteractive. com.

③ Roland Koch, „Weitere Staatschefs werden Dalai Lama unterstützen“, *Der Tagesspiegel*, 26.09.2007.

织，形成了强大的合力，使当代德国在西方国家的涉藏活动中表现得尤为突出甚至极端。

一、德国主要政党的涉藏活动

在20世纪80年代中期，绿党最为热衷于“西藏问题”。绿党推动“西藏问题”进入德国政治议程的主要方式是议会听证会、议会决议和出版相关宣传材料。其中绿党议员凯莉（Petra K. Kelly）起了重要作用。凯莉是20世纪80年代德国绿党的重要创建者和国会议员，更因为与同为绿党成员的男友巴斯蒂安（Gert Bastian）的离奇死亡，[①] 成为备受德国人关注的一位女性政治家。凯莉是推动“西藏问题”进入德国政治议程的关键性人物。她是第一个公开支持“西藏独立”和关注“西藏人权”的德国政治人物，并通过一系列活动将西藏这个以前根本不为德国政坛所关注的话题变成了德国政治生态中的重要议题。

凯莉生于德国，11岁时因母亲嫁给一个美国人而迁居华盛顿，并在那里完成了中学和大学教育。20世纪60年代，美国各类民权运动风起云涌，华盛顿更是这些运动的中心。年青的凯莉深受影响，积极参与了这些活动。凯莉日后将维护人权作为自身政治活动的主要目标显然与这段经历密不可分。大学毕业以后凯莉到海牙的欧共体机构实习，成为一个名叫尼玛的西藏孤儿的教母，这是她对西藏产生兴趣的直接原因，作为女性，“西藏的命运”更容易触动她的同情心。凯莉在1989年的西藏听证会上曾经明确表示：“尼玛的命运深刻地触动了我，使我不断地关注西藏的人权问题。”[②]

---

① 1992年10月，凯莉和巴斯蒂安被发现死于波恩的家中，根据调查，巴斯蒂安用手枪打死了熟睡中的凯莉，之后自杀，但是事件的原因一直不清楚。关于两人的生活，参见 Alice Schwarzer, *Eine Tödliche Liebe-Petra Kelly und Gert Bastian*, Köln: Kiepenheuer & Witsch, 1993.

② Thomas Weisser, *Petra Kelly und ihr Engagement für Tibet*, München: Grin Verlag, 2013, S. 6-7.

凯莉很有组织才能和政治技巧，为将西藏变成德国公众关注的焦点，她做了大量演讲和报告，组织相关会议，与世界各地有影响的人物通信，撰写鼓动性文章。1984 年开始，凯莉和巴斯蒂安在绿党议会党团内发起了一系列有关“西藏问题”的活动，使西藏成为联邦议会的讨论议题。她们利用议员身份，不断向德国政府提出质询，主要是让德国政府明确在“西藏问题”和对待达赖喇嘛及其“流亡政府”问题上的政策，要求德国政府在中国“破坏西藏人权”问题上作出行动，为海外藏族提供资助和为海外藏族学生提供奖学金。[①] 1986 年 6 月凯莉提出质询案，要政府明确对所谓“西藏问题”、达赖喇嘛和伪“西藏流亡政府”的政策和态度，并被列入全体大会讨论议题，这是自 1949 年以来德国联邦议会历史上的第一次。1987 年凯莉又推动德国联邦议会通过了跨议会党团的首个涉藏决议案，1989 年组织了第一次西藏听证会并邀请达赖喇嘛参加。这些活动使联邦议会成为德国关注和表达其西藏政策的主要渠道。[②] 20 世纪 80 年代末和 90 年代初，凯莉和巴斯蒂安出版了两本书《西藏：一个被压迫的“国家”》和《西藏的控诉：一个被占领“国家”的形势》，对误导德国公众认识“西藏问题”起了极为恶劣的影响。1988 年达赖喇嘛亲临斯图加特，参加了凯莉《西藏：一个被压迫的“国家”》的推介会。凯莉撰写了无数文章，呼吁德国政治人物和民众关注西藏。这些

---

① „Menschenrechtliche und völkerrechtliche Situation in Tibet. Kleine Anfrage der Abgeordneten Frau Kelly, Rusche und der Fraktion die Grünen“, Bundestagsdrucksache 10/ 5666, 16. 06. 1986; „Tibet. Kleine Anfrage der Abgeordneten Frau Kelly und der Fraktion die Grünen“, Bundestagsdrucksache 11/ 707, 14. 08. 1987; „Tibet. Kleine Anfrage der Abgeordneten Frau Kelly und der Fraktion die Grünen“, Bundestagsdrucksache 11/ 1210, 19. 11. 1987; „Nebel und Tibet als Friedenszone. Kleine Anfrage der Abgeordneten Frau Kelly und der Fraktion die Grünen“, Bundestagsdrucksache 11/ 4006, 16. 02. 1989; „Entwicklungshilfe-Projekte in Tibet. Kleine Anfrage der Abgeordneten Frau Kelly und der Fraktion der Grünen“, Bundestagsdrucksache 11/ 5073, 14. 08. 1989; „Behandlung des Dalai Lama bei seinem Aufenthalt in der Bundes Republic Deutschland durch die Bundesregierung. Kleine Anfrage der Abgeordneten Frau Kelly und der Fraktion der Grünen“, Bundestagsdrucksache 11/ 6167, 22. 12. 1989. 以上文件皆来自德国联邦议会网站，www. bundestag. de。

② Thomas Weisser, *Petra Kelly und ihr Engagement für Tibet*, S. 18-22.

书籍和文章充斥着固执、偏见和狂热的冷战语言，极具煽动性。

凯莉看重“西藏问题”绝非纯粹出于同情，而是也看到了其政治意义。她原属社会民主党（SPD），1980 年因不满于传统的政治议题和政党运作模式而退出，与他人创建了绿党。绿党关注的议题是当时在欧美社会日渐重要的环境保护、核能利用、人权、少数群体保护等。这些议题对年轻人很有吸引力，绿党因而在德国政坛迅速崛起。作为新兴力量，绿党提出的“绿色”“和平”和“宽容”口号与达赖喇嘛在西方提倡的理念极为相似，并且“西藏问题”是绿党实践其和平和人权理念的非常有可操作性和受关注度的一个切入点。① 实际上，达赖喇嘛与凯莉双方相互借重，绿党通过关注西藏的人权和自由，赢得了民众的支持，而达赖喇嘛借助绿党的力量使西藏进入了德国的政治议程。

凯莉的“西藏事业”也生动展示了 20 世纪 80 年代德国的政治生态。虽然凯莉在议会的活动异常活跃，但是基督教民主联盟执政的联邦政府在“西藏问题”上却与议会保持了相当的距离，并没有受其左右。虽然总理科尔本人对西藏很感兴趣并是第一个访问西藏的西方国家首脑，但是却一直坚持德国政府在“西藏问题”上的官方立场。社会民主党虽然也有个别成员关心西藏，但是总体上对西藏议题非常冷淡。对于凯莉组织的西藏听证会，社会民主党及其联盟党拒绝提供“官方支持”，所有党员也不出席。自由民主党（FDP）和基民盟中的年青党员对西藏和达赖喇嘛具有较高的兴趣，凯莉取得了这些年轻人的支持，但是他们始终未能改变两党内部在西藏议题上的主导性意见。②

绿党内部在“西藏问题”上也并非铁板一块。实际上凯莉面对很多反对声音，尤其是绿党的左翼明确反对绿党支持“西藏流亡政

① Thomas Weisser, *Petra Kelly und ihr Engagement für Tibet*, S. 30.

② Thomas Weisser, *Petra Kelly und ihr Engagement für Tibet*, S. 28-29.

府”和达赖喇嘛。有的党员认为达赖喇嘛仅是宗教领袖而不是世俗领袖，有的干脆认为他只是“神权政治的独裁者”。1988 年的绿党大会虽然通过了凯莉有关“西藏人权和敦促中国政府与达赖喇嘛进行建设性对话”的提案，但是有 40% 的党员反对。凯莉认为这些反对者都是绿党内部同情中国的“马克思主义者”和“毛主义者”。为了应付绿党内部的反对力量，凯莉甚至以退党相要挟。她认为，绿党内部只是权力斗争、不信任和官僚主义，从来没有真正考虑如何实践绿党理念，她致力于西藏人权和自治的活动就是要以实践来推动绿党的改进。

1992 年凯莉和巴斯蒂安去世，绿党失去了两位最热衷于“西藏问题”的活动家。90 年代中期开始，绿党中关心西藏的代表人物是福尔默（Antje Vollmer）。她的一项主要活动是试图促成中国政府和达赖喇嘛的对话，最终目标是使达赖喇嘛返回西藏。作为联邦议会副议长她曾 15 次访华，两次到中国西藏参观。目睹了中国的真实情况后，她的立场发生了变化。她对达赖喇嘛到处活动，致使达赖与中国政府的对话难以进行以及伪“西藏流亡政府”的过激活动多有批评，她也认为德国媒体对“西藏问题”和中国的报道并不客观。这些原因导致绿党对西藏的关注有所下降，而基民盟和自由民主党成为最关注西藏的党派。基民盟是当前德国最关注西藏的党派，这是由于基民盟看到了绿党借助“西藏问题”所获取的民众支持，同时党内又出现了副主席科赫（Roland Koch）等一些极为热衷“西藏问题”的活动家。基民盟作为执政党，其涉藏活动也直接影响到德国政府的西藏政策和中德关系。

科赫是进入 21 世纪后德国政坛上最热衷于“西藏问题”的人物。默克尔决定在总理府接见达赖，科赫对她的劝导起了重要作用。基民盟的西藏政策理念，不仅在德国外交中得以实现，他们也把这一政策带到了欧盟。“欧洲议会西藏问题协调小组”的主席即是来自德国基民盟的托马斯·曼（Thomas Mann），2007—2009 年担任欧洲议会主席、多次邀请达赖喇嘛到欧洲议会演讲的波特林（Hans-Gert Poettering），同样来自德国基民盟。波特林对“西藏问题”的关注，超过了任何一届欧洲议会主席。他不仅热情地邀请达赖到欧洲议会演讲，而且大力支持了欧洲议会多个涉藏决议案的通过。在波特林和托马斯·曼的努力下，“西藏问题”成为欧洲议会的重要议题之一。从90年代开始自民党对“西藏问题”的兴趣日益增加。除了亲自民党的诺曼基金会的活动引人注目，自由民主党议员在联邦议会中也极为关注“西藏问题”，例如2008年德国议会通过的关于西藏的议案完全是由自由民主党议会党团提出的。①

二、联邦议会

德国联邦议会是德国政府表达其西藏政策的主要渠道。1987年，联邦德国议会第一次通过了关于“西藏问题”的议案。这一议案的通过，使“西藏问题”真正上升到了德国政府对外政策的层面，由此也引发了中德建交以后最严重的一次外交风波。之后，联邦议会的决议成为德国政府表达西藏政策的主要方式。迄今，德国联邦议会已经通过了四个涉藏决议案（1987、1996、2002、2008）。② 德国支持达赖喇嘛的势力基本上都把游说议员作为工作重点，关心“西藏问题”的议员也越来越多。80年代末到90年代中期，在向议会提出的质询案上签名的议员一般只有绿党的凯莉等寥寥几人，但是到20世

① „Menschenrechtslage in Tibet verbessern, Berlin, 09. 04. 2008“, Drucksache 16/8778, 09. 04. 2008, www. bundestag. de.

② „Menschenrechtsverletzungen in Tibet, Bonn 15. 10. 1987“, Bundestagsdrucksache 11/953, 14. 10. 1987; „Die Menschenrechtssituation in Tibet verbessern, Bonn 23. 04. 1996“, Bundestagsdrucksache 13/4445, 23. 04. 1996; „Menschenrechte und Entwicklung in Tibet, Berlin 16. 04. 2002“, Bundestagsdrucksache 14/8782, 16. 04. 2002; „Menschenrechtslage in Tibet verbessern, Berlin, 09. 04. 2008“, Drucksache 16/8778, 09. 04. 2008, www. bundestag. de.

纪初，签名质询的议员则已是动辄三十几人，而且跨越党派。[①]

1991 年，在联邦议会人权和人道主义援助委员会成员屈伯勒（Klaus Kübler）的倡议和组织下，德国联邦议会建立了有关西藏的议会党团间组织——西藏对话小组（Tibet Gesprächskreis TGK），它是德国政府层面上主要的涉藏力量。按照屈伯勒的设想，这个组织对“西藏问题”进行讨论时，主题应该设定为殖民主义。西藏文化和西藏人的“自决”应该日益成为德国人权和外交政策的重要主题，并在德国公众意识中占有越来越重要的地位。[②] 主要目标是增强德国议会关于“西藏问题”的意识，寻找与各种民间行为者进行合作的方式和途径，使德国的政策为西藏形势的改善作出更大贡献。

这个西藏小组是跨党派的组织，主要成员最初来自绿党，随着时间推移，绿党成员减少，而基民盟和自由民主党的成员大增。当前的小组主席是来自基民盟的海巴赫（Hoger Hebach）。联邦议会的涉藏决议、听证会和邀请达赖喇嘛访德等一般都由这个小组倡议和推动。小组每年举行三到四次会议，每次有七到十名成员参加。每个成员都会定期收到一封信，主要是关于西藏最新形势的报告。对话小组与民间组织也保持着密切合作，主要合作对象是支持“西藏国际运动”（International Campaign for Tibet ICT）和“西藏动议德国协会”（Tibet-Initiative Deutschland e. V.）。达赖喇嘛的私人代表格桑坚赞

---

① 例如 2004 年一份题为“关于联邦政府的西藏政策”的质询案，„Zur Tibet-Politik der Bundesregierung, Kleine Anfrage der Abgeordneten Harald Leibrecht, Dr. Werner Hoyer, Daniel Bahr (Münster), Rainer Brüderle, Ernst Burgbacher, Helga Daub, Jörg van Essen, Ulrike Flach, Rainer Funke, Hans-Michael Goldmann, Ulrich Heinrich, Dr. Werner Hoyer, Michael Kauch, Gudrun Kopp, Jürgen Koppelin, Sibylle Laurischk, SabineLeutheusser-Schnarrenberger, Markus Löning, Dirk Niebel, Günther FriedrichNolting, Hans-Joachim Otto (Frankfurt), Cornelia Pieper, Gisela Piltz, Dr. Max Stadler, Dr. Rainer Stinner, Carl-Ludwig Thiele, Jürgen Türk, Dr. Claudia Winterstein, Dr. Volker Wissing, Dr. Wolfgang Gerhardt und der Fraktion der FDP“, Bundestagsdrucksache 15/3534, 30. 06. 2004, www. bundestag. de.

② Klaus Kübler, „Vorwort“, Bruno Zoratto, Hrsg., *Plädozer für Tibet: Mahnung an Politiker und Intellekuelle*, Böblingen: Tykve, 1992, S. 14.

（Kelsang Gyaltsen）也与对话小组保持着密切联系。这些组织的代表和格桑坚赞都定期参加对话小组的会议，为议员们提供最新的西藏信息。①

联邦议会表达西藏政策的主要方式是听证会和决议案。听证会之后，一般都会通过一份涉藏决议，核心是关注西藏的人权和自由问题。1989年3月，在凯莉等绿党议员推动下，德国联邦议会举行了第一次“西藏和人权问题听证会”，众多知名的海外藏族人到场“作证”，包括达赖喇嘛的妹妹吉尊白玛等。这种听证会形式很快被其他国家所仿效，印度、英国、丹麦、荷兰和日本的议会也都举行了类似的听证会。② 1995年6月，联邦议会外事委员会组织了一次听证会，达赖喇嘛亲自到场“作证”。作为这次听证会的成果，1996年德国联邦议会通过了题为《改善西藏的人权形势》的决议。这份决议明确提出，“德国的政策是，在全球范围内支持权利和自决的实现，出于对西藏历史和权利形势的考虑，支持西藏的自治要求。”③

2002年联邦议会通过了题为《西藏的人权和发展》的决议，最大特点是，德国议会开始努力将“西藏问题”推进到欧盟层面。决议呼吁：“为使西藏问题成为欧洲共同关注的问题，德国联邦议会向欧盟各成员国议会和欧盟议会呼吁，并要求欧盟及其成员国政府，通过与中国的双边接触，使中国领导人尽快与达赖喇嘛对话。”④ 议员们也不断质询联邦政府，“到底为‘西藏问题’在欧盟层面上的解决做了哪些具体工作?”“对于促进欧盟议会建立关于‘西藏问题’的

---

① „Tibet Gesprächskreis im Deutschen Bundestag“, www. tibet-gesrpraechskreis. de.

② Petra K. Kelly und Gert Bastian, „Offener Brief für ein freis Tibet an die deutschen Politiker und Politikerinnen“, Bruno Zoratto, Hrsg. , *Plädozer für Tibet: Mahnung an Politiker und Intellektuelle*, Böblingen: Tykve, 1992, S. 17.

③ „Die Menschenrechtssituation in Tibet verbessern, Bonn 23. 04. 1996“, Resolution des deutschen Bundestages, Bundestagsdrucksache 13/4445, 23. 04. 1996, www. bundestag. de.

④ „Menschenrechte und Entwicklung in Tibet, Berlin 16. 04. 2002“, Bundestagsdrucksache 14/8782, 16. 04. 2002, www. bundestag. de.

欧洲协调机构，联邦政府到底持何种态度?”

三、联邦政府

联邦政府的西藏政策显然会受到议会、政党和民间组织的影响。另一方面，在“西藏问题”上，联邦政府的政策相对稳定。2004 年联邦政府对“关于联邦政府的西藏政策”的议会质询案的答复，总体上代表了德国政府一贯的西藏政策。议员们提出的第一个问题是：“联邦政府对于西藏追求自治的努力持何种基本态度?”联邦政府答复说：“本着与国家共同体相一致的原则，联邦政府将西藏看作中国的一部分。西藏也有理由要求获得传统的和历史的自治权利。联邦政府支持西藏人的自治要求，尤其是在文化和宗教领域，这是民族自决权的适当表达。西藏脱离中国的国家共同体的权利是不被承认的。”议员们问：“联邦政府如何描述与西藏的官方代表的关系?”联邦政府回答：“在达兰萨拉（印度）的所谓‘西藏流亡政府’是不被联邦政府承认的。同达赖喇嘛的接触也是基于将他作为一名宗教领袖的身份来进行的。”①

与中国发展长期稳定的关系是德国历届政府的既定方针，也是其根本利益所在。在“西藏问题”上德国政府也遵循这一基本的原则。1990 年，绿党议员凯莉向联邦政府提出质询案，第一个问题是，“联邦政府依据什么标准，决定总理或政府成员是否接见外国的公众人物，如达赖喇嘛等。”德国外交部答复：“关于接待外国人物联邦政

① „Antwort der Bundesregierung, auf die Kleine Anfrage der Abgeordneten Harald Leibrecht, Dr. Werner Hoyer, Daniel Bahr (Münster), weiterer Abgeordneter und der Fraktion der FDP-Drucksache 15/3534-Zur Tibet-Politik der Bundesregierung“, Drucksache 15/3630, 27. 07. 2004, www. bundestag. de.

府依据的标准很多。显然，外交利益在其中有着重要的影响。"[①] 可见，实际的外交利益是影响德国政府西藏政策和涉藏活动的重大因素。

承认西藏是中国的一部分，不支持"西藏独立"，是欧洲各国政府的"政策正确性"。在政客那里，支持达赖喇嘛和"西藏独立"则是个人的"政治正确性"，已经成为其国内政治活动的潜规则。例如，20世纪80年代末以后，德国几乎所有重要的政治人物都以公开或私人方式会见过达赖喇嘛，这成了他们的"惯例"。2007年9月，默克尔接见达赖以后，当时的德国外长施泰因迈尔反对默克尔的这一做法，他自己也没有接见过达赖喇嘛。结果，施罗德政府时期的德国外长菲舍尔批评他说："几乎所有的德国政治家都已会见过达赖喇嘛，为何你要例外?"

1986年5月，基民盟秘书长盖勒尔（Heiner Geiler）在波恩会见了达赖喇嘛，这是德国政治人物第一次公开接见达赖喇嘛。德国总理科尔对西藏有很大兴趣。1987年他到西藏参观，是西方第一个访问西藏的政府首脑。之后，德国出资五百万马克支持建设了当时的拉萨皮革场，并资助六十万马克用于研究项目"克什米尔羊毛的生产与加工"。[②] 前德国总理勃兰特遵循"利益政治"的现实外交政策，一直在"西藏问题"上保持低调，但在1989年的大气候影响下，也禁不住会见了达赖一次。1990年10月，德国总统魏茨泽克以"私人身份"接见了达赖。这是两德统一后，德国总统在府邸接见的第一个"外国人物"。1995年，当时的外交部部长克劳斯·金克尔（Klaus

---

① „Antwort der Bundesregierung, auf die kleine Anfrage der Abgeordeneten Frau Kelly und der Fraktion die Grünen-Drucksache 11/6167-Behandlung des Dalai Lama bei seinem Aufenthalt in der Bundesrepublic Deutschland durch die Bundesregierung“, Drucksache 11/6392, 08. 02. 1990, www. bundestag. de.

② „Antwort der Bundesregierung, auf die kleine Anfrage der Abgeordeneten Frau Kelly und der Fraktion die Grünen-Drucksache 11/5073-Entwichlungshilfe Projekte in Tibet“, Drucksache 11/5101, 25. 08. 1989, www. bundestag. de.

Kinkel）会见了达赖喇嘛，德国自由民主党的议员们认为，这是“联邦政府的成员第一次接见西藏的宗教领袖并与之会谈”。①

四、各类基金会和民间组织

众多的基金会是德国关注所谓“西藏问题”的重要力量，可以说扮演了核心性的角色。没有基金会的财力和技术支持，各种涉藏活动便无法开展。诺曼基金会和伯尔基金会是德国最热心于“西藏问题”的两个基金会。它们都属于德国外交政策的前沿组织。诺曼基金会亲近自由民主党，伯尔基金会则隶属于绿党，但它们的资金都主要来自国家财政。两个基金会支持“藏独”的主要途径包括：提供资金、收集和发布相关信息、为海外藏族人提供教育培训、组织各种研讨会和展览、资助学术研究等。

诺曼基金会从20世纪90年代起开始介入“西藏问题”。1991年开始它负责为伪“西藏流亡政府”的所有“政治教育问题”提供咨询和培训。1996年6月，诺曼基金会在波恩组织了一次规模空前的大会，几乎世界范围内所有支持“西藏独立”的组织都派代表参加。诺曼基金会试图通过这种会议统一和协调世界范围内的“藏独”势力。基金会还决定，通过总理府为各种“藏独”活动提供30万马克的资金，但是没有被批准。中国政府关闭了诺曼基金会在北京的办公室。到2007年，这一大会已举办了5次。最让诺曼基金会得意的，是2008年由它牵头组织的“海外藏族人抵制北京奥运行动”。德国外交政策网站披露，2007年，在布鲁塞尔召开的第五次“国际支持西藏组织大会”制定了未来几年的“西藏运动路线图”。其中一项是“把2008年奥运会作为攻击目标，并决定在华盛顿成立中心，统一协调和组织全球范围内的行动。”②

---

① „Menschenrechtslage in Tibet verbessern, Berlin, 09. 04. 2008“, Drucksache 16/8778, 09. 04. 2008, www. bundestag. de.

② http: //www. german-foreign-policy. com/de/fulltext/57200

德国支持“藏独”的“民间”组织也为数众多，极为活跃。大部分建立于20世纪80年代末到90年代初。这些组织包括：西藏动议德国协会、支持西藏国际组织、西藏之家（Tibet Haus）、德国自由西藏学生协会等。西藏动议德国协会是德国规模最大和最有影响的涉藏民间组织。主要宗旨和活动是：支持在政治、种族和宗教上受迫害的西藏人；支持在西藏的藏人有自决权；支持他们为保持民族特性、文化、精神和宗教传统进行的非暴力斗争；收集和传播有关西藏的信息，使德国民众了解西藏的形势，增强他们与西藏的团结意识；与议会和公共媒体保持联系，在政治层面上支持西藏人民达到目标。协会总部设在柏林，在各个州和较大的城市都设有分部；设有六个专业小组负责具体事务；有专人负责与德国议会的各个党团保持密切联系。①

各类基金会和众多的涉藏民间组织有着密切的合作关系。一般来说，民间组织负责活动的倡议和组织，有时也进行募捐，但活动的运作资金主要由基金会承担。如1999年6月，西藏动议德国协会在波恩组织了一次题为“西藏的未来：自由和自决之路”的大型研讨会，达赖喇嘛亲自到场。举办会议和出版论文集的费用则全部由伯尔基金会承担。② 同时，基金会和民间组织也都与联邦议会和各地区议会保持着密切联系，对议员们进行游说。另一方面，那些忙于公务、对西藏几乎一无所知，但又“关心”西藏的政客，主要从民间组织那里获取西藏信息。

五、新闻媒体

德国媒体有关西藏和达赖喇嘛的报道次数之频繁，观点之偏颇，内容之失实，影响之恶劣尤其引人注目。媒体是德国公众获取西藏信

① 参见该组织的网页 http://www. Tibet Initiative Deutschland. de

② 参见 Klemens Ludweig, Hrsg., *Perspektiven für Tibet: auf dem Weg zu einer Zukunft in Freiheit und Selbstbestimmung*, München: Diamant-Verl., 2000.

息的主要渠道，因而对德国的涉藏活动有巨大的影响。长期以来，德国公众已经养成了对西藏和达赖喇嘛的浓厚兴趣，因此相关的报道既是看点也是卖点，对中国“破坏人权”的批评和对达赖喇嘛的同情，也能显示媒体“客观理性”“主持正义”的立场，因而德国媒体会竞相报道涉藏新闻。这些报道主要集中于一些热点事件，如“3·14”事件、海外藏人抢夺奥运火炬和藏族僧人自焚等事件，其次是达赖喇嘛的各种活动。

德国媒体涉藏报道的数量虽多，但实际上其表述方式、基本观点都大同小异。概括起来，主要有以下相似之处：首先，媒体虽然不会明确宣称西藏不属于中国，但是倾向于把历史上的西藏描绘成一个“独立王国”，在1950年之后被共产主义中国所“占领”，藏人在种族、文化、信仰和生活习惯方面与“汉人”完全不同。其次，西藏没有人权和宗教自由，佛教和藏族文化被排斥和压迫，西藏民族认同被破坏，因而西藏必须拥有“真正的自治”。再次，达赖喇嘛是爱好和平、倡导宽容和非暴力理念的宗教领袖，没有政治企图。最后，西藏自然环境已经和正在遭到毁灭性的破坏。这些表述方式和观点极大误导了德国公众，经过长期重复和不断强化，已变成了德国人的“常识”。相反，超出这些“常识”的一些理性客观的报道，反而会被认为不正常和不真实。因此，德国媒体误导了德国公众的西藏认知，对德国的涉藏活动起了推波助澜的作用。

需要指出的是，德国媒体的涉藏报道也并非完全是批评、指责和抹黑，也有积极客观的评论和自我反思。例如，2008年德国《明镜》周刊总编辑奥斯特参观西藏后，周刊相继发表了《乘火车到世界屋脊》和《达赖喇嘛欺骗了他的祖国》等报道，强调了西藏的经济繁荣和“公民的宗教信仰自由得到很好的保障”。[①] 这些客观报道让德

① „Mit dem Zug aufs Dach der Welt“, *Spiegel*, 25. 02. 2008; “Dalai Lama Deceived His Motherland”, www. spiegel. de/international/spiegel/0, 1518, 431922, 00. html.

国公众了解了一个真实的西藏。2012 年 6 月《南德意志报》和德国公立电视一台《全景》栏目对 20 世纪 50 年代达赖集团与美国中央情报局的关系进行了调查。《全景》栏目播出了制作的相关节目，而《南德意志报》则发表了《神圣的表象》一文，指出和平主义的代表人物达赖喇嘛与中情局的关系比他承认的更密切，他对事件的了解也比他承认的多得多；如今，暴力的阴影落到了这位神王的头上。[①]《法兰克福汇报》和《明镜》周刊也对此进行了报道和评论。这些报道披露了很多不为德国公众所知的历史细节，揭露了达赖喇嘛的真实面目，引起很大反响。

这些积极变化使德国媒体涉藏报道负面化甚至偏执化的总体状况有所改观。之所以有这些反思和立场的转变，一是由于面临中国和海外华人对德媒不实报道越来越强大的舆论压力；二是达赖集团的真实面目被学者和国际媒体不断揭露；三是部分海外藏族人暴力化的倾向和活动越来越明显，有着很强职业操守的德国媒体人不可能对这些变化无动于衷。

德国涉藏背后有很强的政治因素。德国涉藏首先受到政党竞争和选举政治的重大影响。当代德国是一个成熟的民主政治国家，政党竞争和选举政治异常激烈。在不违背基本规则的前提下，各政治力量不会轻易放过任何能获取选民支持的议题。如前所述，在德国人心目中，"西藏问题"和达赖喇嘛代表着人权、宽容、非暴力、宗教自由等，这又是当代德国社会最受尊崇的一些价值观，更是备受关注的政治议题，这必然使西藏成为极受青睐的话题。德国政治人物会见达赖喇嘛既是他本人的一种荣誉，也能借助达赖的光环提升人气，在"西藏问题"上保持沉默或无所作为，反而会受到公众和媒体的质疑和批评，会见达赖喇嘛成为德国政界的潜规则也就顺理成章。现在的

① 该篇文章已由《人民日报》（海外版，2012 年 6 月 27 日）全文译载，参见《神圣的表象》。

“西藏问题”已经是德国各派政治力量常打的一张牌，对西藏和达赖喇嘛的关注不单纯是德国对外政策的问题，也已经成为德国国内政治的一个问题。

政府的执政理念也是影响德国涉藏政策的另一大政治因素。某届政府在“西藏问题”上持谨慎还是积极的态度，往往与其执政理念密不可分。例如，默克尔政府重视中国的分量和作用，总体上保持了对华政策的连续性，但价值观因素也明显增强。2005 年默克尔在施政声明中提出，德国的外交与欧洲政策建立在价值的基础之上，是利益政策。基民盟副主席科赫也宣称，德国应该明确地坚持人权政策，要发出更明确和公开的信号。[①] 在此背景下，“西藏问题”被错误定位，成为贯彻价值观外交的重要对象。默克尔接见达赖后，科赫说，其他国家和政治领导人将会以首相为榜样，加大对达赖喇嘛争取西藏自治的非暴力斗争的支持。[②] 默克尔的积极行动虽然招致中国政府的强烈批评，中德关系也出现波折，但是在国内却赢得不少赞誉，提升了德国在西方社会的“人权模范”形象。

德国人对西藏的关注也与媒体的误导密不可分。德国媒体大多热衷于传播有关西藏的负面信息，热衷于报道达赖喇嘛及其集团的种种活动，真实的、活生生的西藏反而被遮蔽于德国公众的视野之外。达赖喇嘛也深悉德国媒体对他本人和“西藏问题”的兴趣，因此积极巧妙地加以利用，通过德国媒体强大的传播能力，宣传自己的观点和主张，获取德国公众的同情和支持。媒体刺激了公众的西藏兴趣，误导了公众的西藏认知，反过来，公众则希望看到更多的涉藏报道，期待听到更多“痛快淋漓”的对中国“破坏西藏人权”的批评之声，希望媒体更多地报道德国人支持所谓“自由西藏”的活动。民众和媒体也会赞扬政府和政治人物在“西藏问题”上的积极态度，批评

① „Hat die Kanzlerin interveniert?“, *Die Zeit*, 16. 5. 2008.

② Roland Koch, „Weitere Staatschefs werden Dalai Lama unterstützen“, *Der Tagesspiegel*, 26. 09. 2007.

其保守谨慎，在选举政治背景下，一些政治人物为取悦民众和媒体而对“西藏问题”大加关注。这样，公众、媒体和政治人物之间就形成了一个不断强化的互动过程，推动德国的涉藏活动日益声势浩大。

第二节　当代德国涉藏活动的历史和文化心理根源

香格里拉神话依然左右着当代德国人的西藏认知，并深刻影响到他们在“西藏问题”上的态度和情感。德国政府的政策和态度是影响中德关系中“西藏问题”的关键因素。但政府政策很大程度上受到决策者个人的西藏认知和公众舆论的影响。政客或政府的活动肯定有某种政治目的，大多数普通德国人对达赖喇嘛的支持和同情，对西藏人权的关心和担忧，虽然没有什么不可告人的政治目的，但在选举政治和民主体制下，民众的这种态度和感情必然影响政治人物的立场和决策，进而影响政府的外交政策。

德国前总理施密特曾说：“我们完全被这位想通过祈祷和微笑改变世界的老人所征服，在他面前放弃了批评性的思考。如果我们仔细去看历史，在达赖喇嘛统治西藏的时候，西藏仍是农奴制。这一制度在50年代中期才被废除……如果我们在西藏问题上只看到达赖喇嘛的微笑，那么这就说明我们看重的是西藏问题给我们带来的象征意义，而不是西藏本身。”① 还是德国人更了解自己，施密特的这番话真正揭示了问题的本质。德国人同情达赖喇嘛，关注“西藏问题”，是由于他们看重这两者的象征意义，而不是西藏本身。2008年达赖喇嘛获得德国传媒奖，为他颁奖的德国媒体控股公司的董事长克格尔说，根据民意测验，德国人认为达赖喇嘛象征着这样一种理念：同情、宽容、非暴力、和平和世界团结。德国官方也把他作为“不涉

---

① 何振华：《国际包装下的“西藏问题”》，《人民日报》2009年3月25日。

及政治的宗教人物”。例如德国驻华大使施明贤（Michael Schaefer）认为，中国从政治导向看问题，把达赖视作分裂国家的政治人物；德国则以价值和哲学为视角，将达赖看成倡导和平的宗教领袖，在德国没有人意于损害中国主权，不同的文化导致了不同的认知和误解。[①]可见在许多德国人心目中，达赖喇嘛集他们最崇尚的那些普世价值和理念于一身，是引领后现代西方世界的精神领袖，对达赖喇嘛的同情和支持就是对那些普世价值的尊崇和贯彻。同时，西藏也代表着和平、智慧、仁慈和生态和谐，是最后的人间净土——香格里拉，代表着他们的精神寄托。

一些海外藏族学者认识到，香格里拉神话本质上对“西藏事业”有害无益。如次仁夏迦指出：“西方人的西藏观念和层层累积起来的对西藏的想象已经损害了西藏人的政治事业。对西藏持续的神话化使西藏人政治斗争的真实性质变得日益模糊和让人迷惑。……香格里拉神话已经影响了西方人对西藏政治斗争的理解，西方一直在香格里拉的认知框架内解释西藏的斗争。……只要‘西藏问题’还仅仅被看作是白人的感情问题，那么‘西藏问题’就永远不会有进展，就会永远处在国际社会关注的边缘。”[②] 本质上，一些西方人把对“西藏事业”的支持看成是为保存和重现香格里拉神话而进行的斗争，而不是为了“真实的西藏政治事业”。

对“西藏问题”的关注也是“白人的感情问题”。因为在心理上，那个长久以来让他们魂牵梦绕的香格里拉是不容破坏的。当“西藏流亡政府”和媒体不断宣传中国人“占领”和“破坏”了西藏这个原生态的幸福天堂时，自然会引起很多德国人的极大关注。达赖喇嘛的非暴力形象和西藏的香格里拉形象都产生于德国人接触和了解西藏的历史过程，根本上来说是一种社会心理和集体认知的“历

---

① 李凌飞、黄雨果：《德国与中德关系发展前景：中国德国研究会年会暨学术研讨会综述》，北京大学国际战略研究中心，《国际战略研究简报》2007年第11期，第2页。

② Tsering Shakya, “Tibet and the Occident: The Myth of Shangri-la”, p. 25.

史遗传”。在新的条件下，这些“历史遗传”产生出了新的巨大能量。人权、宗教自由、生态和谐和少数群体的认同是当今西方普遍关心的议题，也都能获得那个香格里拉神话的回应，从而也能获取西方人强烈的价值和感情认同。

历史上形成的误解和偏见已构成德国民众认识“西藏问题”时的潜意识和本能反应，与长久以来欧洲人的优越感和“欧洲中心论”联系在一起。一位在德留学生的经历反映了德国人甚至是欧洲人的这种心理。他选修了一门名为“文化冲突”(Culture in Conflict)的课程。上课第一天老师分配研究报告的题目，涉及美国的印第安人、澳大利亚的毛利人、中国的藏族人。他对前两个不熟悉，自然要选讲西藏。但是老师不准他做这个题目，理由是中国不民主，没有人权，他不能对这个题目做出正确的判断。他据理力争，总算获得了同意，但拿到题目却是“中国对西藏的政策——屠杀以及通过旅游破坏西藏”(Chinese Policy against Tibet—Genocide, Destruction through Tourism)。[①] 这位教授的潜意识就是：只有西方民主国家的人才有能力对“西藏问题”做出“正确的判断”，进一步而言，只有西方人才有能力和资格解决“西藏问题”。很多德国人的这种心态正应了他们前总理施密特经常说的一句话：“西方人的自以为是有时真是要命!”

当代德国人所能获得的1951年后西藏发展变化的信息少之又少，正面研究和介绍新西藏的著作也是凤毛麟角。在涉藏研究方面，西方也并非一贯坚持学术和思想自由。加拿大藏学家谭·戈仑夫（Tom Grunfeld）说：“在整个西方的大学里，尤其是美国，研究西藏问题的学者不能提出一些新观点，因为这会被当作支持共产主义。研究西藏的学者被分成两派：白的或黑的，对的或错的，好的或坏的。”[②] 这些又造成西方人心目中当代西藏形象的失真，对于那个美好的旧西

① http://dewdroper.blogchina.com/viewdiary.25663104.html

② Tom Grundfeld, *The Making of Modern Tibet*, p.4.

藏更为迷恋。

早期探险者的旅行报告和回忆录仍是公众获取西藏信息的重要来源。“西藏独立国”的虚假记忆保存在西方人的图书馆和博物馆中，保存在众多西方关于西藏的经典文本中，进而保存在西方人的记忆中。德国人不了的西藏情结体现在对所谓“消失的西藏”的无限怀恋和追忆。如果检索当代德国出版的有关西藏的作品，我们会发现，研究和介绍西藏历史、现实政治和社会情况的著作虽然日益增多，但很大部分依然是新出版或重新出版的20世纪50年代以前西方考察者和探险者的旅行游记和回忆录。其中舍费尔、哈勒、高文达喇嘛等的著作占据着主要地位。当代西方藏学研究者和海外藏族学者，在西方的图书馆和博物馆里找到了旧西藏的记忆，在早期西方探险者、旅行者、传教士、英印殖民地官员、藏学家的著作中发现了西藏“美好的过去”和“独立的历史”。

哈勒就从不掩饰自己作品的真实目的，即为西方人回忆和保留那个“失去的香格里拉”。单从他众多作品的名称即可看出哈勒的这一取向，例如《西藏七年》《西藏：遗失的家园》《海因里希·哈勒的西藏印象》《再见西藏》《消失的拉萨：海因里希·哈勒的西藏》《回忆西藏》《旧拉萨：来自西藏的照片》等。哈勒的众多作品以强烈的探险色彩遮盖了幕后的真相。很多对探险和西藏感兴趣的读者看重的是书中扣人心弦的情节和关于西藏的梦幻般的描述，至于历史背景则无关紧要，他们只需有一种模糊的“历史常识”，即认为哈勒所经历的西藏是完全幸福、“独立”的，是中国“占领”和“侵略”了西藏。

高文达喇嘛称：“《白云之路》是一个朝圣者对还处于‘独立’状态的西藏及其文化的最后十年的见证和描述。”[①] 实际上《白云之

① Lama Anagarika Govinda, *Der Weg der weissen Wolken: Erlebnisse eines buddhistischen Pilgers in Tibet*, Zürich und Stuttgart: Rascher Verlag, 1969, S. 14.

路》是高文达喇嘛在1966年撰写的他对1947—1949年的西藏旅行的回忆。这已经不是他当时的旅行游记，而是他在近二十年后重新“见闻”西藏，根本的动因是他有感于“拉萨的最终‘陷落’”。当代很多德国人认为，在旧西藏，人们的生活简单、舒适、自由、和平和幸福。这幅景象在西藏历史上从来没有过，但在希尔顿、哈勒、高文达和奥夫施奈特等的作品中却是存在的。他们被读者看作是这幅景象的“亲历者”和“见证人”，不会对他们的描述产生怀疑，即使没有到过西藏，也会对“被中国占领之前的西藏”生出无限的向往和留恋。他们在哈勒、舍费尔、高文达以及众多早期的西藏旅行游记中寻觅着那个已经“消失的地平线”，那个他们认为“曾经存在过的”香格里拉。正如高文达喇嘛的传记作者温克勒所说：“（高文达喇嘛）的影响将持久存在，在加德满都的书店、寺院的图书馆和精神旅行者的背包中。”①

与德国的西藏考察探险相关的资料有三大类：保存在联邦档案馆的原始档案；探险者涉及西藏的学术著作；探险者的旅行游记、传记和回忆录。前两类基本只有专业人员感兴趣，对于渴望了解西藏的普通读者，第三类最符合他们的口味。因此这些既有冒险式情节又有强烈个人感情色彩的游记和回忆录被一版再版，或作新瓶老酒式的翻新。探险者拍摄的老照片在当代也被编辑成各种版本的普及读物或在博物馆中被冠以各种主题反复展出。那些支持“藏独”或同情达赖喇嘛的人物，如黎吉生、贝尔和哈勒等的作品受到达赖集团的吹捧，被不断宣传和再版。

达赖集团也不惜“自我东方化”，在欧美国家有意识地利用和宣传香格里拉神话，以获取同情和支持。“西藏问题”已被推到了西方国家舞台的中央，西方人是主要观众，达赖喇嘛必须要不断迎合他们的口味，才能获得持久的掌声和支持。这些口味包括：人权、宗教自

① Ken Winkler, *A Thousand Journeys*, p. 172.

由、环境保护、少数群体认同、非暴力、神秘主义、反现代化、非物质主义等。如沈卫荣教授所言："当代'神话西藏'绝不是西方人一厢情愿的创造，达赖喇嘛和流亡藏人的积极配合功不可没。在欧美新时代人用力'东方化'西藏的同时，达赖喇嘛也很卖力地、巧妙地'自我东方化'，不但将西方人对西藏的精心设计照单全收，而且还自我设计、创造、改变，乃至窜改西藏的传统，以迎合西方人对西藏的热望，最终塑定了一个人人向往的精神、智慧、慈悲、和平、自在、平等、绿色、环保的西藏形象。随着西藏一变而为香格里拉，达赖喇嘛也一步跨出中世纪，成为引领后现代世界的精神领袖。"①

哈勒、高文达喇嘛等有关西藏的著作不仅在西方世界内部流转，而且反过来输回西藏社会内部，影响了西藏人的自我认知和评价。尤其是一部分有能力和渠道接触、阅读这些文本的知识分子和上层人物，或多或少都将它们当成完全真实的西藏知识。香格里拉神话为旧西藏披上了散发着神秘、智慧、幸福、和平气息的靓丽外衣，不仅契合了当代西方人的审美情趣和政治价值，更被海外藏族看作是在西方推动"藏独"运动的有力宣传武器，主动对旧西藏做香格里拉式的描绘和宣传已经成为海外藏族的重要斗争策略。藏族学者江央诺布（Jamyang Norbu）就此指出，"关于香格里拉的陈词滥调虽然是西方人的发明，但是某种程度上藏族人首先是海外藏族人无法抵抗这种诱惑，他们越来越对失去的故乡作相似的幻想式的想象。……海外藏族的政治精英们的中心任务是宣传1959年之前西藏的一幅和平、和谐和精神性的形象。"② 达赖集团就很会利用早期德国西藏探险者们的遗产，结合现代宣传形式，继续向西方人讲述香格里拉神话。2006

① 参见沈卫荣：《也谈东方主义和"西藏问题"》，《天涯》2014年第4辑。

② Jamyang Norbu, „Hinter dem verlorenen Horizont: Zur Notwendigkeit der Demystifizierung Tibets", Thierry Dodin und Heinz Räther, Hrsg., *Mythos Tibet: Wahrnehmungen, Projektionen, Phantasien*, S. 316.

年11月“西藏之家”[①] 在法兰克福举办摄影展，主题为“老西藏：恩斯特·舍费尔1938/1939年西藏探险照片”，海报封面是旧西藏一对贵族青年幸福的结婚照，还播放了舍费尔探险拍摄的纪录片《神秘的西藏》。

1997年好莱坞根据《西藏七年》拍摄的同名电影严重歪曲事实，导演让-雅克·阿诺专门出书讲述了拍摄过程。十四世达赖喇嘛的妹妹吉尊白玛在序言中说：“那个充满神秘和香格里拉梦想的西藏已经永远地消失了。旧西藏实际上已变成了‘消失的地平线’。这部电影就像一个从未结束的梦，我们希望有一天会变为现实。”[②] 在西藏长大的吉尊白玛在流亡印度以后，她自身的西藏认知经历了一个巨大的转变。这种转变是在西方人的西藏认知尤其是香格里拉神话的影响下实现的。她最终也像西方人一样，把自己曾经亲身经历过的旧西藏想象成了“充满神秘和香格里拉梦想”的地方。事实上，她自己也完全明白，旧西藏并不像这部电影所描绘的那样美好，但是她已被西方人所虚构和痴迷的“消失的地平线”深深地打动和感染，已经无法将自己的真实经历与西方人的虚幻清楚地分离开来。而作为见证旧西藏的重要“证人”，她的这些描述又反过来印证了西方人的虚幻。

在各种采访、演讲、谈话、序言和著作中，十四世达赖喇嘛也不惜歪曲历史，不断告诉西方人，西藏曾经是一个欢乐祥和的幸福天堂。例如，1983年奥夫施奈特的传记出版，达赖喇嘛在序言中写道：“在不幸的环境中他被迫来到西藏，他选择生活在我们中间并分享了我们简单而舒适的生活。他不仅认识了很多藏族朋友，也见证和经历了西藏社会那种自由（free）、和平（peaceful）和幸福（happy）的氛围。……我相信，他的传记的出版能有助于澄清外人对西藏的各种

① “西藏之家”是达赖喇嘛1968年在印度德里建立的组织，“致力于保护西藏传统和进行文化交流”，2004年在德国法兰克福建立了分部。

② Jetsum Rema, “Rediscovering Lost Tibet”, Jean-Jacques Annaud, *The Seven Years in Tibet: Screenplay and Story behind the Film*, New York: Newmarket Press, 1997, pp. 10-11.

误解，也能帮助人们更好地理解我们1959年之前的社会。”① 他还把人权和自由都说成是旧西藏的遗产。2008年他在接受德国记者采访时说：“我们的斗争是为了权利，权利在现代得到了普遍尊重，这也是从我们自己的历史上继承下来的。”② 像“权利”这样的现代西方政治概念也被达赖喇嘛照单全收，嵌入到对旧西藏形象的描绘中。在给德国绿党议员凯莉的书《西藏——一个被压迫的国家》所做的序言中，他甚至吹嘘：“西藏在历史上是重要的中立的缓冲国，对地区稳定作出了重要贡献。‘西藏问题’的解决不仅会促进亚洲和平，也会推进世界和平。”③ 所谓的“西藏缓冲国”，是英国殖民者在侵藏过程中炮制出来的概念，目的是为了将西藏变为防御俄国的屏障，试图制造一个“独立”或“半独立”的“西藏国”。达赖喇嘛为了标榜西藏和自己的和平形象，不惜把这段遭受侵略的经历描述为一个“中立的缓冲国”的光荣历史。

1998年达赖喇嘛在接受采访时宣称：“虽然旧西藏社会是落后的，但是绝不像中国共产党所说的最黑暗、最残酷、最野蛮，绝对不是这样。在旧西藏社会中生长的人，如果你去看他们的脸，绝对是充满快乐的笑眯眯的。中国的农奴制度、印度的农奴制度和西藏的农奴制度不一样。这里面的不同，西藏人之所以充满快乐，主要是由于宗教的因素。但是也有一些人，一些有钱有势的人，欺负自己的农奴，这样的现象是有，不是没有，各个地方总能找到。但是从总的来说，旧西藏的制度是比较好的，其中有一些仁慈、以善待人的观念，与中国和印度及其他国家，特别是与欧洲中世纪的农奴制是没有办法比较的，好多了，这主要是有些爱和仁慈的因素在内。当然个别的危害人

① The Dalai Lama, “Introduction”, Martin Brauen, Hrsg., *Peter Aufschnaiter, sein Leben in Tibet*, S. 11.

② Dalai Lama, „China mischt sich auch in Deutschlands Angelegenheiten ein“, *Süddeutsche Zeitung*, 21.09.2007.

③ Dalai Lama, „Vorwort des Dalai Lama“, Petra Kelly, Hrsg., *Tibet- ein vergewaltigtes Land*, S. 15.

的现象不是没有，是有的。”[①] 所有这些归结为一点，就是达赖喇嘛在其自传《我的国家和人民》中所做的结论：“我确信西藏曾经是世界上最幸福的‘国家’之一。封建制度当然给压迫提供了可乘之机，但藏人总体上来说并不是受压迫的人民。”[②] 桑东活佛在向美国人解释他对于国家意义上的富裕与贫穷概念的理解时则提出：“没有人有权判断其他国家是富裕还是贫穷。例如西藏，过去的西藏，根据西方的标准可能是贫穷的，但是那并不意味着西藏真的贫穷。事实上，相反，西藏是富裕的，如果考虑粮食和牲畜有巨大的剩余以及储存的粮食估计在饥荒时可以维持五年的话，西藏非常富裕。”[③]

这些话语背后隐藏的正是海外藏族精英在西藏神话的框架下重塑西藏传统、构建有利于取悦西方人的西藏身份的一种努力。这体现了西方关于西藏的“东方主义”令人生畏的控制力，也表明当代西方人对香格里拉神话的迷恋是英国殖民主义、西方经典作家、流行文化与海外藏族精英“跨越时代”的相互作用的结果。相对于“西藏独立”的政治目标，西方支持者们更关心西藏作为神秘智慧的源泉、寄托心灵渴望、拯救陷于物质主义和自我毁灭的西方等方面的精神性功用。这一微妙之处已经被一些西方学者如洛佩兹、史伯苓（Elliont Sperling）以及几位海外藏族学者所觉察。次仁夏迦和江央诺布赞同洛佩兹、史伯苓对西方有关西藏的香格里拉神话及其与东方主义关系的观点，也更关心西方人这种虚假认知对于“西藏政治事业”的负面影响，认为香格里拉神话并不利于藏族人真实的政治斗争。江央诺布就认为，西方人对达赖喇嘛、“藏独”运动的肯定和支持也建立在

---

① 茉莉：《达赖喇嘛访谈录》，《北京之春》1998 年 5 月号，引自徐明旭：《阴谋与虔诚：拉萨骚乱的来龙去脉》，香港：明镜出版社，1999 年，第 63—64 页。

② Dalai Lama, *Mein Leben und mein Volk: die Tragödie Tibets*, München: Knaur, 1962, S. 86.

③ Leonardo R. Chapela and Dalai Lama: “Buddhist Guidelines on Economic Organization and Development for Future Tibet: Interviews with His Holiness the XIVth Dalai Lama of Tibet and Ven. Samdhong Rinpoche”, *The Tibet Journal*, Vol. 17, No. 4, 1992, p. 15, 24.

新时代的价值观念之上，他们在“西藏独立”的斗争中又增添了生态的、和平的、精神性的和普世性的模糊议程，这实际上跟“西藏问题”没有多大关系，“藏族人生活在自己的现实中，比扮演一个源于西方的幻想的美学角色好得多。”① 但是，这只是从所谓“香格里拉神话为何不利于西藏独立运动”的角度所做的思考，并没有真正揭示一部分藏族人“自我东方化”的实质性危害。一些德国学者的观点则显得更具批判性和建设性，他们认为西藏的长远发展需要西藏人对自身的社会、文化和历史具有批判能力，当人们把认同和身份建立在一种毫无批判和反思的历史基础上时，这个群体和社会就有陷入保守主义和发展停滞的危险。这也会使藏族人丧失真正的历史和文化身份，因为西藏神话完全是西方人的创造，没有建立在真实的西藏传统和文化之上。② 香格里拉神话只是让旧西藏具有了一种表面上的文化吸引力和社会形态上的虚假的先进性，从长远发展和社会进步角度而言，这种对旧西藏的虚假认知和“失忆式的想象”显然不是藏族创造新生活的出发点和历史基础。

但是达赖喇嘛被德国人看作是真诚、仁慈和非暴力的代表，他的话自然被认为是真实的。很多人意识当中本来就有关于西藏的各种美好想象，又有达赖喇嘛亲自“作证”，自然对香格里拉神话深信不疑。因此，对于很多德国人来说，媒体和达赖喇嘛所不断控诉的“中国毁坏了曾经的天堂”“西藏人一直被压迫”“宗教受迫害”等也就顺理成章，投身于“支持西藏国际运动”更是责无旁贷。华人学者徐明旭批评十四世达赖喇嘛“连正视历史上的反自由、反民主、反人权的农奴制的勇气都没有，很难想象他关于西藏要自由、要民

① Jamyang Norbu, „Hinter dem verlorenen Horizont: Zur Notwendigkeit der Demystifizierung Tibets“, Thierry Dodin und Heinz Räther, Hrsg., *Mythos Tibet: Wahrnehmungen, Projektionen, Phantasien*, S. 317.

② Thierry Dodin und Heinz Räther, „Mythos Tibet—Zwischen Shangri-la und Feudalherrschaft. Versuch einer Synthese“, Thierry Dodin und Heinz Räther, Hrsg., *Mythos Tibet: Wahrnehmungen, Projektionen, Phantasien*, S. 342-343.

主、要人权的侈谈有多少诚意。”① 事实上，这并非是达赖喇嘛有无勇气和诚意的问题。一旦承认他曾统治过的西藏是黑暗的农奴制，所有关于旧西藏的美好神话都会烟消云散，这可是关系他的“事业”在整个西方能否获得公众支持的根本问题。

一些早期的欧洲人认为，西藏可能是一个基督教国家，西藏人是亚特兰蒂斯居民的后代。亚特兰蒂斯的居民则是雅利安人的最早祖先。亚特兰蒂斯城毁灭后，部分居民逃到了中亚一带，并在那里建立了“香巴拉文明”。由于地理上的封闭，西藏很可能保存着雅利安人祖先的某些秘密。② 纳粹时期这种传闻经过党卫军德意志祖先遗产研究会的渲染以及纳粹人类学家的实地考察和研究，影响更为广泛。纳粹人类学家如贝格尔则直接宣称，在西藏人尤其是西藏贵族身上发现了雅利安人种的因素。长期的传闻和纳粹的西藏人种学研究，使德国人倾向于认为，西藏人是一个与日耳曼人有某种联系的民族，相隔万里但却是精神紧邻，因此德国人对西藏有着特殊的关注。虽然在理论和实践上都带来巨大灾难的纳粹人类学说在战后德国遭到了彻底批判和抛弃，但是那些“传闻”却并不容易消失。直到 1956 年，曾在青海长期传教的德国传教士马蒂亚斯在其《西藏人的神话、神秘、巫术和宗教》中还依然评论说：“在白雪和冰川覆盖的大山后面，这个民族仍然生活在神话时代。对于我们这些现代人而言，这就像已经沉没的世界——消失的亚特兰蒂斯。我们感到，这种人类的神话时代的感情和思想是那么遥远、独特，充满异域风情，深奥难解。”③

德国人的民族国家观念更侧重于文化民族的理念。藏族的语言、宗教和文化与汉族形成鲜明的对比，巨大的高原形成了天然的地理边

---

① 徐明旭：《阴谋与虔诚：拉萨骚乱的来龙去脉》，第 68 页。

② Reinhard Greve, „Tibetforschung im SS-Ahnenerbe“, S. 169-170; Heather Pringle, *The Master Plan: Himmler's Scholars and the Holocaust*, pp. 145-150.

③ Matthias Hermanns, *Mythen und Mysterien der Tibeter: Magie und Religion*, Essen: Magnus-Verlag, 1983, S. 8.

界。这种民族、文化与地理要素的天然结合，无形中完全切合德国人现代民族国家的观念。如同日耳曼民族更多地体现为共同的文化特征一样，具有独特而强烈民族和文化特征的西藏，也被德国人看作一个“天然的民族国家”。欧洲国家一般较小，各国的民族构成相对单一和同质。德国是一个有着极为同质性民族的国家，虽然有很多外来移民，但除了日耳曼民族以外只有极少的原住性少数民族，而且在长期的同化甚至迫害之下，这些少数民族的人口数量，认同意识已大大下降。在欧洲其他国家，如英国、西班牙、意大利、法国、荷兰等存在的民族或地区分离问题，在德国并不存在。德国人根本无法体会和想象，在巨大的中国，如此多的人口和民族到底如何在一起生活？

德国人对“西藏问题”的关注与他们对历史的深刻反思联系在一起。“回顾充满痛苦的历史和当时德国没有人制止侵犯人权的做法，德国政府对保护人权特别敏感。”① 战后德国人对纳粹思想、极权主义和种族屠杀的深刻反思和彻底自我改造，使德国实现了与欧洲国家的和解，赢得了世界的承认。在战后德国人的政治生活中，人权、少数民族权利等议题具有比在其他西方国家更为敏感和特殊的意义。由于自己“痛苦的历史”和“对保护人权特别敏感”，所以德国人对中国在西藏“大规模破坏人权”的行为异常关注。多数与笔者交流的德国人也指出，现在的欧洲人异常热爱自由，他们觉得，藏族作为一个弱小的、和平的民族受到了强大的中国的“压迫”，他们是“不自由的”。西藏人应该有他们自己的权利。所以，德国联邦议会所通过的四个涉藏决议的标题与核心内容都与所谓的“西藏人权问题”有关。德国政府也推动将“西藏人权问题”纳入中德人权对话和中欧人权对话的框架中，成为中德关系中一个持久议题。

当代德国声势浩大的“支持西藏运动”也与早期一些到过西藏

---

① ［德］李德仁：《在中国欧洲学会德国研究分会第13届年会上的演讲》（2010年4月24日），德国大使馆，http：//www. beijing. diplo. de。

的欧洲人的鼓吹和渲染密切相关。20 世纪三四十年代到过西藏的一些欧洲人对达赖喇嘛抱有深切的同情，如舍费尔、哈勒、贝格尔、黎吉生等。50 年代以后他们以各种方式为达赖喇嘛的“西藏事业”献计献策，摇旗呐喊。他们又都极为长寿，长期充当了“西藏独立”和香格里拉神话的“历史见证人”角色，对当代西方“藏独”运动影响巨大。黎吉生曾说：“了解中国人占领西藏之前的拉萨生活的欧洲人越来越少了，海因里希·哈勒和我就属于这些人之列。”① 哈勒在西方尤其是在奥地利和德国具有很大的影响力。德国绿党在 20 世纪 80 年代中期开始提出德国的西藏政策时，甚至以他的著作为重要依据。哈勒、高文达等也都站在英国人一边，颂扬英国曾经在西藏的“良好表现”。哈勒曾在布达拉的小图书馆里看到了十三世达赖喇嘛遗留下来的英文书籍，包括贝尔的著作。他评论道：“他（十三世达赖喇嘛）的世俗知识应该感谢他与贝尔先生的友谊。我早就熟悉这个英国人的名字，在战俘营中就读过他的书。他是‘西藏独立’的伟大捍卫者。作为负责锡金、西藏和不丹事务的政务官，贝尔在十三世达赖喇嘛流亡印度时结识了他，两人之间有了密切的友谊，并持续了许多年。贝尔先生是第一个与达赖喇嘛有个人接触的白人。”② 哈勒不仅故意遗忘和回避了英国侵藏的真实历史，并且把英国侵藏的代表人物贝尔赞誉为“西藏独立的伟大捍卫者”。

1959 年西藏发生的叛乱和达赖喇嘛逃亡印度，引起西方社会对西藏的高度关注和兴趣。哈勒积极投入到各种“声援西藏”的运动中，利用“西藏通”的身份帮助海外藏族人进行政治和文化宣传。哈勒与达赖喇嘛、达赖喇嘛的哥哥土登·晋美诺布等都保持着密切的关系。哈勒还接受英国《每日邮报》（*The Daily Mail*）的资助，作为记者到印度跟踪报道达赖喇嘛逃亡事件。1960 年他帮助土登晋美诺

① Hugh Richardson, „Heinrich Harrer und Peter Aufschnaiter in Lhasa“, S. 14.

② Heinrich Harrer, *Sieben Jahre in Tibet*, S. 375-376.

布出版了自传《西藏：失去的家园》，实际上该书完全是由哈勒代笔完成，写作过程中土登晋美诺布完全是次要角色。该书讲述了诺布在西藏的快乐童年和青年生活，强调在共产党中国“入侵”以后，西藏人和平自由的传统文化遭遇压制和伤害，主要目的是配合当时海外藏族政治斗争的宣传需要。[①] 正如一位英国学者在该书英文版的书评中所言，“这一故事是向西藏人伸出实际援手的一个强有力的提醒。”[②] 1962 年，他又为瑞士援助藏族人团体出版的《一个民族的苦难：西藏和西藏难民的悲剧》一书撰写了前言。[③] 瑞士接纳了 1300 多名藏族人，民间组织希望借助哈勒的影响力获得更多的官方资助和社会关注。

哈勒还广泛联系其他去过西藏的西方人共同支持“西藏事业”，黎吉生就是他最密切的合作者。作为英国曾经负责西藏事务的骨干官员之一，黎吉生退休后依然关注西藏，著述不断，树立了在西方藏学研究中的权威地位。虽然在拉萨期间黎吉生不止一次要西藏地方政府遣返哈勒和奥夫施奈特，让他们战战兢兢，但是 20 世纪 50 年代以后他们捐弃前嫌，共同推动着欧洲甚至整个西方的“藏独”运动。离开西藏后他们保持着密切联系，在美国、奥地利、英国等多次会面。在他们建议下，1994 年达赖喇嘛在伦敦邀请了八位西方客人，召开了一场别开生面的新闻发布会。这些客人包括哈勒、黎吉生、贝格尔等在 20 世纪 50 年代以前去过西藏的西方人。他们齐聚一堂，在世界媒体面前现身说法，证明西藏曾经拥有“独立”的地位。达赖喇嘛之所以看重与这些人物的友谊，一方面可以通过他们获取更多西方人

① 参见 Thubten Dschigme Norbu, *Tibet. Verlorene Heimat. Erzählt von Heinrich Harrer*, Wien: Ullstein, 1960.

② C. H. Summerhayes, “Review on *Tibet Is My Country: The Autobiography of Thubten Norbu, Brother of the Dalai Lama, As Told to Heinrich Harrer*”, *The Geographical Journal*, Vol. 127, No. 3, 1961, p. 359.

③ 参见 Schweizer Tibethilfe Solothurn, Hrsg., *Die Leiden eines Volkes: Die Tragödie Tibets und der tibetischen Flüchtlinge*, Solothurn: Tibethilfe-Verlag, 1962.

的支持，另一方面是为了向西方人宣传所谓的“西藏独立国的事实”。这些人物都是所谓“亲身经历西藏独立”的见证人。尤其是哈勒和黎吉生经常现身说法，为“西藏事业”摇旗呐喊，深得达赖集团的感激和青睐。20世纪70年代后舍费尔隐居在下萨克森的小镇巴特贝文森，80年代达赖喇嘛专程看望过他。达赖喇嘛的到访也成了这个小镇的骄傲，两人的合影一直挂在这个小镇的宣传网页上。1986年贝格尔出版了《与伟大的智慧海洋的相遇》一书，对达赖喇嘛极尽赞美和推崇。① 20世纪80年代以后，他多次与达赖喇嘛会面，他与达赖喇嘛的哥哥土登·晋美诺布也有很好的关系。

除了作为“证人”经常出席德国与欧洲各国议会举行的“西藏听证会”，黎吉生、贝格尔、哈勒等人也撰写了不少“见证西藏的独立”的文章，如黎吉生的《西藏国》，贝格尔的《1938—1939年西藏的独立地位》等。② 20世纪50年代开始，面对任何国家都不承认西藏拥有“独立地位”的政治现实，黎吉生为“藏独”活动提出了新的策略，即在西方议会和联合国等机构诉诸“道德力量”，通过情感路线和意识形态宣传来获取同情和支持，他们的作品也在很大程度上应和了这一策略。他们已经戴上了意识形态的有色眼镜，抱着支持“藏独”的政治目的来回忆、撰写和评论曾经在西藏的经历和见闻，对共产主义的敌意和对汉藏关系意识形态化的描述是之前的旅行作品所不具有的。例如，随着西藏和国际局势不断变化哈勒也对《西藏七年》不断修改。1980年代重游拉萨后，新版的《西藏七年》专门增加一章，记述和评论20世纪50年代以后西藏发生的重大事件以及他重回西藏的感受。新的章节更加充满意识形态色彩，重点向读者展现原有的世外桃源般的西藏已经在“红色中国”的统治下消失了，

① Bruno Beger, *Meine Begegnung mit dem Ozean des Wissens*, Königstein Hessen, 1986.

② Hugh Richardson, “The State of Tibet”, Hugh Richardson, ed., *High Peaks, pure Earth*, London: Serindia Publ., 1998; Bruno Beger, “The Status of Independence of Tibet in 1938/39 according to the travel reports (memoirs)”.

出现在西藏的“中国人”是对藏族人和西藏传统文化的威胁。他们的这些文章和言论为德国以及西方的“藏独”活动提供了“历史证据”和“道德力量”。

结　语

西藏形象在德国是一个不断变化的动态过程，不同的时期呈现出不同的特点。这与他们所获得的西藏信息的数量和准确性、自身社会所处的历史阶段和精神文化思潮、德国的对外政策和目标、中德之间的政治关系等密切相关。19 世纪以前，同其他西方人一样，德国人所获得的西藏信息极为有限也极不准确。可以说，普通的德国人对西藏一无所知。欧洲传教士出于对异教的敌视，对藏传佛教和西藏文化大加挞伐，描绘的是一副离奇怪诞、野蛮落后的西藏形象。德国一些著名哲学家和文化学家对西藏的评价也呈现两种明显不同的倾向：藏传佛教是最为愚昧落后的宗教，西藏人的生活方式和风俗习惯怪异堕落，但同时西藏又是人类和文明的起源地和保存地，是一个遍地黄金的地方。

19 世纪中后期，借助于英国在喜马拉雅地区的殖民扩展和渗透，德国人开始在西藏南部边缘地区传教和进行科学考察。这一时期，德国人关注的是藏传佛教、藏语以及喜马拉雅地区的地理学特征。德国藏学的两位奠基者埃米尔·施拉君特怀特和耶什克研究的重点是藏传佛教和藏语。19 世纪末 20 世纪初，德国进入帝国主义行列，为了在远东获取优势，德国与美国一样，奉行“门户开放”和“保持中华帝国领土完整”的政策，承认和维护中国对西藏、蒙古等地方的主权。德国人开始关注西藏的政治地位和形势，在西藏和中亚的考察也开始为其殖民扩张服务。这一时期由于工业化、战争和社会的急剧变迁，欧洲人产生了各种焦虑、自我批判和反思。他们渴望找到替代自身社会的另一种模式，西藏成了他们寻找心理寄托、反思自身社会的一面镜子，德国人也不例外。从新的对藏政策目标出发，英国也开始宣传和描绘西藏的正面和积极的形象。同其他欧洲人一样，德国人的西藏认知逐渐由妖魔化转向神话化。

20 世纪三四十年代，德国人在喜马拉雅地区进行了大规模的考察和探险，一方面是为了科学研究，另一方面是纳粹政府试图以此来提升德国的世界声誉。与日本结盟后，德国媒体开始大量宣传日本的西藏政策以及日本与西藏的“友好关系”，众多考察者和西藏研究者把西藏称为一个“独立国家”。第二次世界大战爆发以后，西藏进入纳粹领导层的政治视野，德国制定了针对英国的西藏武装考察计划，虽然最终未能实施，但也说明二战期间德国把西藏纳入整个战争计划之中。这一时期，德国人极为关注西藏的政治形势和西藏人的人类学特征。通过大量的通俗游记、影像作品和纳粹宣传，德国大众获得的西藏信息有了爆炸式的增长。德国考察者和藏学家对西藏的各种“让人不愉快”的方面的描述和批评急剧减少，德国人的西藏印象开始以正面为主。

20 世纪 50 年代以后，中国与西德分属不同阵营，在冷战背景下，西藏的命运引起了德国人的极大关注。他们开始更多地将西藏与共产主义中国的形象联系在一起，并设置成了两种完全对立的形象。其中，最重要的一种表述方式是，将西藏的和平解放描绘成“香格里拉天堂被红色中国占领和毁坏”的故事。再次与西方的完全隔绝也使西藏在德国人心目中的神秘形象更为强烈。70 年代以后，伴随在欧美兴起的“新时代运动”，西藏被神话为最后的世外桃源和人间净土。在这一过程中，几个去过西藏的德国人起了重要的作用，如哈勒、高文达喇嘛、舍费尔、贝格尔等，与英印负责西藏事务的殖民地官员，如黎吉生等抱成一团，或撰写通俗作品或进行藏学研究，试图为西方人保留一个“美好的独立的西藏国”的记忆。他们聚集在达赖喇嘛周围，为其“西藏事业”摇旗呐喊，为当代西方的“藏独”活动提供“历史证据”和“道德力量”。

20世纪80年代中期以后，“西藏问题”和十四世达赖喇嘛更成为德国人关注的焦点之一。人权、宗教自由、民族群体认同、环境保护、非暴力等日益上升为德国社会和政治生活的核心议题。“西藏问题”与这些西方的普适价值性理念联系在一起，成为某些政治人物和党派彰显其路线和纲领的符号性议题。在德国人心目中，十四世达赖喇嘛是集慈悲、智慧、宽容和非暴力等理念于一身、引领后现代世界潮流的精神领袖。当代西藏在德国人心目中的形象日渐呈现一种复杂多元的特点。一方面，他们觉得中国西藏在经济发展、藏族人生活水平和教育等各方面进步显著；另一方面，又认为西藏的人权和环境形势日渐恶化，藏族人的民族认同正在遭受破坏，经济发展和现代化严重威胁着他们所谓“原始自然”的生活方式。这些认知显然与当代中国在德国人心目中的整体形象密不可分。

西方的东方主义普遍表现出两种不同的形式，萨义德的“东方学”侧重于对否定的、负面的甚至意识形态化的东方主义的批判，而忽略了仰慕的、神话式的东方主义。与其他东方地区不同，中国的西藏地区在20世纪上半期西方的“东方学”谱系中就主要呈现出一种极为积极正面的形象。在很多西方人看来，西藏人智慧、幸福、热爱独立和自由、专注于精神生活，西藏并不原始也不愚昧，既不落后也不野蛮，西藏的政治和社会制度一直运转正常，西藏不需要西方的物质和精神文明的改造，这显然不同于萨义德所讲的“东方学”里的东方。因此，批判反思西方的西藏形象的先行者、澳大利亚学者毕肖普认为，“西藏似乎一直拥有轻易逃过西方的东方主义的能力。它一直保持作为一个独立的他者，保持着——尽管是有限的——一种优越感。”[①] 但是这种判断也不完全准确，因为这种“优越感”的形成并占据西方人西藏认知的主流地位是在与其他西藏形象和话语的长期竞争中胜出的。实际上，在西方人心目中一直存在着多种不同甚至截然相反、相互竞争的西藏形象和表述西藏的话语体系。在一定历史时期，一种形象和话语体系占据主流认知地位，其他的则退居次要地位甚至被压制和遗忘。

近代西方在表述西藏时形成了四种叙事传统。一是地理学家、动植物学家等自然科学家和大部分藏学家所秉持的科学化、专业化、精细化表述西藏的方式，这促进了西方人客观理性地认识和理解西藏。施拉君特怀特兄弟的地理学研究、菲尔希纳的地磁学测量、舍费尔的动植物学观察以及英国皇家地理学会及其会刊《地理学杂志》等有关西藏的科学文章等在一定程度上代表了科学认识西藏的传统。[②] 二是将西藏妖魔化的传统，这是早期西方一些新教传教士、旅行者、启蒙思想家们的叙事方式。他们站在新教或社会进步的立场，强烈批判西藏的宗教和社会制度，认为西藏人生活在宗教专制之下，藏传佛教类似于天主教，是世界上最腐朽和愚昧的宗教甚至是驱神弄巫术的鬼教。德国莫拉维亚兄弟会传教士以及德国启蒙思想家赫尔德、康德等对藏传佛教的批评是这种表述传统的典型。1910 年代前的英国旅行者和侵藏的代表人物，如博格尔、特纳、曼宁、荣赫鹏、瓦德尔、坎德勒等的作品也充斥着对西藏阴暗面的大量描述和批评，甚至对西藏恶意中伤和污蔑，西藏人呈现出一幅肮脏、落后、野蛮和愚昧的形象。这种西藏认知是欧洲优越论的心理结果，也为英国试图直接控制西藏的政治目标提供道德和文化优劣论上的合法性。三是神秘化西藏的传统，它以布拉瓦斯基夫人为代表的神智学运动和英国小说《第三只眼》为代表。这一传统刻意描述和夸大西藏存在的各种超自然

---

① Peter Bishop, *The Myth of Shangri-La*, p. 145.

② 参见赵光锐：《皇家地理学会与近代英帝国的西藏知识生产》，《史林》2020 年第 3 期。

的怪异事件和西藏人不同于常人的风俗习惯，尤其突出西藏喇嘛们的无上智慧和通灵能力，认为他们可以实现精神和肉体的分离，能用意念控制人事和自然，甚至可以灵魂转世、长生不死、预知未来等等。

将西藏神话化则是第四种叙事传统，它以英国负责西藏事务的骨干官员贝尔、黎吉生，小说家希尔顿以及哈勒的作品为代表，主要特征是将西藏虚拟化为世外桃源和人间天堂——香格里拉。香格里拉神话包含的西藏形象主要涉及三个方面：地理上，西藏是孤立、封闭、神秘和无法进入的禁地；社会和文化上，西藏是“一个充满智慧、慈悲的地方，没有暴力和尔虞我诈；藏族是一个和平的民族，人不分贵贱、男女平等，没有剥削，没有压迫”；[①] 政治上，西藏一直是与中国没有多大关系的“独立王国”，却曾经与英印政府有着友好密切的关系，尤其是1911年以后西藏维持了近四十年的“事实独立”状态。总之，西藏是一个神话般的“独立王国”——香格里拉，代表了一切美好的东西。这一传统主要源于1910年代英国侵藏政策的转变，1910年代以后英国放弃了直接吞并西藏的政策，转而采取将西藏扶植为保护印度北部边境的一块独立或半独立的缓冲区的政策。为实施这一新政策，负责西藏事务的英印边境官员们最先意识到在涉及西藏的宣传、学术研究、文化政策上需要做出相应的改变。他们认识到，已有的落后、愚昧、封闭和异教的西藏形象并不利于“西藏独立国”的建立和维持，而西藏统治阶层当然也不喜欢这样的形象。因此，“将西藏描述为一片神秘和充满魔力的土地，可以彰显其分离于中国的独特性，因而也有利于英国在当时的利益。”[②]

贝尔正是实施新的对藏政策和手段的关键人物，他所确立的通过学术和非学术活动创造一个良好的西藏形象以配合实现对藏政治目标的策略，直到1947年都是英印殖民系统内部的基本共识。这种对西

① 沈卫荣：《寻找香格里拉：西藏神话化的背后》，《中国民族报》2009年8月14日。

② Alex McKay, “The British Invasion of Tibet, 1903-1904”, *Inner Asia*, Vol. 14, No. 1, 2012, p. 22.

藏的文化表述与英国惯常的“文化帝国主义”大为不同，他们不仅不想摧毁西藏人的文化自信，而且没有意愿和计划让西藏走向现代文明。其基本政策是尽量减少和避免对西藏政治和社会制度的批评，即使某些官员对西藏有所批评，也不能将这些观点公开，要赞扬和尊重西藏既有的制度，支持西藏人尤其是上层希望保持这种生活方式的强烈意愿。通过对西藏传统制度的尊重和赞扬，也可以让西藏上层感觉到英国人对西藏人的友好态度，认为英国不会损害他们的利益，并能培育西藏人的民族自豪感和自信心。[①] 英国人神话化西藏的文化活动最终在希尔顿 1933 年的小说《消失的地平线》中达到顶点，希尔顿将西藏彻底地虚拟化和神话化，并为英语世界创造了香格里拉一词，在流行文化的意义上将西藏与伊甸园式的神话世界等同起来，使西方人对西藏的幻想完全脱离了现实的西藏，不再依赖于西藏的真实地理空间和文化背景，西藏变成了一个没有具体地点的乌托邦（a placeless utopia）。[②] 神话化西藏的方式借助英国负责西藏事务骨干官员们的权威地位以及英国在科学、文化、传播方面的优势在整个西方产生了广泛的回应。

上述西方的四种西藏叙事传统一直并存，在不同的历史时期各自占据过主导地位。1910 年代以来，妖魔化西藏的传统受到来自前英印殖民地官员、藏学界、藏族精英等持续的合力批判和夹攻而日渐式微。黎吉生和哈勒以见证人身份在一定的历史事实和个人经历基础上将西藏描绘为现实的、曾经存在过的“香格里拉王国”的叙事方式逐渐赢得了西方主流文化的认可。他们一方面试图通过科学的眼光努力研究、解读西藏，希望向西方公众传递有关西藏的客观知识，另一方面却又选择性地只描述、夸大甚至虚构西藏的美好景象，隐匿旧西藏政治社会制度的阴暗面和各种“让人不快”的内容，同时故意遗

① 参见赵光锐：《英国与早期“西藏独立”形象的塑造》，《国际政治研究》2010 年第 3 期。

② Peter Bishop, *The Myth of Shangri-La*, p. ix.

忘早期西方那些关于旧西藏的真实记录。到20世纪50年代，神话化西藏的方式就已经压制和超越了其他叙事传统，成为主导西方涉藏题材游记、小说、回忆录和影视作品的主流性思潮。

探险者哈勒就是西方神话化西藏过程中的另一座高峰。哈勒的西藏认知受到英国负责西藏事务的骨干官员们的深刻影响，他广泛阅读了贝尔的作品，并对贝尔充满敬仰和赞誉，称他是“自由西藏”的真正维护者，而《西藏七年》的英文版则由黎吉生作过精心修改。黎吉生是长期负责执行英国对藏政策的核心人物之一，即使英国撤出了印度，他依然顽固坚持着原有的意识形态倾向，一直坚定地为旧西藏政治和社会制度的“优越性”辩护。他在向西方人讲述旧西藏的美好生活和社会制度的“优越性”时经常以《西藏七年》作为证据。例如，他在1961年一次“回忆西藏”的演讲中讲道：“压迫的结果是不满意，但是我觉得1950年之前进入西藏的旅行者都将西藏人描述为是欢乐（cheerful）和心满意足（contented）的。大家无疑都知道海因里希·哈勒和他的《西藏七年》，他可能是没有土地却在西藏作为实际的劳动者而工作的唯一西方人。他不是为了社会体验，而是纯粹为了生存。他告诉我，作为劳动者他的生活是悠闲的（easy），并且得到了极好的对待，我想他将这些已经写入书中。他不仅证明了西藏穷人、也证明了富人们的令人感动的仁慈。”① 黎吉生的基本逻辑是极力强调西藏人自身的性格特点和日常生活习惯，将其与西藏总体的社会制度混为一谈，以西藏人本身的质朴、善良、宽容和微笑来说明西藏制度的优点。通过对西藏政教合一制度的稳定性、普通藏族人对这一制度和宗教领袖的默认、忠诚和尊敬来说明这种制度本身并未造成压迫和痛苦，而是值得尊重的运转良好的历史遗产。他隐匿了近代众多西方旅行者对西藏落后的政治、宗教、社会制度以及低层人

① Hugh Richardson, “Tibet as It Was: A Lecture Delivered on February 9, 1961”, *Journal of the Hong Kong Branch of the Royal Asiatic Society*, Vol. 1 (1960-61), p. 45.

民所遭遇的穷苦和剥削的客观真实记录，向听众们指出所有入藏的西方旅行者只有一种叙事传统，即“都将西藏人描绘为欢乐和心满意足的”，这显然极不诚实。他将哈勒描述为“劳动者”，由于“辛勤的劳动”和受到西藏人的极好对待而过着悠闲的生活。这与哈勒的叙事方式一样，都将他个人极为特殊的幸运经历等同于西藏所有劳动者包括最底层的农奴的生活状态。作为西方内部的两大藏学权威，黎吉生与哈勒非常“默契”地相互引证和确认着对旧西藏美好景象的“记忆”和“见证”，这对普通西方人具有极强的迷惑性和说服力。

作为探险者的哈勒与作为英印殖民地官员的贝尔、黎吉生等美化西藏的出发点也有所不同。前者主要通过对个人曲折人生、离奇经历的文学性记述，彰显自身在现代社会生活中的与众不同，实现对西方社会、文化和生活方式的批评和反思。包括《西藏七年》在内的游记、小说、影视作品等西方大众文化对西藏的神话化很大程度上与现代西方人的身份危机、精神困惑相关，他们反思工业化和现代文明，意识到物质主义、工业化、理性等并不能解决一切问题，相反却产生了种种“现代性的危机”。他们将目光投向东方文明，而西藏正是这样一个被认为是充满精神性、反物质主义、保持着传统智慧和生活方式的地方，他们赞美西藏主要是为了实现自我批判，寻求精神的解放和心灵的寄托，这样一种西藏形象主要与西方人自身相关，而与现实的西藏没有多大关系。小说家和探险者的作品还带有极强的个人成功和赢利目的。哈勒就具有极其强烈的虚荣心和个人成功欲，利用独特的西藏经历实现了名利双收。1952 年，奥夫施奈特给曾经入藏的美国人洛威尔·托马斯（Lowell Thomas）写信说，“我刚刚听说哈勒那本书，还没有读过。他正在德国进行演讲之旅，场场爆满。我听到人们议论，他会成为百万富翁。”[①] 奥夫施奈特这位曾经最亲密的伙伴

① Nicholas Mailänder, *Er ging voraus nach Lhasa. Peter Aufschnaiter*, Innsbruck: Tyrolia Verlag, 2019, S. 324.

也对哈勒为获利而无所顾忌的行为非常不满，甚至拒绝哈勒在摄影集中使用他的西藏照片。哈勒出版的摄影集还未经允许就擅自使用了舍费尔 1938—1939 年在西藏拍摄的许多照片，舍费尔为此与他有过激烈的争吵。因此，哈勒的作品受制于个人谋利的冲动、西方文化市场的偏好以及为“藏独”活动摇旗呐喊的政治目的，他要迎合大众的心灵渴望和审美情趣，突出西藏的香格里拉景象，不断夸大和重复讲述他与达赖喇嘛的交往和私人友谊等。

英印殖民地官员则是主要为配合将西藏转变为“缓冲国”的目标而有意塑造特定的西藏形象，他们笔下的藏族人独立、自信、自由、自足的形象有利于藏族人现代“民族国家意识”的形成，有利于西方人对“西藏独立”的同情与支持。英印殖民地官员与西方小说家、艺术家、探险家表述西藏的出发点和侧重点不同，但是在神话化、虚拟化西藏的叙事方式以及造成的客观后果上却存在“合谋”。前者主要塑造了旧西藏在政治上的“独立”形象，后者主要从文化和社会层面塑造了西藏的香格里拉形象，这两种形象相互依存，没有政治上的“独立”形象，香格里拉就失去了现实基础，没有香格里拉形象，“西藏独立”就没有历史记忆、文化和人类学上的证据。随着西藏和平解放，黎吉生和哈勒都被迫离开了西藏，黎吉生的政治生涯、哈勒在西藏的梦幻般的生活都因此而被打断，他们对“红色中国”都有深刻的意识形态上的敌意和怨恨，因此在通过塑造旧西藏的美好形象为“藏独”活动提供“情感和道德力量”方面，他们有着高度一致的看法和行动。

毕肖普认为，几百年来的西方旅行者、小说家和东方学家通过对布达拉的描绘和想象，将本来属于西藏的现实景观转变成了一个“西方人的地方”，西方人对布达拉乃至西藏寄托的希望和梦想、审美情趣和标准、政治态度等，都最终脱离了西藏的现实，变成了只是西方人自身心理和文化诉求的事务，布达拉和西藏本质上成了西方人精神和文化消费的垄断之地，只与他们自身相关。[①] 但是这样一种“想象的西藏”却又在西方文化霸权的支撑下被接纳为“客观真实的西藏”。西方人将本不存在的香格里拉当作真正的西藏，现实的活生生的西藏却不再是他们真正在意和关注的对象，用《消失的地平线》中的大喇嘛的话来说，这个荒诞不经的梦竟成了一些人面对西藏时仅剩的真实。[②]

总体而言，西藏的被神话化主要受三个方面因素的影响。首先是殖民主义的影响。英国为了直接的政治目的，利用自己对西藏信息的垄断，有意识地塑造了西藏在政治上的“独立”形象和文化上的香格里拉形象。“神话西藏”是早期欧洲殖民主义留给当代的一个“文化遗产”。

其次，西藏的被神话化还是欧洲人自身社会、心理和文化思潮的反映。藏族在欧洲人心目中的形象经历了一个与其他东方民族相反的变迁过程，即先被贬低和丑化，后来又被神话化。这在实质上都是对西藏的虚拟化和符号化，都是按照欧洲人自己的时代潮流和精神渴望来塑造西藏，而与真实的西藏相去甚远。当代许多欧洲人关注的并不是现实的西藏，而是一个虚幻的西藏，一个他们认为曾经存在过的、独立的、完美的、神话般的香格里拉。对西藏人权、民族认同、信仰自由和生态环境的关注，在很大程度上也是因为担忧精致的香格里拉神话处在破碎的边缘。

最后，西藏的被神话化也与欧洲人在西藏的考察探险和藏学研究密切相关。欧洲藏学的萌芽和发展建立在对西藏的实地考察的基础上。在接触、了解和研究西藏的过程中，欧洲人形成了关于西藏的一系列固定的认知方式、传统词汇、审美标准、权威人物和经典文本。

① Peter Bishop, “The Potala & Western Place Making”, *The Tibet Journal*, Vol. 19, No. 2, 1994.

② ［英］詹姆斯·希尔顿：《消失的地平线》，陶曚译，杭州：浙江文艺出版社，2015年，第141页。

西藏的香格里拉形象在这些经典文本和传统词汇中层层累积并最终成型。它们聚合在一起，在欧洲的文化霸权支持下，具有强大的文化和社会心理惯性。香格里拉的虚假形象一旦被接受就会变为“事实”，它反过来会排斥真实信息或将其整合进“西藏独立”形象和香格里拉形象的认知框架中，这些虚假形象也就成了欧洲人的永久记忆。另一方面，这些审美标准和经典文本所塑造的西藏形象也深刻影响了藏族的自我认知。尤其是以十四世达赖为代表的一部分海外藏族人，为了获取西方的支持，按照西方人的口味来塑造西藏形象，自己也变成了“香格里拉的囚徒”。

德国的西藏考察和研究成果极为丰硕，但在其他国家影响不大，主要原因是语言障碍，大部分作品都以德语出版，无法在英语世界和亚洲地区发挥影响。国际上比较知名的几个与西藏有关的德国人物的作品大多都有英文版。如哈勒写于 1952 年的《西藏七年》首版是德文，但第二年就以英文在伦敦出版，黎吉生对其做了精心的翻译和修改。正因为有了英文版，《西藏七年》才迅速成为畅销书。高文达喇嘛的绝大部分作品都以英文写成，两部代表作《白云之路》和《西藏密教之基础》都首先以英文出版。高文达能在英语世界尤其是美国风光无限，一个重要原因是英语世界的民众和学者能比较容易地接触和阅读他的作品。与此相反，像施拉君特怀特兄弟、菲尔希讷、舍费尔等真正的西藏考察者和研究者，就其研究成果以及作品的数量、质量和学术价值而言，绝不是哈勒和高文达所能相比，但在西方世界几乎无人知晓。重要原因是，他们的作品没有被译成英文，影响仅限于德语世界狭小的专业圈。

德国早期的西藏考察和研究依然有着重要的学术价值。考察和探险是德国人接触和了解西藏的主要形式。不同于英国，绝大多数德国考察者和探险者在西藏进行的是相对纯粹的科学研究工作。他们对西藏的地理、气候、动植物、冰川、语言、宗教、人类学等进行了专业性的考察和研究，取得了巨大的成果。德国藏学的建立和发展就是基于这种实地的考察和研究，理论研究和实地考察的结合也是德国藏学的一个重要特点。施拉君特怀特兄弟对西藏冰川和气候的观测、菲尔希讷在中亚和西藏的地磁学考察、舍费尔在川藏边界和西藏核心地区的动植物学研究、贝格尔的西藏人类学（人种学）测量和研究、纳粹时期德国人在西藏拍摄的大量照片和录像等，都是极具价值的成果和历史资料，我们应该充分发掘和利用它们在当代的学术价值。

参考文献

一、档案

德国联邦档案馆（柏林、科布伦茨）档案（Das BundesArchiv）

德国登山协会历史档案馆（慕尼黑）档案（Das Historische Alpenarchiv）

德国摩拉维亚教派档案馆档案（Das Archiv der Evangelischen Brüder-Unität in Herrnhut）

巴伐利亚国家档案馆（慕尼黑）档案（Bayerisches Hauptstaatarchiv）

二、中文文献

陈春华编译：《俄国外交文书选译——关于 1907 年英俄〈西藏协定〉》，《中国藏学》2013 年第 1 期。

杜永彬：《洛桑然巴——西方人神化西藏的骗局》，《中国西藏》2002 年第 2 期。

杜永彬：《西方对西藏的误读及其原因》，《当代世界》2009 年第 4 期。

杜永彬：《被神话的神话：西方视野和现实社会中的“香巴拉”——“香格里拉”》，《西藏人文地理》2010 年第 2 期。

范大鹏：《希特勒两次派人进入西藏》，《环球时报》2005 年 4 月 11 日。

房建昌：《1939 年希特勒派往西藏的使节》，《德国研究》1997 年第 1 期。

韩康信、张君：《藏族体质人类学特征及其种族源》，《文博》1991 年第 6 期。

韩小梅：《20 世纪英国文学中的西藏形象研究》，北京语言大学博士学位论文，2011 年。

郝时远：《旧西藏：西方的记忆和失忆的想象》，《民族研究》2008 年第 4 期。

连玉如：《中德“天然盟友”关系刍议》，《国际政治研究》2008 年第 3 期。

李凌飞、黄雨果：《德国与中德关系前景：中国德国研究会年会暨学术研讨会综述》，《国际战略研究简报》，北京大学国际战略研究中心，2007 年第 11 期。

李铁铮：《西藏历史上的法律地位》，长沙：湖南人民出版社，1986 年。

卢秀璋主编：《清末民初藏事资料选编（1877—1919）》，北京：中国藏学出版社，2005 年。

梅兆荣：《德国默克尔政府的外交政策调整》，《当代世界》2008 年第 8 期。

秦永章：《日本涉藏史：近代日本与中国西藏》，北京：中国藏学出版社，2005 年。

沈卫荣：《寻找香格里拉》，北京：中国人民大学出版社，2010 年。

沈卫荣：《谁是达赖喇嘛》，《天涯》2010 年第 3 期。

沈卫荣：《也谈东方主义和“西藏问题”》，《天涯》2010 年第 4 期。

沈卫荣：《想象西藏：跨文化视野中的和尚、活佛、喇嘛和密教》，北京：北京师范大学出版社，2015 年。

孙瑞芹译：《德国外交文件有关中国交涉史料选译》，北京：商务印书馆，1960 年。

王远大：《近代俄国与中国西藏》，北京：生活 · 读书 · 新知三联书店，1993 年。

伍昆明：《早期传教士进藏活动史》，北京：中国藏学出版社，1992 年。

邢肃芝口述，张健飞、杨念群笔述：《雪域求法记：一个汉人喇嘛的口述史》，北京：生活 · 读书 · 新知三联书店，2003 年。

赵光锐：《英国与早期“西藏独立”形象的塑造》，《国际政治研究》2010 年第 3 期。

赵光锐：《西方有关德国涉藏历史的研究述评》，《民族研究》2013 年第 3 期。

赵光锐：《西方的西藏形象：以传统词汇为中心的考察》，《中国藏学》2016 年第 2 期。

赵光锐：《皇家地理学会与近代英帝国的西藏知识生产》，《史林》2020 年第 3 期。

周宁：《天朝遥远：西方的中国形象研究》，北京：北京大学出版社，2006 年。

周宁编：《世界之中国：域外中国形象研究》，南京：南京大学出版社，2007 年。

中国第二历史档案馆、中国藏学研究中心合编：《黄慕松 吴忠信 赵守钰 戴传贤奉使办理藏事报告书》，北京：中国藏学出版社，1992 年。

［德］莱布尼茨：《中国近事》，梅谦立、杨保筠译，郑州：大象

出版社，2005 年。

［德］勒寇克：《普鲁士皇家第一次（即德国第二次）新疆吐鲁番考察队的缘起、行程和收获》，陈海涛译，杨富学校，《敦煌研究》1999 年第 3 期。

［德］马汉茂等主编：《德国汉学：历史、发展、人物与视角》，郑州：大象出版社，2005 年。

［俄］格奥尔吉·佐托夫：《希特勒的西藏计划》，《参考消息》2004 年 6 月 23 日。

［法］亚历山大德莉娅·大卫－妮尔：《一个巴黎女子的拉萨历险记》，耿昇译，北京：东方出版社，2000 年。

［美］爱德华·萨义德：《知识分子论》，单德兴译，北京：生活·读书·新知三联书店，2002 年。

［美］爱德华·萨义德：《东方学》，王宇根译，北京：生活·读书·新知三联书店，2007 年。

［美］何伟亚：《英国的课业：十九世纪中国的帝国主义教程》，刘天路、邓红风译，北京：社会科学文献出版社，2003 年。

［美］Kim Roseberry：《我的香格里拉：一位美国女摄影师与香格里拉的心灵对话》，西安：陕西师范大学出版社，2004 年。

［美］梅·戈尔斯坦：《喇嘛王国的覆灭》，杜永彬译，北京：中国藏学出版社，2005 年。

［瑞士］米歇尔·泰勒：《发现西藏》，耿昇译，北京：中国藏学出版社，2005 年。

［希腊］希罗多德：《历史》，王以铸译，北京：商务印书馆，2005 年。

［意大利］依波利多·德西迪利：《德西迪利西藏纪行》，杨民译，拉萨：西藏人民出版社，2004 年。

［英］詹姆斯·希尔顿：《消失的地平线》，陶曚译，杭州：浙江文艺出版社，2015 年。

［英］斯宾塞·查普曼：《圣城拉萨》，向红笳、凌小菲译，北京：中国藏学出版社，2006 年。

［英］约·罗伯茨编：《十九世纪西方人眼中的中国》，蒋重跃、刘林海译，北京：中华书局，2006 年。

［英］埃德蒙·坎德勒：《拉萨真面目》，尹建新、苏平译，拉萨：西藏人民出版社，1996 年。

三、德文文献

Andrade, António de, *Beschreibung einer weiten und gefährlichen Raiß*, Augspurg: Andream Aprerger, 1627.

Anz, Walther, *Durch die Halbinsel Schantung von Tschifu nach Tsingtau, 1. bis 6. März 1899*, Gotha: Justus Perthes, 1900.

App, Urs, „Notizen Schopenhauers zu Ost-, Nord-und Südostasien vom Sommersemester 1811“, *Schopenhauerjahrbuch*, Vol. 84, 2006.

Aschoff, Jürgen C., *Tibet, Nepal und der Kulturraum des Himalaya (mit Ladakh, Sikkim und Bhutan); kommentierte Bibliographie deutschsprachiger Bücher und Aufsätze 1627-1990 (Aufsätze bis zum Jahre 1900)*, Dietikon/ZH: Garuda-Verl., 1992.

Bauer, Paul, *Im Kampf um den Himalaja: Der erste deutsche Angriff auf den Kangchendzönga 1929*, München, 1931.

Bauer, Paul, *Kampf um den Himalaja: Das Ringen der Deutschenumden Kantsch, den zweithöchsten Berg der Erde*, München: Verlag Knorr & Hirth, 1933.

Bauer, Paul, *Auf Kundfahrt im Himalaja*, Berlin: Verlag für vaterlandische Literatur, 1937.

Bauer, Paul, *Das Ringen um den Nanga Parbat 1856-1953*,

München: Süddeutscher Verlag, 1955.

Bechler, Theodor, „ Kulturarbeit der Brüdergemine im Westlichen Himalaya “, in *Beiblatt zur Allgemeinen Missions-Zeitschrift*, Gütersloh, Nr. 2, 1914.

Bechler, Theodor, *Heinrich August Jäschke: der geniale Sprachforscher der Mission der Brüdergemeine unter den Tibetern im westlichen Himalaya*, Herrnhut: Verlag der Missionsbuchhandlung, 1930.

Bechtold, Fritz, *Deutsche am Nanga Parbat*, München: Bruckmann, 1935.

Beck, Hartmut, *Brüder in vielen Völkern: 250 Jahre Mission der Brüdergemeine*, Erlangen: Verlag der Evang. -Luth. Mission, 1981.

Beger, Bruno, *Meine Begegnung mit dem Ozean des Wissens*, Königstein: Edition Kurt und Dieter Schwarz, 1986.

Beger, Bruno, *Mit der deutschen Tibetexpedition Ernst Schäfer 1938/1939 nach Lhasa,* Wiesbaden: Dieter Schwarz, 1998.

Bell, Charles, *Der Große Dreizehente: Das unbekannte Leben des XIII. Dalai Lama von Tibet*, Bergisch Gladbach: Lübbe, 2005.

Brauen, Martin, *Heinrich Harrers Impressionen aus Tibet*, Innsbruck: Pinguin Verlag, Frankfurt a. M. : Umschau Verlag, 1974.

Brauen, Martin Hrsg. , *Peter Aufschnaiter, sein Leben in Tibet*, Innsbruck: Steiger, 1983.

Brauen, Martin, *Traumwelt Tibet-Westliche Trugbilder*, Zurich: Haupt, 2000.

Büchler, Anne, *Die Nachlässe von Martius, Liebig und den Brüdern Schlagintweit in der Bayerischen Staatsbibliothek*, Wiesbaden: Harrassowitz, 1990.

Buhl, Hermann, *Achttausend, drüber und drunter*, München: Nymphenburger Verlagshandl, 1961.

Consten, Hermann, *Weideplätze der Mongolen*, Berlin: Dietrich Reimer A. G., 1919/1920.

Dodin, Thierry und Räther, Heinz Hrsg., *Mythos Tibet: Wahrnehmungen, Projektionen, Phantasien*, Köln: DuMont, 1997.

Dreyfus, Georges, „Drepung: eine monastische Institution", in *Tibet. Klöster öffnen ihrer Schatzkammern*, Essen, München, 2006.

Emmerich, Ferdinand, *Kulis, Tiger, Krokodile. Von Birma nach Tibet*, Leipzig: Ernst Staneck Verlag GmbH, 1935.

Franzius, Georg, *Kiautschou. Deutschlands Erwerbung in Ostasien*, Berlin: Hofbuchhändler Schall und Grund, 1898.

Rühle, Erhard, *Im Herzen des Schweigens. Aus Wilhelm Filchners Leben*, München: Markus-Verlag, 1962.

Flitsch, Mareile und Powroznik, Maike Hrsg., *Begegnung-Spur-Karte: Das ethnografische Erbe von Heinrich Harrer und Peter Aufschnaiter*, Stuttgart: Arnoldsche, 2018.

Filchner, Wilhelm, *Das Rätsel des Matschu: Eine Deutsche Tibet-Expedition*, Beilin: E. S. Mittler & Sohn, 1906.

Filchner, Wilhelm, *Wissenschaftliche Ergebnisse der Expedition Filcher nach China und Tibet*, Berlin: E. S. Mittler & Sohn, 1910.

Filchner, Wilhelm, *Quer durch Ost-Tibet*, Berlin: E. S. Mittler & Sohn, 1925.

Filchner, Wilhelm, *Om mani padme hum: meine China-und Tibetexpediton 1925/28*, Leipzig: F. A. Brockhaus, 1929.

Filchner, Wilhelm, *In China, Auf Asiens Hochsteppen, Im ewigen Eis*, Feiburg im Brisgau: Herder, 1930.

Filchner, Wilhelm, *Kumbum Daschamba Ling*, Leipzig: F. A. Brochhaus, 1933.

Filchner, Wilhelm, *Kartenwerk der erdmagnetischen Forschungsexpedi-*

tion nach Zentral-Asien 1926-28, Gotha: Perthes, 1937.

Filchner, Wilhelm, *Tschung-Kue. Das Reich der Mitter. Alt China vor dem Zusammenbruch*, Berlin: Deutsche Buch-Gemeinschaft, 1938.

Filchner, Wilhelm, *Ein Forscherleben*, Wiesbaden: Eberhard Brockhaus, 1950.

Futter, Karl, *Geographische Skizze der Wüste Gobi: zwischen Hami and Sutschou*, Gotha: Justus Perthes, 1902.

Futter, Karl, *Lama und Leute in Nordost-Tibet*, Berlin: W. Pormetter, 1900.

Futter, Karl, *Geographische Skizze von Nordost-Tibet*, Gotha: Justus Perthes, 1903.

Govinda, Lama Anagarika, *Der Weg der weissen Wolken: Erlebnisse eines buddhistischen Pilgers in Tibet*, Zürich und Stuttgart: Rascher Verlag, 1969.

Govinda, Lama Anagarika, *Buddhistische Reflexionen: Die Bedeutung von Lehre und Methoden des Buddhismus für westliche Menschen*, München: Otto Wilhelm Barth Verlag, 1983.

Grueber, Johannes, *Als Kundschafter des Papstes nach China: 1656-1664; d. Erste Durchquerung Tibets*, Franz Braumann, Hrsg., Stuttgart: Thienemann, 1985.

Grueber, Johannes, „Brief aus Mogor und Ost-Indien zwischen dem Indus und Ganges. Geschrieben in Surat in Ost-Indien am 7. 3. 1658“, in Joseph Stöcklein, *Allerband So Lehr-als Geistreiche Briefe/Schrifften und Reis-Beschreibungen*, Erster Band oder 8., Erster Theil, Augsburg und Graz, 1726.

Greve, Reinhard, „Tibetforschung im SS-Ahnenerbe“, in Thomas Hauschild, Hrsg., *Lebenslust und Fremdenfurcht: Ethnologie im Dritten Reich*, Frankfurt am Main: Suhrkamp, 1995.

Gruschke, Andreas, *Tibet: Weites Land auf dem Dach der Welt*, Freiburg im Breisguau: Schillinger Verlag, 1993.

Hahn, Michael, „August Hermann Francke (1870-1930) und sein Beitrag zur Tibetologie“, in Johannes Triebel, Hrsg., *Der Missonar als Forscher: Beitäge christlicher Missionare zur Erforschung fremder Kultueren und Religionen*, Gütersloh: Gütersloher Verlagshaus, 1988.

Kant, Immanuel, *Physische Geographie*, Bd. 2, Mainz und Hamburg: Gottfried Vollmer, 1802.

Harrer, Heinrich, *Wiedersehn mit Tibet* , Innsbruck: Pinguin Verlag, 1983.

Harrer, Heinrich, *Das alte Lhasa: Bilder aus Tibe*t, Berlin: Ullstein, 1997.

Harrer, Heinrich, *Sieben Jahre in Tibet: Mein Leben am Hofe des Dalai Lama*, Berlin: Ullstein, 2006.

Harrer, Heinrich, *Mein Leben*, Berlin: Ullstein, 2018.

Hartmann, Maria, „Reise der Geschwister Pagell und der Schwestern Rosenhauer und Hartmann von Calcutta nach Kyelang“, *Missionsblatt der Brüdergemeine*, Nr. 5, 1860.

Hedin, Sven, *Die geographisch-wissenschaftlichen Ergebnisse meiner Reisen in Zentralasien, 1894-1897*, Gotha: Justus Perthes, 1900.

Hedin, Sven, „Der englishe Angriff auf Tibet“, *Die Woche*, 18. Juni 1904.

Hedin, Sven, *Ein Volk in Waffen: den deutschen Soldaten gewidmet*, Leipzig: Brockhaus, 1915.

Hedin, Sven, *Eroberungszüge in Tibet*, Leipzig: Brockhaus, 1940.

Hedin, Sven, *Ohe Auftrag in Berlin*, Tübingen: Internatonaler Universitätsverlag, 1950.

Hedin, Sven, *Transhimalaja: Entdeckungen und Abenteuer in Tibet*,

Leipzig: Brockhaus, 1951.

Hedin, Sven, *Grosse Männer, denen ich begegnete*, Wiesbaden: Eberhard Brockhaus, 1951.

Hedin, Sven, *Wildes heiliges Tibet*, Stuttgart: Philipp Reclam Jun., 1952.

Hegel, G. W. F., *Vorlesungen über die Philosophie der Religion*, Hamburg: Felix Meiner, 1985.

Hegel, G. W. F., *Vorlesungen über die Philosophie der Weltgeschichte*, Hamburg: Felix Meiner, 1996.

Hentig, Werner Otto von, *Ins verschlossene Land: ein Kampf mit Mensch und Meile*, Potsdam: Voggenreiter, 1928.

Hentig, Werner Otto von, *Von Kabul nach Shanghai: Bericht über die Afghanistan-Mission 1915/16 und die Rückkehr über das Dach der Welt und durch die Wüsten Chinas*, Erstausg: Libelle, 2003.

Hermanns, Matthias, *Die Nomaden von Tibet: die sozial-wirtschaftlichen Grundlagen der Hirtenkulturen in A mdo und von Innerasien; Ursprungu. Entwicklung der Viehzucht*, Wien: Verl. Herold, 1949.

Hermanns, Matthias, *Himmelsstier und Gletscherlöwe: Mythen, Sagen und Fabeln aus Tibet*, Eisenach und Kassel: Erich Röth-Verlag, 1955.

Herder, Johann Gottfried, *Werke. Ideen zur Philosophie der Geschichte der Menschheit*, BdIII/1, München: Hanser, 2002.

Hesse-Wartegg, Ernst von, *Schantung und Deutsch-China. Von Kiautschou ins Heilige Land von China und vom Yangtsekiang nach Peking im Jahre 1898*, Leipzig: Verlag von J. J. Weber, 1898.

Heyde, G., *50 Jahre unter Tibetern: Lebensbild des Wilhelm und der Maria Heyde*, Herrnhut: Verlag der Missionsbuchhandlung, 1921.

Hiery, Hermann Hrsg., *Jahrbuch für europäische Überseegeschichte*, Wiesbaden: Harrassowitz, 2013.

Höfler, Horst, *Nanga Parbat: Expeditionen zum Schicksalsberg der Deutschen 1934-1962*, Zürich: AS Verlag, 2002.

H. P. , Gassner und Jansen, Norbert, *Heinrich Harrer-Tibet: Zeitdokumente aus die Jahren 1944-1951*, Zürich: Offizin, 1991.

Huc, Régis Évariste und Gabet, Joseph, *Wanderungen durch die Mongolei nach Thibet zur Hauptstadt des Tale Lama*, Leipzig: Verlagsbuchhandlung von Carl B. Lorck, 1855.

Humboldt, Alexander von, *Central-Asien*, Berlin: Verlag von Carl J. Klemann, 1844.

Humboldt, Alexander von, *Reise in die Aequinoctial-Gegenden des neuen Continents*, Stuttgart: Cotta, 1859.

Humboldt, Alexander von, *Ansichten der Kordilleren und Monumente der eingeborenen Völker Amerikas*, Frankfurt am Main: Eichborn, 2004.

Icke-Schwalbe, Lydia und Meier, Gudrun Hrsg. , *Wissenschaftsgeschichte und gegenwärtige Forschungen in Nordwest-Indien*, Dresden: Lausitzer Druckhaus, 1990.

Kater, Michael, *Das „Ahnenerbe" der SS 1935-1945: Ein Beitrag zur kulturpolitik des Dritten Reiches*, München: Oldenbourg, 2001.

Kaufmann, Wolfgang, *Das Dritte Reich und Tibet: die Heimat des „östlichen Hakenkreuzes" im Blickfeld der Nationalsozialisten*, Ludwigsfelde: Ludwigsfelder Verl. -Haus, 2010.

Kick, Wilhelm, *Schlagintweits Vermessungsarbeiten am Nanga Parbat 1856*, Deutsche Geodätische Kommission bei der Bayerischen Akademie der Wissenschaften, Reihe C. : Dissertationen, Heft Nr. 97, München, 1966.

Kick, Wilhelm, *Schlagintweits Vermessungsarbeiten am Nanga Parbat 1856*, München: Verlag der Bayerischen Akeademie der Wissenschafen, 1967.

Kick, Wilhelm, *Adolph Schlagintweits Karakorum-Forschungsreise 1856*, München: Deutscher Alpenverein, 1993.

Kienlin, Max-Engelhardt von, *Die Überschreitung: Günther Messners Tod am Nanga Parbat: Expeditionsteilnehmer brechen ihr Schweigen*, München: Herbig, 2003.

Klein, Thorale und Zöllner, Reinhard Hrsg., *Karl Gützlaff (1803-1851) und das Christentum in Ostasien: Ein Missionar zwischen den Kulturen*, Sankt Augustin: In stitut Monumenta Serica, 2005.

Koch, Roland, „Weitere Staatschefs werden Dalai Lama unterstützen“, *Der Tagesspiegel*, 26. 09. 2007.

Koeppen, Carl Friedrich, *Die lamaische Hierarchie und Kirche*, Berlin: Barsdorf, 1906.

Koltermann, Till Philip, „Tibet im Kalkül der NS-Außenpolitik und Innenasienforschung“, in Hermann Hiery, Hrsg., *Jahrbuch für europäische Überseegeschichte*, Wiesbaden: Harrassowitz, 2013.

Krauß, Rolf Peter, *Begegnungen mit Sven Hedin, Wilhelm Filchner, Hans Eduard Dettmann, Heinrich Harrer*, Stuttgart, 1987.

Kürschner, Joseph, *China: Schilderungen aus Leben und Geschichte, Krieg und Sieg*, Leipzig: Verlag von Hermann Sieger, 1901.

Lama, Dalai, *Mein Leben und mein Volk: die Tragödie Tibets*, München: Knaur, 1962.

Lama, Dalai, „Message“, in *Wege zur Ganzheit: Festschrift zum 75. Geburtstag von Lama Anagarika Gorinda*, Almora: Kasar-Devi-Ashram-Publication, 1973.

Lama, Dalai, „China mischt sich auch in Deutschlands Angelegenheiten ein“, *Süddeutsche Zeitung*, 21. 09. 2007.

Lehner, Gerald, *Zwischen Hitler und Himalaya: Die Gedächtnislücken des Heinrich Harrer*, Wien: Czernin Verlag, 2007.

Ludweig, Klemens Hrsg. , *Perspektiven für Tibet: auf dem Weg zu einer Zukunft in Freiheit und Selbstbestimmung*, München: Diamant-Verl. , 2000.

Ludwig, Ralph, *Der Herrnhuter: wie Nikolaus von Zinzendorf die Losungen erfand*, Berlin: Wichern, 2009.

Mailänder, Nicholas, *Er ging voraus nach Lhasa: Peter Aufschnaiter. Die Biographie*, Innsbruck: Tyrolia, 2019.

Mann, Michael Hrsg. , *Aufgeklärter Geist und evangelische Mission in Indien*, Heidelberg: Draupadi Verlag, 2008.

Märtin, Rälf-Peter, „Der Letzte Berg“, *Die Zeit*, Ausgabe 27, 2000.

Meier, Gudrun, „Sven Hedin und die Herrnhuter Mission“, Staatliches Museum für Völkerkunde Dresden, *Kleine Beiträge*, Nr. 5, 1982.

Meinicke, „Über Huc und Gabet' s Reisen in Ost-Asien“, *Zeitschrift für allgemeine Erdkunde*, Neue Folge, Erster Band, 1856.

Messner, Reinhold, *Alleingang Nanga Parbat* , München: BLV Verlagsges, 1979.

Mierau, Peter, *Die Deutsche Himalaja-Stiftung von 1936 bis 1998: ihre Geschichte und ihre Expeditionen*, München: Bergverlag, 1999.

Mierau, Peter, *Nationalsozialistische Expeditionspolitik: Deutsche Asien-Expeditionen 1933-1945*, München: Herbert Utz Verlag, 2006.

Montgelas, Pauline Gräfin, *Ostasiatische Skizzen*, München: Theodor Ackermann, 1905.

Müller, Claudius C. Hrsg. , *Der Weg zum Dach der Welt*, Innsbruck: Pinguin, 1982.

Müller, Tilman und Lehner, Gerald, „Ein Held mit braunen Flecken“, *Stern*, 23/1997.

Müller, Tilman, „Eine äußerst unangenehme Sache“, *Stern*, 41/1997.

Nippa, Annegret, *Ethnographie und Herrnhuter Mission*, Dresden: Staatliches Museum für Völkerkunde Dresden, 2003.

Pallas, Peter Simon, *Über did Beschaffenheit der Gebirge und die Veränderungen der Weltkugel*, Leipzig: Geest und Portig, 1986.

Picker, Henry, *Hitlers Tischgespräche im Führerhauptquartier*, München: Propyläen, 2003.

Pickro, „Vorbemerkung", in Das Bundes Archiv, *R 135 Sven-Hedin-Institut für Innerasienforschung*, Berlin, 1998.

Pigulla, Andreas, *China in der deutschen Weltgeschichtsschreibung vom 18. bis zum 20. Jahrhundert*, Wiesbaden: Harrassowitz, 1996.

Richthofen, Freiherr Wilhelm von, *Chrysanthemum und Drache. Vor und während der Kriegszeit in Ostasien*, Berlin: Ferd. Dümmlers Verlags-buchhandlung, 1902.

Rihbach, Samuel Heinrich, *An den Grenzen Tibets*, Herrnhut: Missionsbuchh, 1925.

Ritter, G. (mitgetheilt) „Neuste Nachrichten über die Fortschritte der Gebrüder Schlagintweit auf ihrer Reise im Himalaza und in Tibet bis zum oberen Indus", in *Zeitschrift für Allgemeiner Erdkunde*, Berlin: Verlag von Dietrich Reimer, 1856.

Römer, H. , *Geschichte der Brüdermission auf den Nikobaren und des Brüdergartens bei Trankebar*, Herrnhut: Verlag der Missionsbuchhandlung, 1921.

Ross, Colin, *Das Neue Asien*, Leipzig: Brockhaus, 1940.

Schäfer, Ernst, *Berge Buddhas und Bären: Forschung und Jagd in geheimnisvollem Tibet*, Berlin: Parey, 1933.

Schäfer, Ernst, *Unbekanntes Tibet: Durch die Wildnisse Osttibets zum Dach der Erde*, Berlin: Verlag von Paul Paren, 1937.

Schäfer, Ernst, *Dach der Erde: Durch das Wunderland Hochtibet*,

Berlin: Paul Parey, 1938.

Schäfer, Ernst, „Ornithologische Ergebnisse zweier Forschungsreisen nach Tibet“, *Journal für Ornithologie*, 86. Jahrgang, Mai 1938.

Schäfer, Ernst, *Geheimnis Tibet: Erster Bericht der Deutschen Tibet-Expedition Ernst Schäfer 1938/1939*, München: Verlag F. Bruckmann KG., 1943.

Schäfer, Ernst, *Unter Räubern in Tibet*, Braunschweig: Vieweg, 1952.

Schäfer, Ernst, *Fest der weissen Schleier: Eine Forscherfahrt durch Tibet nach Lhasa, der heiligen Stadt des Gottkönigtums*, Braunschweig: Vieweg, 1952.

Schäfer, Ernst, *Das Fest der weißen Schleier: Begegnungen mit Menschen, Mönchen und Magiern in Tibet*, Durach: Windpferd, 1988.

Schäfer, Ernst, *Über den Himalaya ins Land der Götter: Tibetexpedition in den dreißiger Jahren von Indien nach Lhasa, in die verbotene Stadt*, Durach: Windpferd, 1989.

Schiel, Ruth, *Hochzeit in Tibet*, Stuttgart, Hamburg: Steinkopf, 1988.

Schlagintweit, Adolf, „Aus einem Briefe Adolf Schlagintweit' s an Alexander v. Humboldt“, *Zeitschrift für allgemeine Erdkunde*, Neue Folge, Erster Band, 1856.

Schlagintweit, Emil, *Buddhism in Tibet*, Leipzig and London, 1863.

Schlagintweit, Emil, übers., *Die Lebensbeschreibung von Padma Sambhava dem Begrunder des Lamaismus 747 n. Chr.* München: Verlag der K. Akademie, 1899, 1903.

Schlagintweit, Emil, „Bericht über das Denkmal für Adolf Schlagintweit in Kaschgar“, in *Situngsberichte der philos. -philogog. Klasse der königl. Bayer. Akademie der Wissenschaten*, München, 1890.

Schlagintweit, Emil, „Bericht über eine Adresse an den Dalai Lama in Lhasa (1902) zur Erlangung von Bücherverzeichnissen aus den dortigen buddhistischen Klöstern“, in Der Königlich Bazerischen Akademie der Wissenschaften: *Abhandlungen der Philosophisch-Philologischen Classe*, Bd. 22, München: Verlag der K. Akademeie, 1905.

Schlagintweit-Sakünlünski, Hermann von, *Reisen in Indien und Hochasien*, Jena: Costenoble, 1869-1880.

Schlagintweit-Sakünlünski, Hermann von, „Untersuchungen über die Salyseen im westlichen Tibet und in Turkistan“, in *Abhandlungen der Mathematisch-Physikalischen Classe der Königlich Bayerischen Akademie der Wissenschaften*, Bd. 11, München: Verlag der K. Akademie, 1871.

Schlagintweit-Sakünlünski, Hermann von, *Die Pässe über die Kammlinien des Karakorúm und des Künlün in Bálti, in Ladák und im östlichen Turkistán: nach unseren Beobachtungen von 1856 und 1857 und den neueren Expeditionen*, München: Verlag der K. Akademie, 1875.

Schlagintweit-Sakünlünski, Hermann von, *Klimatischer Charakter der pflanzengeographischen Regionen Hochasiens: mit vergleichenden Daten über die angrenzenden Gebiete*, München, 1876.

Schmidt, Isaak Jakob, *Grammatik der tibetischen Sprache*, St. Petersburg: W. Gräff; Leipzig: Leopold Voss, 1839.

Schmidt, Isaak Jakob, *Tibetisch-deutsches Wörterbuch, nebst deutschem Wortregister*, St. Petersburg: W. Gräff; Leipzig: Leopold Voss, 1841.

Schütte, Hans-Wilm, *Die Asienwissenschaften in Deutschland*, Hamburg: IFA, 2005.

Schwabe, Johann Joachim, *Allgemeine Historie der Reisen zu Wasser oder zu Lande; oder Sammlung aller Reisebeschreibuge*, 21 Bd., Leipzig: Arkstee und Merkus, 1747-1774.

Salzmann, Erich von, *Im Sattel durch Zentralasien,* Berlin: Dietrich Reimer, 1903.

Seeliger, Frank, „*Einer prügelt uns und der andere bringt uns Religion...*“*: eine ethnohistorische Studie über Fremdheitserfahrungen in der zweiten Hälfte des 19. Jahrhunderts im tibetisch-buddhistischen West-Himalaya-Gebiet Lahoul aus Sicht Herrnhuter Missionare*, Herrnhut: Herrnhuter-Verl. , 2003.

Seeliger, Frank, *Maria Elisabeth Heyde-Versuch einer biographischen Annäherungauf Grundlage der Tagebuchnotizen für die Jahre 1862 bis 1870*, Arbeitskreis Herrnhuter Missionare in Lahoul, Ulm, 2005.

Schopenhauer, Arthur, *Die Welt als Wille und Vorstellung*, Leipzig: Brockhaus, 1819.

Solothurn, Schweizer Tibethilfe Hrsg. , *Die Leiden eines Volkes: Die Tragödie Tibets und der tibetischen Flüchtlinge*, Solothurn: Tibethilfe-Verlag, 1962.

Strasser, Roland, *Mongolen Lamas und Dämonen: Reisebericht aus Tibet und der Mongolei*, Berlin: Deutsche Buch-Gemeinschaft, 1932.

Suter, Christlieb, *Geschichte der Brüdergemeine Sarepta*: *1765-1775*, Herrnhut: Herrnhuter Verl. , 2003.

Tafel, Albert, *Meine Tibetreise*, Stuttgart: Union Deutsche Verlaggesellschaft, 1914.

Tiessen, Ernst Hrsg. , *Meister und Schüler: Ferdinand Freiherr von Richhofen an Sven Hedin*, Berlin: Reimer, 1933.

Vittoz, Pierre, *Goldene Dächer-Schwarze Zelte: Sechs Jahre unter den Tibetern des Himalya*, Konstanz: Bahn, 1958.

Walravens, Hartmut, *Chinaillustrata: das europäische Chinaverständnis im Spiegel des 16. bis 18. Jahrhunderts*, Wolfenbüttel: Acta humaniora, 1987.

Walravens, Hartmut Hrsg., „Briefwechsel Johannes Schuberts mit Bruno Beger und Ernst Schäfer“, in *Nachrichten der Gesellschaft für Natur- und Völkerkunde Ostasiens E. V.*, Jahrgang 2004.

Wegener, Georg, *Zur Kriegszeit durch China 1900/1901*, Berlin: Allgemeiner Verein für Deutsche Literatur, 1902.

Weisser, Thomas, *Petra Kelly und ihr Engagement für Tibet*, München: Grin Verlag, 2013.

Werner, W., *Das Kaiserreich Ostindien und die angrenzenden Gebirgsländer: nach den Reisen der Brüder Schlagintweit und anderer neuerer Forscher*, Jena: Costenoble, 1884.

Weyer, Helfried und Dyhrenfurth, Norman G., *Nanga Parbat: Der Schicksalberg der Deutschen*, Karlsruhe: Badenia Verlag, 1980.

Winternitz, Moriz, *Dr. M. A. Steins Forschungsreise in Ostturkestan und deren wissenschaftliche Ergebnisse*, Braunschweig: Friedrich Vieweg & Sohn, 1902.

Wolf, Eugen, *Meine Wanderungen. I. Im Innern Chinas*, Stuttgart und Leipzig: Deutsche Verlags-Anstalt, 1901.

Zebhauser, Helmuth, *Alpinismus im Hitlerstaat: Gedanken, Erinnerungen, Dokumente*, München: Bergverlag Rother, 1998.

Zoratto, Bruno Hrsg., *Plädozer für Tibet: Mahnung an Politiker und Intellektuelle*, Böblingen: Tykve, 1992.

Zugmaier, Eich, *Eine Reise durch Zentralasien im Jahr 1906*, Berlin, 1908.

四、英文文献

Allen, Charles, *A Mountain in Tibet: The Search for Mount Kailas and the Sources of the Great Rivers of India*, London: Andre Deutsch,

1982.

Allen, Charles, *In Search for Shangri-La*, London: Little Brown, 1999.

Anand, Dibyesh, *Geopolitical Excotica: Tibet in Western Imagination*, Minneapolis/London: University of Minnesota Press, 2007.

Annaud, Jean-Jacques, *The Seven Years in Tibet: Screenplay and Story behind the Film*, New York: Newmarket Press, 1997.

Angebert, Jean-Michel ed. , *The Occult and the Third Reich: The Mystical Origins of Nazism and the Search for the Holy Grail*, New York: MacMillan, 1974.

Aschoff, Jürgen C. ed. , *Tibetan Medicine: "East Meets West, West Meets East"*, Proceedings of the International Symposium (University of Ulm, Germany, 19-20th July 1996) , Ulm: Fabri Verlag, 1997.

Astley, Thomas, *A New General Collection of Voyages and Travels: Consisting of the Most Esteemed Relations, Which Have Been bitherto Publisched in any Language, Comrehending Every Thing Remarkable in its Kind, in Europe, Asia, Africa, and America, with respect to the Seveal Empires, Kinddoms, and Provinces*, London: Thomas Astley, 1745-1747.

Barker, Francis, *Europe and Its Others*, Colchester: University of Essex, 1985.

Baudet, Henri, *Paradise on Earth: Some Thoughts on European Images of Non-European Man*, New Haven: Yale University Press, 1965.

Bell, Charles, *Tibet: Past and Present*, New Dehli: Munshiram Manoharlal Publisher, 1990.

Bishop, Peter, *Tibet in Its Place*, Bedford Park: South Australian College of Advanced Education, 1983.

Bishop, Peter, *The Myth of Shangri-La: Tibet, Travel Writing and the Western Creation of Sacred Landscape*, London: Athlone, 1989.

Bishop, Peter, *Dreams of Power: Tibetan Buddhism and the Western Imagination, London: Athlone*, 1993.

Bray, John, "The Himalayan Mission of the Moravian Church: A Historical Study", in Krisht Vidya, *A Quarterly Journal of the Christian Retreat and Study Centre Rajpur*, Bd. 2, Nr. 1, Dehra Dun, 1982.

Bray, John, "Christian Missionaries on the Tibetan Border: the Maravian Church in Poo (Kinnaur), 1865-1924", in *Tibetan Studies*, Proceedings of the 5th Seminar of the Internationgal Association for Tibetan Studies, Narita, 1989, Bd. 2, Tokyo: Naritasan Shinshoji, 1992.

Brown, E. ed., *Geography: Yesterday and Tomorrow*, London: Oxford University Press, 1980.

Cammann, Schuyler, *Trade Through the Himalayas: The Early British Attempts to Open Tibet*, Princeton: Princeton University Press, 1951.

Chapman, Spencer, *Memoirs of a Mountaineer*, Oxford: Oxford University Press, 1992.

Crook, J., "Social change in Indian Tibet", *Social Science Information*, Vol. 19, 1980.

Croston, Roger, "Heinrich Harrer: An Obituary: 6th July 1912-7th January 2006", *The Tibet Journal*, Vol. 30/31, No. 4/1, 2006.

Das, Santwana Kumar, *The Changing Image of India*, New Delhi: Abhinav Publications, 1977.

Dick, Michael B. ed., *Born in Heaven, Made on Earth: the Making of the Cult Image in the Ancient Near East*, Winona Lake: Eisenbrauns, 1999.

Dodin, Thierry ed., *Imagining Tibet*: Perceptions, Projections, and Fantasies, Boston: Wisdom Publ., 2001.

Engelhardt, Isrun ed., *Tibet in 1938-1939: Photographs from the*

Ernst Schäfer Expedition, Chicago: Serindia Publications, 2007.

Esposito, Monica ed. , *Images of Tibet in the 19th and 20th Centuries*, Paris: École Française d'Extrême-Orient, Vol. 1, 2008.

Feigon, Lee, *Demystifying Tibet: Unlocking the Secrets of the Land of the Snows*, Chicago: Dee, 1996.

Frank, August Heinrich, *A History of Western Tibet*, New Delhi: Sterling, 1977.

Germana, Nicholas A. , *The Orient of Europe: the Mythical Image of India and Competing Images of German National Identity*, Newcastle: Cambridge Scholars Publ. , 2009.

Gough, Kathleen, "New Proposals for Anthropolgists", *Social Responsibilities Symposium. Current Anthropology*, Vol. 9, 1968.

Govinda, Lama Anagarika, *Foundations of Tibetan Mysticism*, New York: Samuel Weiser, 1969.

Govinda, Lama Anagarika, *The Way of the White Clouds: A Buddhist Pilglim in Tibet*, London: Hutchison, 1966.

Grunfeld, Tom, *The Making of Modern Tibet*, New York: Sharpe, 1996.

Gützlaff, Karl Friedrich, *Journal of Three Voyages alone the Coast of China in 1831, 1832, and 1833, with Notices of Siam, Corea, and the Loo-Choo Islands*, London: Westley, 1834.

Gützlaff, Carl Friedrich, "Tibet and Sefan", *Journal of the Royal Geographical Society of London*, Vol. 20, 1850.

Hale, Christopher, *Himmler's Crusade: the True Story of the 1938 Nazi Expedition into Tibet*, London: Bantam, 2003.

Harrer, Heinrich, "My Seven Years in Tibet", *The Geographical Journal*, Vol. 120, No. 2, 1954.

Harrer, Heinrich, *Lost Lhasa: Heinrich Harrer's Tibet*, New York:

Abrams, 1992.

Harris, Clare, *In the Image of Tibet: Tibetan Painting after 1959*, London: Reaktion Books, 1999.

Harris, Clare, *Photography and Tibet*, London: Reaction Books, 2016.

Harris, Clare and Shakya, Tsering eds. , *Seeing Lhasa: British Depictions of the Tibetan Capital 1936-1947*, Chicago: Serindia, 2003.

Hauner, Milan, *India in Axis Strategy: Germany, Japan, and India Nationlists in the Second World War*, Stuttgart: Klett-Cotta, 1981.

Hedin, Sven, *Central and Tibet: Towards the Holy City of Lassa*, Vol. 2, London: Hurst and Blackett, 1903.

Hedin, Sven, "Early European Knowledge of Tibet", *Geografiska Annaler*, Vol. 1, 1919.

Hedin, Sven, *Southern Tibet*, *History of Exploration in the Karakorun Mountains*, Vol. VII, Stockholm: Lithographic Institute of the General Staff of the Swedish Army, 1922.

Hedin, Sven, *Adventures in Tibet*, Delhi: Manas Pubications, 1985.

Hedin, Sven, *Trans-Himalaja*, Vol. III, New Delhi: Glan Publishing House, (First Print 1912), 1990.

Heller, Amy and Orofino, Giacomella ed. , *PIATS 2003: Tibetan Studies, Proceedings of the Tenth Seminar of the International Association for Tibetan Studies, Oxford 2003*, Leiden [u. a.]: Brill, 2007.

Hopkirk, Peter, *Foreign Devils on the Silk Road: The Search for the Lost Cities and Treasures of Chinese Central Asia*, Oxford: Oxford University Press, 1984.

Hopkirk, Peter, *The Great Game*, New York: Kodansha International, 1992.

Horlemann, Bianca, *The Divine Word Missionaries in Gansu, Qinghai and Xinjiang, 1922-1953: A Bibliographic Note*, *Journal of the Royal Asiatic Society*, Vol. 19, January 2009.

Huber, Toni and Niermann, Tiena, "Tibetan Studies in Berlin University: An Insitutional History", in P. Maurer und P. Schwieger, Hrsg., *Tibetstudien. Festschrift für Dieter Schuh zum 65. Geburtstag*, Bonn: Biersche Verlagsanstalt, 2007.

Hughs, Thomas, "The German Mission to Afghanistan: 1915-1916", in *German Studies Review*, Vol. 25, No. 3. Oct., 2002.

Jäschke, Heinrich, August *A Tibetan-English Dictionary. With Special Reference to the Prevailing Dialects*, London: Routledge, 1990.

Jones, David Martin, *The Image of China in Western Social and Political Thought*, Basingstoke: Palgrave, 2001.

Jung, Carl, "The Spiritual Problem of Modern Man", in *The Colleted Works of C. G. Jung*, Vol. 10, New York: Pantheon Books, 1964.

Kantowsky, Detlef and Sander, Reinhard ed., *Recent Research on Ladakh*, München, Köln, London: Weltforum Verlag, 1983.

Kidwai, Abdur Raheem, *The Crescent and the Cross: Image of the Orient in English Literature upto 1832*, Aligarh: Aligarh Muslim University, 1997.

Kish, George, *To the Heart of Asia: The Life of Sven Hedin*, Ann Arbor: Univ. of Michigan Pr., 1984.

Klieger, Christian ed., *Tibet, Self, and the Tibetan Diaspora, PLATS 2000: Tibetan Studies: Proceedings of the Ninth Seminar of the International Association for Tibetan Studies, Leiden 2000*, Leiden: Brill, 2002.

Lamb, Alastair, *Britain and Chinese Central Asia: The Road to Lhasa 1767 to 1905*, London: Routledge and Kegan Paul, 1960.

Lopez, Donald S. Jr., *Prisoners of Shangri-La: Tibetan Buddhism and the West*, Chicago: University of Chicago Press, 1998.

Lowenthal, David, *The Past is a Foreign Country*, Cambridge: Cambridge University Press, 1985.

Lüdke, Tilman, *Jihad Made in Germany: Ottoman and German Propaganda and Intelligence Operations in the First World War*, Münster: Lit, 2005.

Markham, Clements ed. , *Narratives of the Mission of George Bogle to Tibet, and of the Journey of Thomas Manning to Lhasa*, New Delhi: Manjusri Publ. , 1971.

McKay, Alex, *Tibet and the British Raj: the Frontier Cadre 1904-1947*, Richmond: Curzon, 1997.

McMurray, Jonathan S. , *Distant Ties: Germany, the Ottoman Empire, and the Construction of the Baghdad Railway*, Westport: Praeger, 2001.

Mende, Gunter S. , *The Image of China in Germany: 1919-1939* (microform), Ann Arbor, Mich. : University Microfilms International, 1975.

Meyer, Karl E. and Brysac, Shareen Blair, *Tournament of Shadows: The Great Game and the Race for Empire in Central Asia*, Washington: Counterpoint, 1999.

Moorcroft, William and Trebeck, Geoge, *Travels in India Himalayan provinces of Hindustan and the Punjab, in Ladkh and Kashmir, in Peschawar, Kabul, Kunduz and Bokhara: From 1819 to 1825*, Horace Hayman Wilson, ed. , New Delhi: Madras, 1989.

Naik, M. K. ed. , *The Image of India in Western Creative Writing*, Dharwar: Karnatak Univ. , 1970.

Norbu, Thubten Dschigme, *Tibet. Verlorene Heimat. Erzählt von Heinrich Harrer*, Wien: Ullstein, 1960.

Oksiloff, Assenka, *Picturing the Primitive: Visual Culture, Ethnography, and Early German Cinema*, New York: Palgrave, 2001.

Pauwels, Louis and Bergier, Jacques, *The Morning of the Magicians*, London: Sovenir, 2007.

Pemba, Tsewang, *Young Days in Tibet*, London: Cape, 1957.

Polo, Marco, *The Travels of Marco Polo*, Manuel Komroff, ed. , New York: Liveright Publishing Corp. , 2003.

Poullada, Leon, *Reform and Rebellion in Afghanistan, 1919-1929: King Amanullah's Failure to Modernize a Tribalsociety*, Ithaca: Cornell University Press, 1973.

Pringle, Heather, *The Master Plan: Himmler's Scholars and the Holocaust*, London: Harper Perennial, 2006.

Rampa, T. Lobsang, *The Third Eye*, New York: Ballantine Books, 1964.

Rhie, Marilyn and Thurman, Robert, *Wisdom and Compassion: The Scared Art of Tibet*, New York: Harry N. Abrams, 1991.

Richardson, Hugh, *Ceremones of the Lahsa*, London: Serindia Pubications, 1993.

Richardson, Hugh, *Tibet and its History*, Boston: Shambhala, 1984.

Said, Edward W. , *Culture and Imperialism*, New York: Alfred A. Knope, 1993.

Schattschneider, Allen W. ed. , *Through Five Hundred Years: A Popular History of the Moravian Church*, Bethlehem: Moravian Church in America, 1990.

Schell, Orville, *Virtual Tibet: Searching for Shangri-La from the Himalayas to Hollywood*, New York: Metropolitan Books, Henry Holt, 2000.

Schlagintweit, Herman, Adolphe and Robert *Results of a Scientific Mission to India and High Asia*, Bd. 1, Leipzig: Brockhaus, London: Truebner, 1860.

Schlagintweit, Hermann, Adolphe, and Robert de colleted, Hermann de Schlagintweit, eds., "Glossary of Tibetan Geographical Terms", *The Journal of the Royal Asiatic Society of Great Britain and Ireland*, Vol. 20, 1863.

Shakya, Tsering, "Tibet and the Occident: The Myth of Shangri-La", *Lungta*, Special Issue Tibetan Authors, 1991.

Shakya, Tsering, "Who are the Prisoners?" Paper presented at symposium on Donald S, Lopez, Jr.'s book, *Prisoners of Shangri-La: Tibetan Buddhism and the West* at the annual meeting of the American Academy of Religion, Boston, MA, November, 1999.

S. K., Danielsson, *The Intellectual Unmasked: Sven Hedin's Political Life from Pan-Germanism to National Socialism*, Dissertation, Minnesota, 2005.

Sommer, Elisabeth W., *Serving Two Masters: Moravian Brethren in Germany and North America, 1727-1801*, Lexington: University Press of Kentucky, 2000.

Spence, Jonathan D., *The Chan's Great Continent: China in Western Minds*, New York and London: Norton, 1998.

Stewart, Jules, *Spying for the Raj: The Pundits and The Mapping of the Himalaya*, Stroud: Sutton Publishing, 2006.

Studstill, Randall, *The Unity of Mystical Traditions: The Transformation of Consciousness in Tibetan and German Mysticism*, Leiden: Brill, 2005.

Sven Hedin, Foundation, *Reports from the Scientific Expedition to the North-Western Provinces of China Under Leadership of Dr. Sven Hedin/ The Sino-Swedish Expedition*, Stockholm: Sven Hedin Foundation, 1937-1997.

Summerhayes, C. H., "Review on *Tibet Is My Country: The Autobiography of Thubten Norbu, Brother of the Dalai Lama, As Told to Heinrich*

Harrer", *The Geographical Journal*, Vol. 127, No. 3, 1961.

Treitel, Corinna, *A Science for the Soul: Occultism and the Genesis of the Geman Modern*, Baltimore: Johns Hopkins University Press, 2004.

Trevor-Roper, Hugh, *The Last Days of Hitler*, London: Papermac, 1947, 7th ed. , 1995.

Trumpener, Ulrich, *Germany and the Ottoman Empire 1914-1918*, Princeton: Princeton Univ. Press, 1968.

Tronnie, R. , "Grueber and Dorville's Journey across Tibet", *The Geographical Journal*, Vol. 24, No. 6, Dec. , 1904.

Tucci, Giuseppe, *To Lhasa and Beyond: Diary of the Expedition to Tibet in the Year 1948*, Rom: Ist. Poligrafico dello Stato, Libreria dello stato, 1956.

Waller, Derek, *The Pundits: British Exploration of Tibet and Central Asia*, Kentucky: The University Press of Kentucky, 1990.

Wild, Roland, *Amanullah: Ex-King of Afghanistan*, London: Hurst & Blackett, 1932.

Williams, William Appleman, *Empire as a Way of Life*, New York and Oxford: Oxford University Press, 1980.

Winkler, Ken, *A Thousand Journeys: The Biography of Lama Anagarika Govinda*, Longmead: Element Books, 1990.

后　记

本书在我的博士论文基础上修改而成。如果从准备研究这个题目算起，到正式出版已经 15 年了。当时在德国图宾根大学图书馆、联邦档案馆查阅资料，夜以继日地阅读、摘录 200 多年来德国探险者、传教士、思想家、政治人物等的著作、档案等的场景如在眼前。三年多的时间我就以这样的方式几乎天天与这些历史上的德国人在青藏高原“相遇”。工作之后,我又投入到对英国、美国的西藏知识生产史的研究中。结合新的认识和资料，对书稿几经修改和完善，终成此书。

德国人的西藏知识生产史反映了其文化和社会发展史，折射出其精神和心灵变迁史。本书大量引用了不同时期各色德国人物有关中国西藏的评论、话语和描绘，其中很多不是客观和真实的。本书虽然对一些表述做了处理，但是为了全面呈现德国人心目中复杂的西藏形象及其曲折的认知过程，保留了绝大部分文字的原貌，有些话语所体现的认知上的偏颇甚至错误之处，读者自当加以鉴别。

正是从研究德国人的涉藏史和对西藏的认知史出发，使我进入了德国国际关系思想史、近代欧美大国的西藏知识生产史的研究领域，并与众多师友结缘。特别感谢中国藏学出版社的徐华兰编辑为书稿编辑和出版所做的辛勤付出，她的认真负责和专业精神让人敬佩！还要感谢一直关心书稿出版的各位师长和朋友们，以及提出中肯建议的各位专家，没有他们的关心和帮助，本书的付梓也很难想象。

赵光锐

2024 年 4 月 11 日

图书在版编目（CIP）数据

德国人的西藏幻象/赵光锐著．—北京：中国藏学出版社，2024.5

ISBN 978－7－5211－0454－7

Ⅰ．①德…　Ⅱ．①赵…　Ⅲ．①西藏－地方史　Ⅳ．①K297.5

中国国家版本馆CIP数据核字（2023）第152618号

德国人的西藏幻象

赵光锐 著

责任编辑　徐华兰
封面设计　翟跃飞
出版发行　中国藏学出版社
印　　刷　廊坊市金虹宇印务有限公司
版　　次　2024年7月第1版第1次印刷
开　　本　787×1092毫米　1/16
印　　张　19.75
字　　数　275千
书　　号　ISBN 978－7－5211－0454－7
定　　价　76.00元

图书若有印装质量问题，请与本社发行部联系
E-mail：dfhw64892902@126.com　　电话：010－64892902